研究道

学的探求の道案内

監修 平岡公一・武川正吾・山田昌弘・黒田浩一郎
編集委員 須田木綿子・鎮目真人・西野理子・樫田美雄

東信堂

本書のねらい

1. はじめに

　本書は、福祉社会学会、家族社会学会、社会政策学会、保健医療社会学会の中堅研究者が中心となって行ってきた活動を横断的にまとめたものである。その活動とは、若手研究者応援のための研究会やセミナーとして総称されることが多く、内容も、研究発表や論文の執筆・投稿にあたっての課題について、個々の体験をもちより、話し合うというものだった。しかし活動の趣旨は、若手研究者を叱咤したり指導したりしようというような「上から目線」のものではなく、また、研究の how-to を示そうとしたわけでもなかった。研究とは何か、知的探求の醍醐味は何処にあるのか、どうすればその醍醐味を自身も享受できるのか、そしてそのような研究活動に従事する研究者のあり方とはいかなるものなのか。これらを研究キャリアの長短に関わりなく改めて問いなおし、互いの考えを交換・共有する場を持とうとするものであった。

　背景に、研究環境が急変しつつあることへの危機感があったことは否めない。1990年代以降の大学院拡大政策によって大学院生の数は増加した。そしてそのことは、教員と大学院生との関係にも変化をもたらし、ひいては知識や経験の継承にも影響している。かつては、閉じていたかもしれないけれど親密な子弟関係の中で、指導教授の勉強ぶりやライフスタイルにも身近に接し、今日でいうところの研究倫理やマナー等々、授業では伝えきれない研究のいろはを学んだように思う。しかし近年では、一部の学校を除けば、大学院教員ひとりあたりの担当学生数は多く、教員の側に余裕が無い。大学での管理業務、学会の仕事、家庭での役割、多数の学生の論文指導に追われ、落ち着いて研究活動を継続することは極

めて難しくなっている。教員自身が、研究者としての当初の理想や夢を見失いそうになることもしばしばである。

　学ぶ側も、将来の夢を描きにくくなっている。増加した大学院生の就職先は、大学院生数の増加と同じようなペースでは増えず、限られた教職や研究職のイスをめぐって、若手研究者の間の競争は激化した。都心の大学であれば、ひとつの採用枠に100人以上が応募をしてくることもある。採用・不採用の判断の根拠が公表されることもまず無い。ある若手研究者は、常勤職につけるかどうかは「要するに宝くじのようなもの」と語ったが、不採用の体験が何回も重なれば、そのような心境にもなるだろう。個人の地道な努力のみでは及ばない要因によって将来が左右されるのではないかという不安は、さらなるストレスを生む。こうして教員と研究者のタマゴがそれぞれに多大なストレスを抱え、日々の課題に汲々としている。

　冒頭に述べた「活動」は、このような状況の中で、「なぜ研究をするのか」という原点の確認を試みたと言いかえても良いのかもしれない。このような状況であるからこそ、学問を通じて得られる達成感や充実感をもう一度伝えあい、知的なコミュニティを形成することが求められているように思われた。そしてこのような問いと試みは、今回は研究環境の変化といった外在的な要因を契機にしていたとしても、結局は研究の変わらぬ本質に直結している。研究は決して楽なものではない。自身の能力の至らなさに苦々しく（時に涙して）向き合い、やっとの思いで論文を発表しても、それが広く認知されて華々しく名前が売れたり、注目されたりするようなことは稀である。それでも、得られる果実がある。だから研究活動を続ける。では、その果実とは何だろうか？

　本書は、その答えを提示するものではない。ただ、研究者の宿命は "publish or perish" であるという。「研究者であるためには論文を書き続けなければならない。論文を書かなくなったら、研究者ではない」とでも訳せば良いのであろうか。本書は、この "publish or perish" の道筋を、それぞれの著者がいかに辿りつつあるかを率直に披瀝したものとなっている。「なぜ研究をするのか」という問いに端を発した「活動」の出口のひとつとして、順当であったように思う。

2. 各章の整合性について

　各章のスタイルはまちまちである。それは本書が、異なる学会に所属する研究者がそれぞれに開催したセミナーや研究会の成果を横断的にまとめたものであり取り組み方も異なっていたことに起因する。また、先行研究の読み方や課題設定に至るプロセス、論文の構成、研究目的の定め方、方法論に対するスタンスなど、本書内でくり返し語られるテーマでありながら、著者によって内容が微妙に異なる。本書では、その異なりの調整をしていない。もともと単一の正解を求めているわけではないし、異なりの多様性の幅を把握することに意義があるだろうと考えたからである。そうした中で、各人の研究スタイルを形成することが肝要だろう。
　著者による差異をあえて調整しなかったもうひとつの理由は、さらに積極的なものである。学術論文の執筆では、作法や形式の順守が厳しく求められる。興味深いのは、その作法や形式をめぐる解釈やアプローチの中に、個々の研究者の個性が見てとれることである。本書の後半には、学会が何をするところなのか、どのように関われば良いのかという、一見マニュアル本的な章が続くのだが、ここにおいてさえ、書き手の個性が表れている。クラシック音楽の奏者や指揮者は、楽譜に忠実に演奏して個性を発揮するが、それに似ているようにも思われる。著者間の差異の中に、それぞれの工夫と試行錯誤がある。そしてこのような差異の存在とその差異を生みだしたプロセスを、本書は貴重なものと考える。

3. 本書の使い方・読み方

　本書は how-to 本ではないというこだわりをもって、本書の使い方・読み方について、いくつかの提案をさせていただきたい。
　まず最初から読み始め、論文を書き始めるまでの準備作業にはどのような事柄が求められるのか、そして研究の方法として何を押さえておくべきか、論文の執筆過程で留意すべき事項は何か、論文投稿を通じて得られるものは何か等々、論文の執筆過程でポイントとなる一連のトピックスについて理解を深めるための一助として本書を活用していただくことは可能だろう。そして最後に、論文の着想

を得たり、執筆した論文に対してリプライが得られる学会活動への参画方法を知ることによって、総合的な学的探求の道案内として用いることができるだろう。また、いわゆる国際化の流れの中で国内の大学のあり方を問い直す気運が高まっているが、つまるところ、研究のユニバーサル・ルールは前述の "publish or perish" である。本書を通じてこの黄金律を確認し、国際化の波にも動じない胆力を養うこともできるだろう。

　他に、各人の関心に応じて以下のような使い方も考えられる。
・研究の構想段階や執筆過程で行き詰った時に、論文の執筆方法に関する箇所や方法論に関する箇所を読んで、新しい着想のための手掛かりを得る。
・投稿体験や査読過程の現実に関する箇所を読むことによって、投稿すべき媒体の選択や査読者とのやりとりの際の参考にする。
・キャリアの浅い研究者が、学会活動に参加するおりの心づもりに一読しておく。
・学会と研究活動の箇所を読むことによって、学会発表の際の参考にする。
・査読プロセスのあり方やその他の学会のあり方や今後の課題について考え、議論を喚起していく際の参考にする。
・キャリアを重ねた研究者が、原点に立ち返って自身のこれまでの研究活動を見直し、今後の道筋を確認・修正する一助とする。
・個々人の様々な創意工夫と努力に接して、元気をもらう。

4. おわりに

　本書のきっかけとなったセミナーや研究会には、多くの方々が報告者として登壇してくださり、そのうちのほとんどが、本書にも執筆者として参加してくださった。就職活動中の若手研究者の方も少なくなく、多大な重圧とご多忙の中、報告にも執筆にも時間をかけて丁寧に取り組んでくださった。執筆者に謝意を示すというのは異例のことなのであろうが、これらの報告者・執筆者の存在なくして本書は成り立たなかった。

　セミナーや研究会に聴衆として参加してくださった皆様も、本書の隠れた主役である。毎回の熱心な討論に報告者も刺激され、本書の原稿執筆にそれが生かされたであろうことはいうまでもない。事務局として会場の手配や参加者の確認、

資料のコピーなどの舞台裏いっさいをひきうけてくださった方々もいる。また、セミナーや研究会の開催にあたっては、多くの現職の先生方や学会関係者が開催周知等の協力をしてくださった。中でも、遠藤公嗣先生には様々に応援をいただいた。運営する側の不備は毎回のことで、ある研究会では、予想をはるかに超えて多数の方々が参集されたために資料や机・椅子が大幅に不足してしまったのだが、それでも多くの方が教室や廊下の床に直接座って最後まで熱心に参加されていた。こうして皆さんの熱意に支えられてセミナーや研究会を重ねるうちに顔馴染みも増えて、会場での立ち話で、子育てと研究を両立させることの大変さや、投稿論文が却下されて撃沈中の苦しい気持などを披露しあったことも懐かしく思い出される。この共有された信頼感と前向きなエネルギーを、本書は伝えているはずだと自負している。本書は、これらセミナーや研究会の開催に関わってくださった皆さんとの協働作業の成果でもある。

　本書の刊行にあたって新たに執筆をお願いした方々も多数おられる。一線で活躍され、また多くの責任を引き受けておられる中で、本書の趣旨に賛同し、著者としての参加をご快諾くださった。挙句の果てに、強引な原稿提出の催促までさせていただいた。御礼とともに、この場をかりて非礼の数々をお詫びしたい。

　監修をおひきうけくださった平岡公一先生、武川正吾先生、山田昌弘先生、黒田浩一郎先生にもご助力をいただいた。

　最後に、東信堂社長・下田勝司氏には本書の刊行を快くおひきうけくださり、向井智央氏には編集の労をおとりいただいた。末尾ながらここに心から御礼を申し上げる次第である。

2013 年初春　　　編集担当者
　　　　　　　　　　須田　木綿子
　　　　　　　　　　鎮目　真人
　　　　　　　　　　西野　理子
　　　　　　　　　　樫田　美雄

研究道：学的探求の道案内／目次

本書のねらい ……………………………………………………………………………… i

序章　研究者のあり方 ………………………………………………山田昌弘　3
　　1．恩師の訓辞　3
　　2．研究者の二つの意味　4
　　3．研究への情熱　7
　　4．社会へのお返し　8

第 I 部　知の見取り図を描く

第1章　先行研究に取り組む ………………………………………西野理子　12
　　1．先行研究を読むとは　12
　　2．先行研究の役割　13
　　3．論文構成における先行研究の配置　15
　　4．先行研究探索の手順と方法　17

第2章　論文の完成度を高める文献レビュー ………………………吉田　崇　19
　　1．はじめに　19
　　2．文献レビューの位置と役割　19
　　3．気をつけること　21
　　4．文献探索と文献管理　22
　　5．おわりに：FAQ　26

**第3章　先行研究の収集と整理：
　　　　　仮説検証型計量研究のケース** ……………………………坂本有芳　27
　　1．はじめに　27
　　2．先行研究の役割　28
　　3．必要な先行研究とは　32
　　4．探索の時期と取り組む順序　35
　　5．おわりに　38

第4章　先行研究の「少ない」テーマが
　　　　生みだす新しい発見と洞察……………………吉原千賀　40

　1. テーマの性質と先行研究への取り組み　40
　2. 先行研究探索の手順、方法、タイミング　41
　3. オリジナル研究レビューの作成　47

第5章　事例研究・古典研究への取り組み……………米村千代　51

　1. 先行研究の役割　51
　2. 先行研究の意味　53
　3. 論文検索の方法とそのタイミング　55
　4. 論文構成のなかの位置づけ　58
　5. 先行研究の際限のなさとどう向き合うか　61

第6章　英語文献の活用法………………………………黒田浩一郎　63

　1. はじめに　63
　2. 文献の位置　65
　3. 文献の種類　71
　4. 文献の検索・収集と読解　74

第7章　先行研究を構造化する：
　　　　社会政策・福祉政策研究を題材に………………平岡公一　80

　1. はじめに　80
　2. 日本の社会政策学　81
　3. イギリス起源の社会政策・行政論　83
　4. 日本の社会福祉学　85
　5. 比較福祉国家研究　87
　6. おわりに　90

第Ⅱ部　論文を書く

第8章　インスピレーションから
　　　　論文執筆まで……………………………………後藤広史　94

　1. はじめに　94
　2. 論文執筆前夜　95
　3. 目的と方法の設定　100

4. おわりに　101

第9章　論文の着想　　　　　　　　　　　　　　　　　　野田博也　102

1. はじめに　102
2. 取り上げる論文　103
3. 論文構成の確認　104
4. 構成要素ごとの組み立て　106
5. 研究構想と論文執筆　111
6. 論文構成の作成過程　113
7. おわりに　117

第10章　フィールドからの発想：
　　　　調査すること／されること　　　　　　　　　　小磯　明　119

1. はじめに　119
2. フィールドとの出会いと悩み　121
3. フィールドワーカーとしての私　128

第11章　量的・質的研究の知のマッピング　　　　　　　筒井淳也　134

1. 実証研究のマッピング　134
2. リサーチ・クエスチョンとデータ　136
3. 量的ミクロ・データの重要性　138
4. 質的ミクロ・データの位置づけ　143
5. ミクロな行動や意識について「自在」に研究するために　146

第12章　量的研究の論文構成　　　　　　　　　　　　　中田知生　151

1. 全体の構成　151
2. 「目的（Introduction）」　152
3. 「方法（Methods）」　154
4. 「分析結果（Results）」　159
5. 「結果と考察（Discussion）」　160
6. そのほかの部分　163

第13章　質的研究の論文構成と研究戦略　　　　　　　　井口高志　166

1. 目指すべき「平凡さ」　166
2. 残余としての「質的研究」　168
3. 「反証可能性」要求への対応　169
4. 「面白さ」「リアリティ」という基準　172

5. 執筆者の置かれた状況と「構成」　173
　　　6. 「研究戦略」を学ぶこと　174

第14章　論文執筆の舞台裏：
　　　　　質的研究の場合……………………………石川良子　177
　　　1. はじめに　177
　　　2. 執筆に取り掛かる　178
　　　3. 執筆に行き詰まったら　183
　　　4. データを活かす　184
　　　5. おわりに——フィールドに対する責任　186

第15章　問いを限定することの大切さ……………亀山俊朗　188
　　　1. 『福祉社会学研究』誌の特色と投稿までの経緯　188
　　　2. 投稿論文の構成と内容　193
　　　3. 査読の経過と結果　195
　　　4. 投稿を振り返って　197

第16章　論文投稿から掲載決定まで：
　　　　　査読過程を中心に………………………………河野　真　200
　　　1. はじめに　200
　　　2. 論文掲載評価　200
　　　3. 論文投稿審査の状況　202
　　　4. 投稿体験　203
　　　5. 審査者の視点から　207
　　　6. おわりに　209

第17章　量的研究における理論と計量モデルの
　　　　　対応関係の追求…………………………………鎮目真人　211
　　　1. はじめに　211
　　　2. 理論と作業仮説の適切性　212
　　　3. データと説明変数の選択　215
　　　4. 理論・作業仮説、データ、計量モデルの定式化　217
　　　5. 分析結果の読み取り　219
　　　6. おわりに——投稿を通じて得られたもの　221

第18章　論文投稿のケーススタディ…………………木下　衆　223
　　　1. はじめに　223

  2．学会報告から論文投稿まで 224
  3．隣接他領域を設定する──論文投稿までをふりかえって 231
  4．誰もが通る道としての「学際性」 233

第19章 海外英文誌への投稿というチャレンジ ……須田木綿子 235

  1．はじめに 235
  2．国内の学術誌に投稿する場合との差異 235
  3．投稿の体験例 242
  4．海外の英文誌に投稿する意義 245

第Ⅲ部 学会と研究活動

第20章 学会とは何か ……武川正吾 248

  1．学会の組織目標 248
  2．研究のサイクルと学会の役割 250
  3．著書の扱い 252
  4．科研費の報告書、紀要、単行書収録論文 256
  5．学会の潜在機能 257
  6．学会と人事 259

第21章 学会における査読システムの合理性 ……天田城介 262

  1．研究者にとって査読システムはいかなる意味があるのか 262
  2．米国の社会学会における査読システムの変容 266
  3．日本の社会学会における査読システムの変容 269
  4．個人の利得のために査読システムをいかに使うか 275

第22章 論文査読の現実 ……樫田美雄 280

  1．方法論的序論：研究活動支援の議論における、3つの落とし穴とその免れ方 280
  2．論文査読が置かれている社会的文脈を確認し、論文査読の現実を探求する 282
  3．「論文査読の現実」の探求
   ──4つの方法による探求と、探求に基づく助言 286
  4．まとめ 297

第23章　学会発表の仕方 ………………………………………… 金子雅彦　300
　　　1. 学会発表の基本　　300
　　　2. 具体的事例　　303

第24章　「知的共同作業者」として
　　　　発表を聴く ……………………………………………… 河西正博　306
　　　1. 学会参加のあり方とフロアの立場　　306
　　　2. 発表の聴き方——より充実した学会参加のために　　308

索引 ……………………………………………………………………………… 315
執筆者紹介 ……………………………………………………………………… 317

研究道：学的探求の道案内

序章　研究者のあり方

山田昌弘

1. 恩師の訓辞

　1981年、私が大学院生になった時、新入の大学院生を前にして恩師である故高橋徹先生からの訓辞が耳に残っている。「もう君たちは研究者の卵なんだ、今までは好きで勉強していればよかったかもしれないが、これからは、自分の研究をどのように社会にお返しするかを考えながら研究を続けるように」という内容だった。続けて、君たちは国からたくさんお金をかけて育てて貰っているんだと付け加えられた。当時の国立大学大学院の授業料はタダみたいに安く、おまけに研究教育職に就く全員が返済免除の奨学金も支給された。院生数も少なく、ちなみに同級生に女性はいなかった。緊張しながら、研究生活のスタートを切ったことを覚えている。その後も、折りにふれ、諸先生方から、研究者としての心構えを聞かされる機会を得た。所属大学だけでない。ある研究所の部長さんから、「若いうちの苦労は、損だと思っても、買ってでもしたほうがよい」と説教されたと思ったら、「どうせ苦労するなら実のある苦労をしよう」と助手の先生に言われたこともある。
　しかし、それから30年余り経った今はどうだろう。授業料は高騰し、奨学金も原則返済となった。大学院生数も増え、全員が研究者になるわけでもない。研究や指導は授業料の対価と考える人も多くなってきた。大学院自体が、教育サービス業の様相を示している。つまり、生産というよりも、消費として研究させているような雰囲気である。そのような環境の中で、何よりも、院生を指導する大

学の教員自体が、研究者とはどのようにあるべきかを語らなくなったようにみえる。いや、語れなくなったのかもしれない。それは、一世代前の研究者と比較して、自信をもって研究者といえない自分がいるからかもしれないし、あったとしても、他人に押しつけてはいけないという意識が働いているのかもしれない。

本章では、私なりに、今の時代、研究者とはどのようにあるのかを考察したうえで、私の体験を踏まえ、研究者とはどのようにあってほしいかという思いを記させていただきたい。

2. 研究者の二つの意味

研究者になる、そこには、二つの意味が含まれている。一つは、ある学問分野において、新しい知見を付け加えることができる能力を身につけることである。もう一つは、職業としての研究職に就く、つまり、研究をすることで生計をたてることができる状態になることである。そして、多くの研究者は、この両者が一致しないことに、生涯悩み続ける。

これは、古今東西研究者共通の悩みである。マックス・ウェーバーの有名な講演録『職業としての学問』の冒頭部分が、学問で生計を立てることの難しさを語っていることでもわかる。引用してみよう。

> 「――ドイツでは、――財力のない若い学徒にとって大学で教職に就くことは非常な冒険となるからである。かれはすくなくとも数年のあいだはこれにともなう様々な制限に耐えねばならない。しかもその間というもの、かれには後になって生計を立てるにたりるべき地位に就く機会があるかどうかわからないのである。」（職業としての学問　邦訳18ページ）。

悩まなくてもいい人も存在はする。ウェーバーのいう財力のある人である。まず、親が資産家で、資産からの利益で問題なく人並み以上の生活を送ることができる人である。明治時代から戦前の大学教授には地主の息子や親の遺産などで、お金のことを考えずに研究に没頭できる人が多かったと聞く。逆に言えば、資産がなくて研究者を諦めた人が多かったということだろう。現在の時点でも、私はこれにあてはまる人を二人知っている。一人は大学教員になっているが、「大学の給料の額がいくらか知らない、それで生活しているわけではないから」と言っ

ていたことを覚えている。また、配偶者が仕事をしており、それで生計が成り立っているので、収入を気にしなくてよいという人もいる。つまり、パラサイトできる資産や家族があれば、生計をたてる手段としての学問を気にしなくてよいことになるが、そのような恵まれた人は、めったにいないだろう。(研究者の就職難という話を聞いた大学院生（女性）が、婚活して、年上のサラリーマン男性と結婚し、経済的心配をすることなく研究生活を続けているというケースもあるので、パラサイト戦略は今も有効かもしれない）

　また、両者を切り離し、研究職以外の職に就きながら、余暇時間を研究に費やすという人もいる。自営業の跡取りで店番をしながら、非常勤で教え、学会報告や論文をこなす研究者もいる。主婦（主夫）の例も、家事・子育てという仕事をしながら、残りの時間を研究に当てていると言うこともできる。

　ただ、研究者を志す人の大部分は、研究を続けながら、それで生計を立てられたらと思う。いや、若い人だけの悩みではない。運良く大学教員や研究所の研究員として就職できても、研究で生計を立てていると言える人は少ないだろう。『大学教員採用・人事のカラクリ』を書いた櫻田大造氏によれば、私立文系学部のヒラの教授は、仕事時間を100とすると、研究10、教育40、雑務50という時間配分の感覚だと述べている。専任教員としてそれなりの給与を貰うためには、研究以外の仕事も相当こなす必要がある。

　一部の大学では、研究職とは名ばかりの所もあると聞く。雑務に時間を取られるのがいやで、大学教員としての就職を請われながら、ある程度の年齢まで教職に就かなかった研究者も知られている。ただ、時間の一部であっても研究を続けるということを期待される人間であるから、研究職に就いていられるということは忘れてはならない。

　ただ、近年の研究者を巡る状況は、一昔前とは異なっていることも事実である。「研究を進めるための努力」と「研究職に就くための努力」が別のものとして認識されるようになってきたのだ。

　私が研究を志した頃まで（1980年代まで）は、多くの大学院生は、両者を分離して考えることはなかった。「研究を進める努力＝研究職に就くための努力」という等式を信じることができ、そして、現実に就職が決まっていった。だから、自分の研究意欲のみに従って、研究をしていけばよかった。それは、ただ、大学院の数が少なく、大学院生の数も少ない中で、大学の新設・増設が相次ぎ、全般

的な大学教員不足という好条件があったから可能であったにすぎない。今から考えれば、人口学的な意味で、研究職も「バブル」だったのだ。

　その頃、研究者を目指す者がよく読んだ「マニュアル本」は、いかに、「研究の生産性」を上げるのかというものである。社会学者、清水幾太郎の『論文の書き方』（1959年）に始まり、梅棹忠夫の『知的生産の技術』（1969年）、渡部昇一の『知的生活の方法』（1976年）など、研究を進めるためには、どのようなライフスタイルを送ればよいかということが中心であった。私の書棚にはこの手の本がたくさん残っている。研究さえしていれば、職は後からついてくると信じることができ、現実にそれが実現したよい時代だったのだろう。

　それが、1990年代に入り、逆に、研究職に就くためにはどのようにすればよいかという本が出版されるようになる。ベストセラーとなった鷲田小彌太の『大学教授になる方法』（1991年）に始まり、櫻田氏の前掲書に至るまで、今も続いている。これらは、自分の研究を進め研究成果を上げる以外の点での努力や工夫のやり方を説いている（もちろん、研究成果を上げることは前提とされているが）。マックス・ウェーバーの時代では、就職できるかできないかは、「僥倖」つまり、運の問題として捉えられていた（マックス・ウェーバー前掲書）が、今では、技術の問題にもなっている。つまり、生活がかかっているから運が悪いではすまされなくなっているのだ。

　生計のために努力することは必要である。自分のやりたい研究とは別の就職用の論文を書く、就職しやすい分野の研究をする、そうすれば、研究職に就くことに少しは近づくことは確かである。

　しかし、マックス・ウェーバーが言うように、研究には「情熱」が不可欠である。情熱が湧かないところで研究して、論文を書いて研究者といえるのだろうか。彼は、「いやしくも人間としても自覚のあるものにとって、情熱なしになしうるすべては無価値である」と言い切っている。ただ、大学教授になって収入を得ることだけが人生の目的なら、別の仕事に就いた方がはるかに成功することは請け合いである。もちろん、既に研究職に就いてそれで生計を立てている私が、研究職に就くための研究以外の努力を批判することはできない。その努力をしながらでも、研究への「情熱」を持続してもらいたいと私は思っている。

3. 研究への情熱

　なぜ、ある研究者は、ある研究分野を選び、その研究に情熱を傾けているのだろう。研究がある程度軌道に乗ってしまえば、情熱とは別の所で研究を続けざるを得なくなると言う側面もある。まさに、プロテスタンティズムの倫理が資本主義の精神に転化するようなことが起きる。また、指導教授からテーマを与えられたというのもあろうが、そうであったとしても、その指導教授を選んだという点では、研究内容を選んでいるといえる。そして、少なくとも研究キャリアの初期には、「この研究を行い成果を出す」ということに対する「非合理的」な情熱が必要である。

　特に研究は、試験と違って、努力の成果が確認しにくいものである。これだけの研究時間をかければこれだけの結果が出るというものではない。時間がかかるものもあれば、間違っていることが分かることもある。理科系などでは日常茶飯事だが他のライバルに先を越されることもある。新しいものを生み出すのが、研究者の使命である以上、「どうしてもこの研究をしなければならない」という情熱でもって動機づけなければ、研究は続かないだろう。

　大学院時代、恩師の一人である、故・吉田民人教授は、社会学者になる動機を次の3つに分けて、院生たちに問うたことを覚えている。それは、①「自分」のため、②「社会」のため、③「学問」のためという3つである。社会学に照らして言えば、①は、自分が生きていく上での問題を解決したいという動機、②は、社会問題を解決したいという動機、そして、③は、学問的に解決しなければならない問題を解決したいという動機である。

　私の知り合いの源氏物語を研究している研究者は、その動機を「源氏物語の美しい言葉にまいってしまった」と語ったが、対象に惚れ込み、美の本質を追究するという情熱は、強いて言えば③に当たるのだろうが、自分にとっての疑問を解決するためであれば①ともいえなくもない。もちろん、社会学でも、社会構造を表している数式の美しさに惹かれたとか、デュルケムの著作に惚れてしまったというように、社会学そのものが情熱をかき立てていることもある。理論社会学や社会学史の分野であるが、このようなケースは社会科学系の研究者にはそれほど多くはないのではないか。

実証科学としての社会学では、自分の身の回りの出来事、社会現象といったものに、興味や疑問を持ち、その本質を科学的に解明したいという動機に基づいて研究を進める人が多いだろう。私の場合も、家族現象に興味をもったわけで、それが社会学である必然性はなかった。そして、興味をもつ社会現象は、決して美しかったり、よいものばかりではない。私は、「常識や理想を脇に置いて、現象をありのままにみる」ことが社会学の本質であると説いている。そして、現実のみたくない面をみるという作業は、精神的にかなりきついものがある。なぜなら、数学や源氏物語などと違って、自分の生き方、個人としての生き方、社会への対し方に関わってくるからである。ユリウス・カエサルの名言に、「人は自分のみたいものしかみない」というものがあるが、まさに、自分を含め、人が見たくないものをみなければならないのが社会学だと思っている。

だから、研究としての情熱が勝ちすぎると、ありのままにみるという点がおろそかになりがちだし、研究対象に対して情熱がない研究は面白味のないものになってしまう。これは、バランスを取れと言っているのではない。マックス・ウェーバーは、研究を続けるには、この情熱と科学的態度の両方が必要だが、これを峻別することが重要だと考えたからこそ、「価値自由」を提唱したのだと思っている。

研究者をめざす人には、時々は、なぜ私はこの研究をしているのかという問を発し、自分の内なる情熱を確認してほしい。と同時に、情熱に流されず、現実をありのままにみる勇気を持ち続けてほしい。これは、自戒でもある。

4. 社会へのお返し

いくら研究に専心して成果を上げても、それで自己完結して終わりにしてはいけない。冒頭で引用したように、「社会へのお返し」を考えなければならない。これは、社会に「利益」をもたらすという狭い意味ではない。

梅棹忠夫、渡部昇一流に言えば、単なる知的消費者でなく、知的生産者であれということである。社会の興味を惹き、社会に影響を与え得るような研究成果を、知的生産と呼ぼう。その社会の中には、将来の研究者も入っている。研究に関する問題を解決するヒントを提供することもお返しの１つである。また、学生へ

の教育活動もお返しの1つである。一般の人の知的関心に働きかけ、社会について考えるきっかけを作り出すこともお返しの1つである。

特に、実証系の社会学系分野では、現実の社会をよりよくするための有用な知見が、社会から求められることも多い。このような分野を選ぶ研究者は、社会に対して何らかの問題意識を持ち、社会への貢献自体を目的にしているものも多いと思われる。ただ、その場合も、特定の人やグループのみに役立つということだけで行ってよいかという問題が残る。

私は、「2000年代に入って若い女性に専業主婦志向が強まっている」という事実を指摘した時、ある女性研究者から、それをあまり公にしてほしくないといわれたことがある。確かに、フェミニズムの立場から言えば、外で仕事をしたくないという女性が増えてきたという事実は、みたくないことかもしれない。また、マイノリティ研究でも、マイノリティに不利な事実が明らかになることもある。しかし、事実であれば、それを明らかにして、みんなで考えることこそが広い意味での社会へのお返しではないだろうか。

どのような形であっても、社会へのお返しを念頭に置きながら、研究を続けていってほしい。これが、私のささやかな期待である。

参考文献
櫻田大造, 2011,『大学教員採用・人事のカラクリ』, 中央公論社.
清水幾太郎, 1959,『論文の書き方』, 岩波書店.
梅棹忠夫, 1969,『知的生産の技術』, 岩波書店.
渡部昇一, 1976,『知的生活の方法』, 講談社.
鷲田小彌太, 1991,『大学教授になる方法』, 青弓社.
マックス・ウェーバー, 尾高邦雄（訳）, 原著1919, 翻訳書1936=1980,『職業としての学問』, 岩波書店.

第Ⅰ部

知の見取り図を描く

第 1 章　先行研究に取り組む

西野理子

1. 先行研究を読むとは

　何らかのテーマについて研究を展開する、そして学術論文を執筆するにあたって、先行研究に適切な目配りが必要なことは論を待たない。論文の査読にあたっても、必要な先行研究がレビューされているかは必ず問われる点である。

　先行研究を読むということは、通常の読書とは異なる。先行研究は、あくまで何らかの研究のために読むものであり、明確な意図をもった行為である。通常の読書でも、この作者の本を読破したいとか息抜きの時間を過ごしたいなど、何らかの目的をもつことはよくあることだが、研究活動の営み上の目的を持って行われるのが先行研究への取り組みである。

　先行研究を読む意図の内容は様々である。関心を持っている領域についての知識を得て視野を広げ、関心を掘り下げたい、あるいはテーマを見つけたいという場合もあれば、関心対象の因果関連の可能性を検討したり、説明モデルや仮説を構築するための情報を得るために読む場合もあるだろう。自らの論文を執筆するうえで、その論旨や論の意義を明確にするために先行研究を読み込む場合もある。意図に応じて、対象とする範囲や読み方も変わってくる。視野を広げようという場合には自らの研究との関連が薄い物でもあえて読むことになるだろうし、意図が限定的であるほど自著との関連を明確に意識しながら取り組むことになるだろう。

　ほかに、文献そのものを研究対象にする場合や、文献レビューを執筆する場合

もある。ある研究者の著作文献をたどる場合であっても、他の研究者による同じ意図の研究をはじめとして、いくつかの著作を先行研究としてふまえることは当然であるが、研究対象としている文献を読むことはここでいう先行研究には該当しない。その場合の研究対象の研究者の文献は、あくまで研究素材ならびに研究データである。また、文献レビューを作成する場合にも数多くの先行研究に目を配ることが必須になるが、この場合の先行研究も、レビューを書くための素材であって、本章でいう先行研究を読むことには厳密には該当しない。こうしたレビュー論文は先行研究として大いに役立つものであるが、本章ではレビュー論文を書くケースは除外して扱うことにする。

2. 先行研究の役割

　上述のように、研究関心を広げたり深めたりするために幅広く先行研究に当たる場合と、論文執筆に際して必要に応じて先行研究を探す場合とがある。もちろんこの両者は明確に区分されるものではない。前者を広義の先行研究、後者を狭義の先行研究と、ここでは区別しておこう。
　一般的に先行研究を読む広義の目的は、研究関心の領域について知ることにある。広い意味で、自分の研究関心は幅広い研究領域のどのあたりに位置付けることができるのか、どの範囲をカバーしていることになるのか、また自らの立場をどこに位置付ければいいのかを、他の研究を参照しながら明確にしておかなければならない。ひとつの研究は、膨大な先行研究の流れのなかでの位置づけを示すことによってその意義を明らかにできるからである。そのために、自分がこれから展開しようとしている領域においてどのように研究が展開されてきたのかという歴史とその内容をまずは知っておかなければならない。どのようなテーマをめぐって既存の研究が展開されてきたのか、鍵となってきた課題は何か、どのような論争があったのかなどを知っておかなければならない。すでに何がどのようにどこまで調べられ明らかにされてきたのかも確認しておきたい。その既存の研究成果を自分が納得して受け入れるのか、そこになんらかの疑問を抱くのかも認識しておく必要があるだろう。
　また、専門領域の基礎的な概念や用語の使い方にも慣れ親しんでおかなければ

ならない。古典や、専門領域全体を紹介する理論書、Decade Review 論文などが役に立つだろう。自らの立場を明らかにするために読んだこうした先行研究は、論文執筆の際に言及する範囲のものではない。むしろより基礎的なもので、当該の研究を始める初期に行い、その後は研究動向の進展に目を配りながら随時行うものである。

　先行研究は、より狭い意味では、一つの論文なり研究なりの意義を明確にするためにとらえておかなければならない。これまで蓄積されてきた研究との共通点ならびに相違点を明らかにするために、同じテーマの先行研究をまずはできる限り網羅的にみておくことが必要になるだろう。その際、先行研究のそれぞれについて明らかにしておくべき視点は3つあげられる。ひとつには、そのテーマに取り組む分析視角やアプローチの仕方を確認し、もうひとつには、研究の成果がどこまで進んでいるかという知見を確認しておかなければならない。知見の具体的な内容だけでなく、複数の研究で一致した成果が得られているのか、それとも論争が展開されているのか、論争がある場合にはその争点は何かを理解しておかなければならない。そして第3に、研究が取り組まれてきている方法論を確認しておく必要がある。

　たとえば、夫の家事参加に関する研究であれば、「夫の家事参加」というテーマの先行研究をまずは把握する。詳細は後に続く各章に譲るが、まずは男性の家事参加に関わる研究をリストアップして目を通すことになるだろう。男性の家事に関する研究はそれほど多くないが、女性の家事労働にかかわる研究は数多い。家事時間の把握と国際比較、家事労働の定義、インフォーマル労働市場の考え方、母親の家事と育児と就労のバランス、心理的福利など多方面において研究が展開されている。一方で、男性の育児参加の研究、ワークライフバランスからみた労働時間の量や質をめぐる研究、男性の働き方に関する研究などもかかわってくるだろう。そのすべてを精読する必要はない（というよりできない）が、自分の関心や構想（認識枠組み）に近い研究があれば、それはぜひ読んでおくべきだろう。また、これらの研究に目を通す際には、それぞれにおける理論枠組み、分析モデル、方法論、そして知見を確認しておかなければならない。

　研究の前提となる自らが依って立つ理論やアプローチが事前にはそれほど明確に意識されていなかった場合であっても、具体的な研究例に触れる中でそれらは認識されていくことだろう。夫の家事参加を例にしても、夫婦の権力関係、ワー

クライフバランス、経済資源論、ネットワーク論、性別役割分業論など、さまざまなアプローチが可能である。そのいずれを軸に論を展開するかを認識したら、必要な理論分野の先行研究にも目配りしておく。その分野で中軸となる研究は、既存の研究が参考にしている文献リストのいくつかに目を通すとわかるだろう。また、その分野の文献レビュー論文や入門書、教科書での紹介なども参考になる。いわゆる古典研究も、そうした必要な研究の一つとして認識されることだろう。

3. 論文構成における先行研究の配置

　目を通した先行研究は、単に自らの研究に役立つというだけではない。その成果は、具体的な研究論文を構成する一部として提示されることになる。

　論文構成の雛型では、イントロダクションの節で関心の所在や研究の目的を明らかにした後、新たに節をもうけ（ここで節タイトルに先行研究と明示する場合もある）、関連する先行研究についてまとめて論じる。しかしながら、先行研究について実際に触れるのはここだけとは限らない。分析方法を説明する中で触れることもあれば、考察の部分で引用して検討するものもある。

　先行研究を主にとりあげる節に含むべき研究は、研究テーマや論者の方針によって異なる。雛型として、ひとつには、研究の基礎となる背景を説明し、論者のよってたつ立場ないしはアプローチなどを、それまでに展開されてきた研究の中に位置づけてみせる。ここでは、研究がターゲットとする領域を概観し、指摘しておくべき研究に言及して評価しておくことが必要になる。対象となる領域の主たる理論を理解していること、ならびにその理論がどのように展開・発展してきているか、さらにはその理論がこれまでどのように批判されてきたかも理解していることを示しておく。このことは、読者の理解を助ける上でも、より具体的には読者にその論文を読む意欲を湧かせるためにも有益である。無論、教科書のような記述が求められているわけではない。自論文で展開する研究に焦点をあわせて整理すべきである。

　2つめに、それまでの研究蓄積と照合するかたちで、本研究のねらいや目的を明らかにする。先行する研究との相違、期待される結果の意味などを指摘することになるだろう。こうした検討は、場合によっては、論文の後半に位置する考察

の部分でも取り上げることになるだろう。得られた研究成果の意味や意義を、先行研究の具体的な知見や考察と照合しながら検討していく。あるいは、論文のさいごの結論の部分で、本研究で得られた成果が先行研究の文脈の中でどのような意義、意味を持つのかを明確に論じ主張しなければならない。論文の前半の先行研究の節でとりあげた研究を再度持ち出すことにもなるだろうが、前半では先行研究を展開してからそこに本研究を位置付けて見せるのに対し、論の後半では、本研究の側から先行研究を比較検討するという違いがある。おそらく後半の検討では、とりあげるべき先行研究の数はおのずと限定された少数になり、また検討する内容もより具体的で仔細なものになるだろう。

　方法論における先行研究にも注意を払っておきたい。言うまでもなく、研究の意図が方法論的な新しさにある場合は、先行研究を論じる節において、先行する研究の方法論を概観して紹介、評価しておく。しかしながら、方法論に力点がない場合、採用する方法論やデータの説明は行うが、その際に参考にした研究にまで言及しないことが多い。言及したとしても、注で簡略な説明を付記する程度にとどめることもある。研究を構成する要素としての方法論は、現状ではそれほど重要視されているとはいえないことを反映して、言及もそれほど明確ではない。しかしながら、方法論の面からも先行研究を確認しておくことは、自らの研究の位置づけ、意義を再確認するためにも有効である。方法論上の先行研究への言及は、論の意図に応じて不要な場合もあるものの、必要に応じて言及したほうがいいことを強調しておきたい。

　また、論文構成の一部として、論文の最後に文献リストを掲載する。この文献リストは、参照した文献すべてを網羅するものではない。少ないと不勉強を示しているように思ってしまいがちだが、勉強の成果をあらわす場所ではないので、多ければ多いほどいいわけでは決してない。むしろ、適切なものが示されていることが重要であり、専門以外の一般書や一般雑誌の記事ばかりが並んでいると、研究論文のねらいが拡散しているのではないかという研究の質への疑いを喚起することにもなりかねない。

　この文献リストの目的は、論文中で引用した文献の詳細を示すことと、論文作成のために参考にした文献を示しておくことにある。論文の着想を得る上で役に立ったとか、批判対象としているとか、同じ研究分野で知見をふまえたなど、その研究を行う上で直接的に役に立った文献を掲載する。この目的に忠実に従えば、

リストに掲載された文献を見渡すと、その論文ひいては研究がどのような背景や研究の流れの中に位置するか、そしてどのような研究領域の影響を受けながら執筆されたのかが読者にわかるはずである（読者側の立場からいえば、読み始める前に文献に目を通すのは、その研究論文の理解を促進するための常套手段である）。そのため、引用文献を漏らさずに掲載するだけでなく、読者の視線を意識して掲載文献を取捨選択しておくことも必要だろう。

なお、文献の掲載順序や方式は、雑誌の投稿規程や出版社からの指示に従う。日本社会学会が機関誌『社会学評論』の掲載方式をホームページ等で公開しており、参考になる。

4. 先行研究探索の手順と方法

では、具体的には、どのように先行研究を探して、またいかにして検討していったらよいのか。網羅的、ないしは理想的な探索の方法を示すことはできるが、実際には時間的にも力量的にも制約がある。論文には締め切りがあるだろうし、研究には際限がないので、納得できるところまで先行研究に目配りをしていたら、逆に研究の焦点がずれたり変化したりしていくだろう。現実に研究生活を送っている者にとっての課題は、どのように先行研究を探すかではなく、いかに効率的に先行研究を取捨選択して入手していくかにあるといっていいだろう。

その探索方法については、明示的な教育がこれまでなされてきたとは必ずしもいえないだろう。近年になって研究入門書等の教科書で解説がなされるようになってきたが、その数もまだそれほど多くない[1,2]。大学院の教育課程において指

---

1 近年、日本で刊行された福祉分野の教科書に、次のものがある。岩田正美・小林良二・中谷陽明・稲葉昭英（編），2006，『社会福祉研究法：現実世界に迫る14レッスン』有斐閣アルマ。

このなかで、平岡は、先行研究を読むことの意義を以下の4点にまとめている。
　①すでに明らかにされたこととまだ明らかにされていないことの区別
　②研究の正当化
　③先行研究の展開過程とその成果の全体像の理解
　④着想を得て考察を深める過程としての研究レビュー

2 海外で刊行されたが日本でよく参照にされるものに、次のものがある。Hart, Chris, 1998,

導教員に指導を仰ぐほか、個人の研究会活動や、関心を同じくする友人のネットワークの中で情報を交換するのが、おそらく現状での有効な手段となっているだろう。

　本書では、先行研究探索の方法をさらに掘り下げる一助として、おおまかに計量研究の場合と質的研究の場合にわけ、さらにそれぞれの先行研究が多い場合と少ない場合で、具体的な先行研究の探索の方法や時期、手順などを論じていただいた。2章では計量研究で先行研究が比較的多い分野における経験をふまえて、3章では計量研究で先行研究が相対的に少ない分野での経験をふまえて執筆していただいた。4章と5章では質的な分野での研究を念頭に置いていただき、5章では先行研究が多い場合を、4章では先行研究が少ない場合の対処方法を論じていただいた。それぞれの経験は多様でありながら、実際に行ってきたことは共通点が多いことにむしろ驚かされる。研究の手法はテーマや手法に応じて人それぞれではあっても、共通して経験する部分については智恵を共有して研鑽していき、それぞれの研究を高めていくことができるはずである。そして本章の試みが、そうした研鑽に役立つことを願っている。

Doing a Literature Review: Releasing the Social Science Research Imagination, SAGE.
このなかでは、先行研究を読むことの意義として以下の11点が指摘されている。
　①すでに研究が行われたことと，これから行われるべきことを識別する
　②トピックに関連する重要な変数を明らかにする
　③新たな視点を獲得したり統合したりする
　④概念と実践との関連性を特定する
　⑤トピックないしは課題がおかれた文脈を設定する
　⑥課題の重要性を合理的に説明する
　⑦関心領域で使われている用語を獲得・確定する
　⑧関心対象の構造を理解する
　⑨概念ならびに理論を，その実践例等と結びつける
　⑩用いられてきている主たる方法論ならびに調査技法を明らかにする
　⑪研究の歴史的展開過程のなかに適切に位置づけてみせることにより，現時点での研究水準に通じていることを示す

第2章　論文の完成度を高める文献レビュー

吉田　崇

1. はじめに

　本章では計量社会学分野における文献レビュー（literature review）[1]への取り組みについて解説する[2]。学術論文（研究）において求められるのは、「独創性」や「新しさ」であるため、これまでの研究成果について調べ記述することは一見するとこの目的にかなっていないようにみえるかもしれない。しかし、「巨人の肩に立つ（Standing on the shoulders of giants）」という比喩にもあるように、土台となる先人の研究なしに、新しい眺望（知見）を得ることはできないのである。

　本章の構成を概観すると、次の2で論文における文献レビューの位置づけと役割について述べ、3では具体的にレビューを書く際に気をつけるべきことを述べる。4では文献の探し方および文献管理の仕方について、技術的な内容を述べる。さいごに、よくある質問とその答えを挙げた。

2. 文献レビューの位置と役割

論文構成における文献研究の位置

　計量社会学においては、論文の構成は比較的はっきりしている。これは計量社

---

[1] 先行研究レビューともいう。またレビューでなくサーベイと呼ばれることもある。
[2] いわゆるレビュー論文（サーベイ論文）の書き方については扱わない。

会学に限らず、経済学や計量心理学など、データ分析がメインとなる研究一般にある程度当てはまるものであり、自然科学のスタイルに範を取ったものである。一例を挙げると次のようになっている[3]。

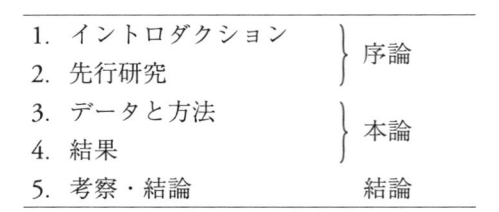

1. イントロダクション 2. 先行研究	序論
3. データと方法 4. 結果	本論
5. 考察・結論	結論

　常にこうした構成となるとは限らないが、重要なのは論文構成の内容を概観することなのでこのまま話を進めよう。この構成をみても分かるように、先行研究を検討するのは論文の前半（2の部分）であり[4]、分量としてはせいぜい全体の2〜3割、多くとも4割ほどである。したがって、文献レビューは、限られたスペースで効果的に行う必要がある。

　なお、文献レビューは前半にあるからといって、この順序で書かなければならないということにはならない。むしろ、後述するように、得られた知見の価値は文献レビューの書き方によっても左右されるため、レビュー部分は最後まで推敲の余地があることに注意したい。

文献研究の役割

　論文（研究）の意義は、新しい（あるいは面白い）知見の提供ということにある。このとき、何が新しいか、どこが新しいか、は必ずしも自明でない。したがって、読者一般あるいは査読者に対して、論文の新しさを説明・説得するのは執筆者側の責任となる。

　新しさをそれ自体で立証するのは案外難しく、また、しばしば説得力にも欠ける。そこで、もっとも手堅いやり方が、既存研究（先行研究）で分かっていることをはっきりさせることで、コントラストを際立たせるという方法である。たとえば、「従来の研究ではこのように考えられてきたが、実はこうなっていた」や「従来の研究ではここまで明らかとなっていて、本研究ではさらにこの点を付け

---

[3] 論文構成については第12章に詳しい。
[4] イントロダクションで先行研究をまとめることもある。

加えた」のようにすれば、新しさを半ば立証できたも同然である。「半ば」というのは、やはり論文全体を通しでしかその成否を判断できないためである。

このように文献レビューは、得られた知見の新しさ（あるいは面白さ）へ読者をいざない、かつその新しさを際立たせる（あるいは補強する）役割をもっている。この意味で、文献レビューは、いかにして新しさを説得的に提示するかという、一種のプレゼンテーションと捉えることもできる。

3. 気をつけること

良いレビュー

文献レビューは、それぞれの文献を要約することから始まるが、単なる要約の羅列（あるいは箇条書き）であっては論文としての体をなさない。短いながらも論文のパーツであるからには、何らかのストーリーを構成するようにまとめなおす必要がある。そのためには、研究の発展史に沿った（時系列の）まとめや、知見の類似性や手法の共通性によってグルーピングするなどの予備的作業をしておくとよいだろう。また、扱う内容についても、問題の全体像を大きな視点で俯瞰し、徐々に専門的な議論につなげていくといった工夫をする必要がある。もちろん、この流れは論文の到達点（得られた知見）と有機的につながるものでなければならない。

取り上げるテーマがある程度の研究蓄積のある分野であれば、問題意識が共有された「問いの共同体」（盛山 2004）が成り立っているはずである。そこでは、研究の発展とともに問題が解決されたり、新たな課題が生まれたり、といった研究課題（リサーチ・クエスチョン）の変遷が共有されている。もちろん、常にこのような「共同体」が成立しているとは限らず、研究領域によっては不完全だったり未成熟だったりする場合もあるだろう。たとえそうした状況であっても、読者を「共同体」の成員に引き込むような（読者が答えを知ろうと思わず身を乗り出すような）、問いの体系を提示できるのが良い文献レビューといえよう。

悪いレビュー

論文は、単に調べ物をまとめるレポートとは根本的に異なる性質のものであり、

勉強の成果を発表する場ではないことに注意したい。つまり、調べたこと、読んだものをあれもこれもと挙げる必要はないし、挙げてはいけない。もちろん、それだけのスペースもない。単に情報量が多いだけで焦点の絞れていない文献レビューは、論文の焦点・主張を不明瞭にし、得られた知見の新しさを埋没させかねないので逆効果である。

　たとえば、夫婦の家事分担についての実証的論文を書く際、背景知識としてフェミニズムに関する知識は必要かもしれないが、先行研究としてフェミニズム理論の発展史が不可欠な訳ではないだろう。むしろ、そのような問題にまで遡って書き始めると、肝心の実証研究についてまとめるスペースがなくなってしまう。その意味で、その論文で答えを出すべき適切な射程を定めることが重要である。一つの論文で主張できることはおよそ一つしかない。であれば、おのずから先行研究も絞られるはずである。

4. 文献探索と文献管理

　文献・資料収集の方法については、社会学分野では野村一夫（2000）第4章、社会調査に関しては大谷信介ほか（2005）第2章、さらに広い文脈では酒井聡樹（2006）10章で詳しく解説されている。以下では、学術論文の執筆に有用なことをいくつか補足しよう。

レビュー論文

　文献検索の基本は何といっても芋づる式で、先行研究が引用している文献を読むことである。この方法がもっとも確実な方法といえる。最初に何を読むかによって当たり外れがあるだろうが、もしレビュー論文（review article）があればそれから始めるのが良い。

　優れたレビュー論文を読めば、研究動向もつかめるし、読むべき論文も分かるので一石二鳥である。レビュー論文がみつからなければ、複数の先行研究が共通して引用している論文を読むというのが手堅いだろう。

　日本ではレビュー論文に特化した学術誌はほとんどなく、また一般の学術誌にレビュー論文が投稿されることも稀である。海外でもレビュー論文に特化したも

のはそれほど多いわけでないが、社会学では *Annual Review of Sociology* が定番として挙げられるだろう。自分のテーマとぴったり重なるものが見つからなくても、10年分ほど目次を探せば近いテーマをみつけられるはずである。

また、レビュー論文に準ずるものとして展望論文や研究動向も有用である。たとえば『社会学評論』の「分野別研究動向」は、分量は短いものの、近年の研究動向を知るのには役立つ。また、学会誌では展望論文特集が組まれることがあるので、チェックしておきたい。また、重要な研究成果を再録したリーディングスが編まれる際、解題が付されることが多く、これも研究の流れや当該論文の果たした役割を知るのに役立つ。

参考図書

その分野についての初学者であれば、当該テーマについて一定の知識を得るためには、教科書や参考図書（リファレンス・ブック）に頼るのが良いだろう。社会学における各種辞典・事典の利用については、少し古いが野村（2000）第4章で詳しく紹介されている。なお、野村も指摘していることだが、辞典・事典にも個性があるため、一つのものだけに依拠するのは良くないだろう。

また、海外の参考図書（Handbook や Encyclopedia の類）の中には、質・量ともにレビュー論文に匹敵するものもあるので利用を薦めたい。ハンドブックと聞くとコンパクトなものをイメージするかもしれないが、海外では大部なものも多い。一例をあげると、*Handbook of Marriage and the Family* や *Handbook of the Life Course*、人口・家族経済学の *Handbook of Population and Family Economics*、労働経済学の *Handbook of Labor Economics* は、扱う領域も多岐にわたり、各項目がそれ自体で充実したレビュー論文となっている。また、社会・行動科学についての *International al Encyclopedia of the Social & Behavioral Sciences* は全20巻以上から成り、項目も項目ごとの参考文献も充実していて、レビュー論文としても役立つ。

また、政府等が発行している各種の白書や報告書は、最新の統計情報がコンパクト解説付きでまとめられており便利である。ここには数値だけでなく、代表的な研究について簡潔に解説してあることもあるので、自分の研究領域についての概要を把握しておくために、研究領域に関連する白書を過去10年分ほどに目を通しておくと良いだろう。現在では、ほとんどのものがWEB上で閲覧可能となっている。

さらに海外の事情に関しては、国際機関が発行している年報や報告書が役に立つ。たとえば OECD が刊行している、教育に関する *Education at a Glance* や労働に関する *Employment Outlook* といった年報は有名である。これら以外にも、所得格差・貧困やワークライフバランスといったトピックに関する報告書も刊行されている。これらは、各国の統計情報のソース（出典）としても貴重であるし、日本の部分を読むのも勉強になる。また、多くの研究に言及しているものもあり、レビュー論文としても有用である。

各種データベース

芋づる式がもっとも確実で効率的な方法と述べたが、欠点もある。それは、常に当該論文よりも古いものしか引用されていないということで、最新の研究動向をつかむには限界がある。そこで必要となってくるのが各種データベースであり、オンラインで利用可能なものが多い。

日本語文献に関しては、国立情報研究所が提供している CiNii（サイニイ）Articles があり、キーワードや著者名による検索が可能である。一部の論文に関しては全文へのリンクもある。また PDF 化された論文に関しては全文検索（beta版）も開始された。オンラインで読める紀要もあるので、大学別の機関リポジトリもチェックしたい。

海外の文献に関しては、各種データベースがあるが、大学ごとに加入しているサービスが異なっているため、利用可能なものを所属機関の図書館 HP 等で確認したい。ただし、文献を検索するということに限定すれば、Google が無料で提供している Google scholar で十分であろう。日本語論文についても対応しているが、人文社会科学分野に関しては現時点ではそれほど充実していない。

Google scholar の便利なところは、論文引用データベース（Citation Index）機能を備えているところである。この機能は、当該論文の被引用（cited by）件数だけでなく、引用先論文へのリンクも表示される。この機能を用いれば、ある論文がその後どのような論文で引用されたのかを知ることができる。また、被引用件数は論文の重要度を知る目安となる。たとえば、学歴同類婚の趨勢について「educational assortative mating trend」というキーワードで検索すると、7000 件以上の論文がヒットする。上から順に 3 つ挙げると図 2-1 のようになっており、上から順に 722、274、156 回引用されていることも同時に分かる（2012 年 8 月

21 日現在)。よって、おそらく Mare 論文が最重要だろうと見当がつく。検索結果の期間指定も可能である。

研究の最新動向を常にフォローしておくことは重要だが、骨が折れるしチェッ

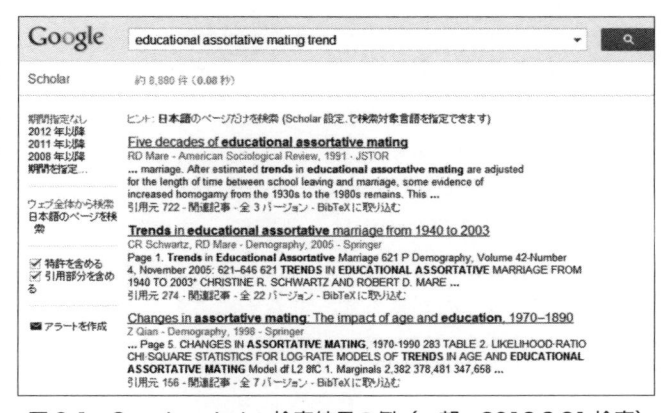

図 2-1　Google scholar 検索結果の例（一部。2012.8.21 検索）

ク漏れも起こる。この作業をある程度自動化するためには、読むべき（関心のある）学会誌について目次配信サービスに登録するとよいだろう。

文献管理

　情報・通信技術の発展は文献レビューに限らず研究環境やスタイルを大きく変えていく可能性がある。もちろん道具が変わっても、学術論文で求められることの本質が変わる訳ではないので、自分に合ったスタイルを探せばよいだろう。

　文献レビューに関しては、デジタルであれアナログであれ、文献ノート（メモ）をつくり、そのノートやオリジナルの文献をいつでも引き出せるように整理・管理しておくことが必要である。増える一方の資料（論文コピーなど）を、整理しファイリングするのは結構手間がかかり、多くの研究者を悩ませる。代表的な整理方法は、テーマ別や著者名順ということになるだろうが、それぞれに一長一短があり万能ではない。スペースをとることや検索性の低さといった紙で管理することの欠点の一部は、スキャナで電子化（PDF 化）しておけば解決できる。電子化された文献の管理については様々なソフトがあるが、研究スタイルや研究環境にも依存するので、個別のサービスについては身近な人に聞くなど各自で調べて欲しい。

5. おわりに：FAQ[5]

Q：どれだけ読めばよいか
A：これでは答えになっていないかもしれないが、必要なだけ読まなければならない。どれだけ必要なのかは、研究テーマや論文の射程によって、ケース・バイ・ケースなので一意な答えは存在しない。論文の中で実際に触れるかどうかは別とすれば、多くの知見を知っておくにこしたことはない。ただし、上述したように、それらを全て紹介する必要はないし、紹介すべきでもない。

Q：どこで打ち止めにするか
A：芋づる式で文献を探すと、引用元、元の元、元の元の元、……といったように、無限に読むべき文献が増える恐れがあるのは確かである。ただ、無限に見えるこの引用のループもある程度の研究を重ねると、ほとんどの文献が既知の範囲内に限られるような段階に達するだろう。これが打ち止めの目安である。もちろん日進月歩の研究のフォローはそれこそエンドレスなので、どこかでいったん区切りをつける必要がある。なお、引用文献の全てに目を通す必要はなく（それこそ無限にある）、何が自分にとって必要なのか判断する目利きが重要なのは言うまでもない。

参考文献
野村一夫，1999［1995］，『社会学の作法・初級編——社会学的リテラシー構築のためのレッスン【改訂版】』文化書房博文社（全文を著者サイト（http://www.socius.jp/）で閲覧可能）．
大谷信介ほか，2005，『社会調査へのアプローチ——論理と方法［第2版］』ミネルヴァ書房．
酒井聡樹，2006［2002］，『これから論文を書く若者のために　大改訂増補版』共立出版．
盛山和夫，2004，『社会調査法入門』有斐閣．

参考URL
CiNii Articles (http://ci.nii.ac.jp/)
Google Scholar (http://scholar.google.co.jp/)

---

5 本章の元となった座談会（2010年12月19日、東洋大学）での質疑に基づいている。

第3章　先行研究の探索と整理：
仮説検証型計量研究のケース

坂本有芳

1. はじめに

　先行研究を探索し整理する際に、何らかの道標、あるいは見取り図、ストーリーが必要だということは論を待たないだろう。進むべき方向が見えないと、膨大な先行研究の海におぼれてしまう。あるいは生い茂る木々の中で迷い、方向を見失い、登っているはずの山に上がってゆくことができない。道標を見つけ、見取り図を読者に示すのは、問題意識を持って先行研究を調べる研究者自身である。では計量研究の場合、どのように見取り図を作成してゆけばよいのだろうか。

　計量分析による研究は、データがあり統計ソフトがあれば、何らかの結果らしきものは出せてしまう。なんとなく分析した結果をあとから解釈しただけでも、形だけは論文にすることができるかもしれない。しかし適当に選んだ変数を用いて分析し、データに都合のよい解釈を加えた計量研究には、どのような意味があるのだろうか。ときとして数値はひとり歩きをはじめることがある。受け入れられやすい一般論の強化や、先入観の再生産に荷担してしまう危険性はないだろうか。

　実証的社会科学研究として計量分析、すなわち数量的検証をおこなう場合、私は「仮説」の提示という形で見取り図を作成し、実証的検討を加えてゆくのが明快な方法だと考えている。仮説とは「経験的検証を求められている一つないし複数の命題（proposition）のこと。（後略）」（N. アバークロンビーほか 2005:199）である。データありきでも、筋書きありきでもない、飽くまで「仮の」説である。

先行研究は、これから自らが検証しようとする、仮説に結びつけて整理してゆくこととなる。

　以下に、一研究者の視点から、仮説検証型計量研究における先行研究の読み方とまとめかたを述べてゆくこととしよう。実証的研究には、公理ないし仮説から演繹的な操作によって導出された命題を観察や実験によって検証していく仮説＝演繹的方法と、観察・実験データから帰納論理によって命題を定式化していく観察＝帰納的方法とがある（森岡ほか 1993:176）。本章の説明はどちらかといえば演繹的方法を視野に入れている。

　さらに本章で扱う仮説検証は、定式化された命題が経験的事実と一致するかどうかを、社会調査による観察によって確認することに限定されている。未知の変数の効果が予想できない社会調査では、仮説は多かれ少なかれ作業仮説としての性格をもつ（森岡ほか 1993:506）。

　以降に登場する「仮説」の語は、作業仮説に相当するものとして読み進めて欲しい。

2. 先行研究の役割

概念と理論枠組みの規定

　先行研究に目を通し、今までになされてきた研究を確認することは、これまでに得られた知見を自らの研究で継承し、発展させるためにある。その第一歩となるのは、自らの論文で鍵となる概念が何であるのか、それがどのように定義されているかを探すこと、概念規定である。一定の水準に達する学術論文であれば、論文が主題とする語——論文タイトルに含まれていることが多い——に対して、本文中に定義が書かれているはずである。「自らの論文に適用できそうな定義なのだろうか？」という問をもって、様々な先行研究の定義を集め読み込むことが、学術論文執筆のはじめの一歩である。

　鍵となる概念を規定する段階では、概念を説明する理論的枠組みも同時に探してゆくことになる。ある概念と、他の概念との関連を、統一的、体系的に説明しようとする枠組みは、早い段階で検討することが重要である。概念や理論には様々なレベルのものがあり、包括的で前提となる視角を示すものもあれば、非常

に具体的操作的であり、計量分析にそのまま使用できるものもある。先行研究に記された様々な定義や理論を参照しただけでは、途方にくれることになりかねない。上位概念と下位概念の関係や、あるいは包括概念に対する操作概念が何にあたるのかという意識をもって先行研究を読んでゆくと、先に進んでいけると思う。

　鍵となる概念が決まり理論枠組みが決まったら、自らがこれから検証しようとする仮説を提示することになる。分析課題を仮説として提示することの意義は、それまでの議論が整理されて論点が明示されることにあると思う。とはいえ、提示する仮説が単なる思いつきや分析結果の裏返しと思われてしまうようでは説得力がないし、科学的であるとはいえない。仮説は理論的枠組みに対応して導き出されることが重要である。そこで「自らの題材をあてはめ仮説を導くことができるのか？」という問題意識をもって、様々な理論の操作概念を吟味してゆくことになる。

　仮説の提示にあたっては関連する分野の先行研究を探して、名前のついた仮説の内容をふまえておくことが大切である。たとえば、家族社会学で男性の家事・育児参加を説明する仮説には、「相対資源論」「時間の余裕仮説」などが提示されてきた。また、自らが提示する仮説にも、できれば名前をつける試みをして欲しいと思う。新しく名前をつけることは案外難しいため、他の分野の先行研究を参照して仮説の名前を拝借するもの一案である。ピタっと収まる名前が見つかることは、議論や問題が非常に明快になったことを示すと思う。

　鍵となる概念と概念との間を説明する理論を見つけ出し、仮説を導いてゆく過程は研究の要となる部分であり、とても重要で難しい。先行研究こそが「どのような理論があるのか」、「計量研究ではどのように理論が用いられているのか」という問いに答えてくれる。欧米の学術ジャーナルに掲載された社会科学系の論文には、理論的説明を経て仮説を提示する過程にかなりの分量を割いているものがあるため、引用している先行研究や理論的説明をおこなう際の手本になるだろう。

仮説に対する知見の整理

　理論的枠組みが固まり論文で検証してゆく仮説を提示したら、先行研究で得られている実証結果を整理するのが次の段階となるだろう。ここが先行研究整理のいちばん中心になる部分となるように思う。自らの提示する仮説に沿った形で、「どの仮説が支持されているのか？」「支持されていないのか？」「はっきりとし

た結果が得られていないのか？」という問をもって先行研究にあたってゆく。整理をする土俵は、あくまでも自分が提示する仮説である。

　家族社会学で多く蓄積されている男性の家事・育児参加に関する計量分析では、特定の要因だけに着目してその影響力の有無や強さを検証するというよりも、複数の仮説が提示されたのちに、最も説明力の高い独立変数を探索するという形で仮説の支持／不支持を検討することが多い（稲葉 1998）。どの仮説がどの独立変数と対応しているのかに留意した上で、導き出された結果を確認してゆくことになる。支持／不支持という、一見、単純な分類で整理するのではあるが、先行研究に記述された内容を読みとる際には慎重さが求められる。類似のテーマでなされた分析であっても、そもそも扱っている概念や、概念の測定方法は同一でない場合が多いためである。

　分析の要は従属変数となるため、特に従属変数に利用する概念に対しては測定方法の違いを考慮に入れた上で支持／不支持の結果を理解することが大切である。たとえば女性の就業を扱った研究では、分析されているのが特定時点の就業／不就業なのか、それとも離職経験なのか、という点に違いがあったりする。ワーク・ファミリー・コンフリクトなど既存の尺度を用いる場合では、誰が作成した尺度を用いているのか、全項目を使用しているのか、などに違いがみられる。

　同様に標本の違いにも目配りする。用いられているのが個人単位のデータなのかどうか、パネル調査など経時的調査なのか、サンプルサイズは十分なのか、無作為抽出なのかどうか、分析対象はどのように限定されているのか（有配偶者だけ、子どものいる人だけ）、などの違いを考慮する。どの研究でもそれぞれ限界を抱えている。計量分析で用いるデータは、測定誤差と標本誤差という2つの誤差が少ないほど厳密性が高いといえるものの、2点を両立したデータというのは多くない。大規模調査の場合は標本抽出方法や標本サイズは問題が少ないいっぽう、調査項目が限定されている場合が多いため、厳密な測定という面では弱い傾向にある。論文の筆者達が1人〜数人で実施した調査の場合、特定の主題に関する測定がしっかりなされる反面、標本サイズは小さかったり有意抽出標本であったりする場合が多い。

　測定方法と標本抽出の2側面を中心とした限界をふまえながら、仮説と整合的な結果が得られているのか、それとも得られていないのかを見極める。仮説が支持されていない場合はどのような理由が考察されているのかを確かめることも

重要である。このように整理してゆくと、膨大な先行研究のつながりが見えて自らの立ち位置が分かるようになると同時に、分析課題が明確になってゆくだろう。

方法論に対する手引き

　先行研究には、自らが分析に利用する方法論を手引きしてもらうという役割もある。まずは分析概念をどのように測定して分析するのか、利用する尺度や分析手法を先行研究に倣うことが大切である。かつての筆者のように、学術ジャーナルに掲載されている論文にあたらず、様々な調査票ばかり参照してオリジナルな調査票を作り、統計分析のマニュアル本を頼みに分析するのではいけない。測定尺度の開発や統計分析手法そのものを対象とした研究ではなく、社会事象を扱った仮説検証型研究の場合、まずは先行研究を通じて妥当であるとすでに認知されているような尺度や分析手法を踏襲して分析するのが手堅い方法である。

　ディストレスや夫婦間満足度、ワーク・ファミリー・コンフリクトなど心理的な尺度を分析に用いる場合は、測定尺度を最初に開発したオリジナルの研究、あるいは修正版を発表している先行研究を手に入れる。自分で調査をおこなうのであれば、先行研究に記された測定項目の質問文を1つずつ吟味し、大きな問題がなければ問題文や回答選択肢をそのまま利用するのが無難である。従属変数に用いる尺度は論文の主題を操作化した内容となるため、信頼性や妥当性が厳しく問われる。利用する尺度の信頼性と妥当性の高さが先行研究によって裏付けられていると心強い。

　心理的な尺度ではなく、結婚や就業、出産、子ども数などの状態を計量分析で扱う場合、主題の測定手法を確認するには変数の型や分析に用いられる統計手法に着目することになろう。従属変数の型と分析に用いるデータの特徴によって、統計手法はある程度限定されるため、まずはどのようなデータが用いられ、どのような分析がなされているのかをみてみる。分析の際には、マニュアル本だけでなく統計の教科書も読まなければならない。どのような教科書が分析の参考にされているのかも、たいていは先行研究の文献リストに掲載されている。

　研究者はそれぞれが独自の新しい研究を手掛けるのであるから、当然ながら先行研究と同じ尺度や分析方法を踏襲するだけでは収まらないこともある。自らが倣おうと思った方法がさほど一般的になっていなかったり、主流となる方法が複数に分かれていたりする場合もある。この場合でも多くの先行研究で引用されて

いる文献にあたり、広く認識されていると思われる方法を確かめることが重要である。自らが採用する新たな尺度なり分析方法は、先行研究を継承した上で発展させたことを示すのが丁寧な方法だろう。独自の方法を採用する理由の述べ方なども先行研究がおおいに参考になるだろう。

様々な先行研究を収集して見比べると、採用する方法論の説明をどの程度詳細に記述するかどうかは、先行研究ごとに異なることに気付くだろう。方法論を厚く記述しているもの、理論と仮説に重点が置かれているもの、結果のみならず考察やインプリケーションの記述が多いものなど、どこに重点を置いて詳細に記述するのかは、ジャーナル毎に特徴があるようである。分析方法のみならず、分析結果の記述方法も先行研究が範を示してくれる。自らのスタイルに合うジャーナルや先行研究を見つけ、手本とするのがよいと思う。

3. 必要な先行研究とは

研究をおこなうにあたって、多くの先行研究を収集して目を通すことの重要性には異論がないだろうが、論文を作成するには常に分量や時間的な制約という現実に応じなければならない。ではどのような基準で、必要性の高い先行研究を取捨選択すればよいのだろうか。

概念規定の選択基準

収集した文献によって様々な定義が見つかるような場合、自らの論文に用いる定義を選ぶのにひと苦労するだろう。この際に第一の基準となるのは、学術論文で採用されている定義かどうかである。たとえば「ワークライフバランス」のように政策と関連する用語の場合、政府各省庁から出される白書に定義が掲載されていることが多いものの、学術論文の中でそのまま利用できるとは限らない。有力候補となるは、学術雑誌に掲載された論文に書かれた定義である。その学術雑誌の専門分野が、自らの領域と一致しているかどうかを確かめよう。すでに確立されている学術用語を用いる場合は、複数の文献内で同一の先行研究が引用されているだろうし、社会学辞典などの学術用語辞典に定義が掲載されている。複数の文献で採用されている定義を用いるのが、手堅い方法ではある。

蓄積の少ない新たな研究をしようとする場合、たとえば「テレワーク」のように定義が掲載されている文献がなかなかみつからなかったり、納得のゆく定義がみあたらなかったりする場合は別の対処が必要となる。まずは、類義語で定義を探し直すなど、用いる概念を微修正してゆくことになる。「テレワーク」というキーワードを「テレコミューティング」や「在宅勤務」にしたり、あるいは「テレワーク」を「ICT（情報通信技術）」と「就業場所」に分解したり、逆に「技術と社会」のように包括的な概念にしたりしてみる。学術用語として確立していないものは、学術論文内で定義が見つけられない可能性が高い。無論、自分で新たに定義を作る必要もある。

定義を選ぶ第二の基準は、仮説検証型の計量分析に適した概念規定となっているかどうかである。仮説検証型の計量分析では、鍵となる概念を数値によって測定することになる。測定に利用する概念は下位概念であり操作的になるが、鍵となる包括的な概念とまったく無関係な内容で定義されていると、理論と実証を結びつけることが難しい。分析でワーク・ファミリー・コンフリクト尺度を利用するのであれば、「コンフリクトが最小になる」という説明が入った「ワークライフバランス」の定義を使うのが妥当だと思う。実のところ、新たな視角から社会を切り取った鮮やかな定義があったとしても、どう計量分析に使ったらよいのか途方にくれるような場合は、その定義は利用できないといえる。やたらと多くの用語が並べられている定義も、使い勝手がよろしくない。

理論の部分は、その分野で古典とされている研究や、既に多くの論文で引用されている研究を参照することが多いだろう。理論を探して選び出す際には、まずはそれぞれの学術分野で発行されている理論書をガイドとして、先行研究にあたってゆくのが定番といえる方法である。どのような理論を用いるかどうかも、理論が用いる主要概念によって自らの分析主題を操作化できるのかどうか、たとえば家族社会学の「選択・交換理論」（Nye 1979）であれば「費用」と「報酬」という概念で主題を説明してゆくことができるのかどうかが大きなポイントとなる。さらには自らが分析に用いる変数で「費用」と「報酬」という概念を測定できなければならないため、理論選びには制約も少なくない。なかなか難しい作業であるが、学術論文としての水準を左右する大きなポイントでもある。

仮説に対する知見

　仮説に対する知見を整理する際には、自らの主題と同様のテーマを掲げており、かつ同一分野での国内外の研究を集めるのが第一歩となろう。現在は、電子ジャーナルを検索すれば、自らの主題と関連した先行研究は、あっという間に集めることができてしまうものの、核となるジャーナルがいくつか決まっていると、取り掛かりやすいと思う。まずは所属する研究室などで定期購読しているジャーナルを、よくよく探して欲しい。最初は学術水準の高いとされる論文のよさが理解できないかも知れないが、まずはよいものに触れることが大事である。

　論文内で引用するかどうか、そもそも目を通すかどうかという選択基準となるのは学術論文としての水準の高さと、研究領域の一致度合いになるだろう。学術水準の高さを示す指標には、その論文が 1) 複数のレフェリーが付いた査読論文であること、2) 掲載されているジャーナルのランキング、3) 引用される件数の多さ、などがある。ただし日本の社会科学研究には広く共有されたジャーナルランキングがないので、最初のうちは査読が厳しい学術雑誌を指導教官や先輩から教えてもらうとよいだろう。公刊されている著書や査読のない論文は、素晴らしい内容のものもあればそうでないものもあり、水準のバラツキが大きいといえる。ランキングに頼らなくとも、本文内に概念規定や仮説がきちんと述べられているかどうかを見れば、ある程度の水準は判断することができる。

　引用するのは自らの論理展開、仮説の支持／不支持に関連するものが中心となるため、関係のないものは出番がない。先行研究の引用では、都合が悪い結果を省くことがあってはならないし、考慮すべき重要な点を指摘した研究はふまえておく必要がある。とはいえ、自らの仮説と関係のない研究は、この部分では引用できないといえる。

　自らの専門領域で先行研究がなかなか見つからない場合は、様々な分野、様々な内容の研究に触れざるを得ない。たとえばテレワークに関する研究は日本の社会科学研究での蓄積が少ないので、日本の結果が必要な場合は実態調査の記述的な結果を利用したり、たとえば工学系など異分野のジャーナルに掲載されている研究にも手を伸ばしたりすることになる。手掛けるのは計量分析でありながら、質的研究から導き出された結果を載せることももちろんある。厳密性を欠いた量的研究よりも、むしろ丁寧に分析された質的研究のほうが、参考になるように思う。

4. 探索の時期と取り組む順序

時期と順序

　理想的な時期と順序を述べるならば、探索の第一歩は概念と理論枠組みの規定であろう。これが論文の幹となる。根っこにある問題意識を掘り下げながら、最初の段階で幹となる先行研究をしっかりと探すことが重要である。概念や理論、特に理論は必要に応じてというのではなく、むしろ日常的に探索するものだと思う。自らの問題関心を扱うことができ、実証研究に応用できて、さらに実社会に有用なインプリケーションも導き出したいとなると、これらに応える理論を探し出すのは、かなり難しい作業である。とても一朝一夕にはできないと感じている。

　質問紙調査を実施する予定があるのならば、鍵となる概念と関連する概念とが測定できる質問紙が作れるよう、概念のみならず、その測定尺度も定めておく必要がある。調査準備の初期の段階では、問題関心や研究課題がさほど明確になっていないかも知れない。まずは関連する先行研究を集めて、どのような測定がなされているのかを整理しながら研究課題も同時に整理し、先行研究をふまえた調査票を作成することが肝要である。大学や研究所で手掛けられた大規模調査を二次分析するケースでも、まずは先行研究を通じて自らが用いる概念をはっきりさせ、その概念が最も丁寧に測定できそうなデータを分析に利用するというのが、仮説検証型計量研究の手順であろう。

　演繹的方法を用いる場合、仮説と仮説に対応する変数が決まったら、膨大な文献を整理しながら分析課題を明確にしてゆく作業に入る。論文を1本の樹にたとえるならば、自らが提示する仮説への実証的な支持／不支持をまとめる部分は、枝葉の部分に相当するように思う。この部分はあとからの追加も可能である。論文完成までに時間が掛かってしまった場合などは、途中で新たな結果が発表されていることもあるため、出版直前の段階で新しい論文を検索しなおして追加することも必要であろう。

　仮説が導かれた段階で、分析に使用する従属変数と独立変数は決まることになる。もしデータを分析した後に新たな独立変数を加える必要性を感じたのであれば、その変数はどの概念と対応するものなのかと考えてみたほうがよい。計量分析では独立変数1つとしてアドホックに追加してよいものはないのである。仮

説を修正したり、新たに仮説を加えたりする必要を感じた場合は注意深く考え直す必要がある。仮説を加えた場合、仮説同士の関係はどうなるのか。理論との整合性は？そもそも対立する仮説もあるのではないか？……となってくると、論文の根幹が揺らいでくるおそれもある。場合によっては、理論文献の探索を1からやり直さなくてはならない。

具体的な収集手段

2012年現在、論文収集の具体的な手段として主流であるのは、所属する大学の図書館HPにアクセスし、論文データベースをキーワードで検索する方法だろう。検索にあたっては、キーワードの設定が肝要である。ワークライフバランスに関する研究を例にあげると、用語の定義を探したいのであれば、「ワークライフバランス」を"表題"に含む論文に限定したり、「ワークライフバランスとは」「ワークライフバランス 定義」などを指定して本文を検索したりすると対象が絞られ、概念規定がなされた文献に出会いやすくなると思う。

大学や研究所で定期購読している学術雑誌を手にとり、目次から論文を探すというアナログ方式も大事である。データベースの検索では、様々なレベルや領域の先行研究が引き出されてしまうので、立ち往生しかねない。研究関心が定まらないうちは、無駄な寄り道ばかり……ともなりがちである。大学院生であれば、研究室で薦められるジャーナルを実際に手にとり、まずは自分が所属する領域での一定水準の論文に触れることが重要だと思う。

アナログ方式のいまひとつは、1つの先行研究の引用文献リストを見て気になるタイトルの先行研究を取り寄せ、さらにその取り寄せた先行研究の引用文献リストを見る……と繰り返す方法、いわゆる芋づる方式である。言うまでもなく、引用文献リストではすでに特定分野での関連研究が一覧表となっているので、関連する論文を探しやすく、大変参考になる。自分が目を通した文献リストのうち、複数のものに掲載されている文献は、手に入れて読んでみるべきだろう。

さて、実際の入手方法である。お目当ての論文が載っているジャーナルが所属大学と契約されているのであれば、電子ジャーナルをダウンロードすればよい。手に入れたい文献が契約されていない場合には、図書館の複写依頼サービスを利用するのがよいだろう。現在は個人のクレジットカード払いで電子ジャーナルを購入できるものの、支払うべき費用は案外高額である。複写依頼サービスでは、

コピー代と郵送料程度を負担すれば所蔵のある大学図書館からコピーを取り寄せてもらえる。たいていは1週間もすればきれいにコピーされた論文を手にすることができる。

さらにゼミや学会に出席して発表し、「この文献を読んだほうがいいよ」とアドバイスを受けたり、他の研究者による発表を聞いて「こういう先行研究があるんだ」と気付いたりと、生身で情報収集することも大切である。デジタル方式で検索した論文は、最初のうちは重要性の区別をつけるのが難しい。人を介した生きた情報だと重みが伝わるため、自らの研究にも活かしやすいと思う。

収集後の整理

パソコンやインターネットのお陰で、先行研究を探して集めることは、かつてと比べて飛躍的に簡単になったといえる。しかし、その代わりに悩まされることになったのは、手に入れた論文を物理的に整理整頓する方法ではないだろうか。少なくとも筆者にとっては悩ましい問題であるし、研究者仲間でもおおいに盛り上がる話題である。

博士学位論文の執筆に着手しはじめた頃、手元にある紙ベースの論文を全てかき集め、自宅の床一面に広げ、著者名のアルファベット順に並べ直し、ボックスファイルに綴じてゆくという作業を丸一日掛けておこなったことがある。論文リストは著者名のアルファベット順に作るので、分野にお構いなく著者名で並べてしまうという方法がよいと思ったのだ。しかし、結局、特定のテーマにかじりついて分析をしている間に参照する論文は限られてきたため、アルファベット順に綴じたファイルは使い勝手が悪かった。

アルファベット順にする前は、論文コピーをテーマごとに分類してボックスファイルに綴じていた。しかしボックスファイルに綴じきれなくなったり、どのファイルに綴じたらよいのか迷ったりしているうちに、分類が判然としなくなってしまったのだ。その結果、綴じずに適当なところに詰め込む……という現象が発生してしまったように思う。

ここで改めて整理の目的を考えてみる。まずは、「手に入れたはずのお目当ての論文は、一体、どこにあるのか？」と探し回る、無駄な手間と時間を省きたい。ここでは迷子問題と呼ぼう。そして論文があふれて散在してしまい、ゴチャゴチャした状態になっているのを改めたい。これは雑然問題である。

現在は電子ジャーナルが主流になってきたので、ダウンロード時に内容が分かるファイル名をつけることや、保存場所に気をつければ、迷子問題、雑然問題の両方はかなり解消されるように思う。保存場所は取り掛かり中研究用のフォルダの中につくった、先行研究用サブフォルダである。この中に関連論文を全て保存しておく。これで迷子問題は解消されるのではないだろうか。執筆中に参照する論文は紙で出力したとしても、研究が一段落したら保存は電子ファイルのみ。紙媒体は処分する。これで雑然問題も生じない。

……ここで残された問題は、すでに紙ベースで大量に存在する論文コピーを、全て電子化するかどうかだ。試しに取り掛かり中の研究に関する論文コピーを電子化してみた。分量は10論文程度、裁断して高速スキャナで読み込む。スキャン作業はあっという間に終わるが、ページの逆転などスキャンミスの修正や余白の調整に時間がかかり、ファイル名をきちんとつけて保存し終わるまでには、ほとほと疲れてしまった。先行研究を整理するということは、研究の中でも、物理的な空間の中でも、それなりの労力と時間を要し、覚悟を決めて取り掛かるべきひと仕事なのだと実感した次第である。

5. おわりに

本章は一研究者としての先行研究の読み方を示す役目を担ったものの、内容の半分は計量研究の方法を述べることになってしまったようだ。先行研究を集め、読み、整理してゆくことは研究することと密接につながっているため、先行研究部分だけを切り出してゆくことは、なかなか難しい作業であった。とはいえ論文内での実際の書き方、先行研究をどのように引用するかという方法のガイドは不十分であるため、本書の他章に示された内容や他の参考書（石井クンツ 2010 など）を参考にして欲しい。

仮説検証型の計量研究では良くも悪くも、論文の書き方が定型的になっているところがある。一見、パターン化されてしまって面白味に欠ける論文の中で、研究の説得力、重要性や面白さを示すのは、提示される仮説の内容に尽きると筆者は考えている。先行研究を集め、読み解き、整理してゆく際には、自らがどのような仮説を持って研究をしているのか、繰り返し自問自答することが、確かな道

標になってくれると思う。ただし、提示するのは飽くまでも仮の説である。分析結果が仮説を支持しなかった場合には素直に受け入れ、理由を考察してゆくことが重要である。やがてはその結果や考察が先行研究として引用され、新たな展開を待ち受けることになるだろう。

参考文献
稲葉昭英, 1998,「どんな男性が家事・育児をするのか？：社会階層と男性の家事・育児参加」渡辺秀樹・志田基与師編『1995 年 SSM 調査シリーズ 15 階層と結婚・家族』, 1995 年 SSM 調査研究会, 1-42.
石井クンツ昌子, 2010,『社会科学系のための英語研究論文の書き方―執筆から発表・投稿までの基礎知識』, ミネルヴァ書房.
森岡清美, 塩原勉, 本間康平編, 1993,『新社会学辞典』, 有斐閣.
N. アバークロンビー , S. ヒル, B.S. ターナー著（丸山哲央監訳）, 2005 年,『〔新版〕新しい世紀の社会学中辞典』, ミネルヴァ書房.
Nye, F.I., 1979, "Choice, exchange, and the family", In W.R. Barr, R. Hill, F.I. Nye & I.L. Reiss (ed.). *Contemporary theories about the family: General theories/theoretical considerations,* New York: The Free Press, 1-41

第4章 先行研究の「少ない」テーマが生みだす新しい発見と洞察

吉原千賀

1. テーマの性質と先行研究への取り組み

　先行研究の検討プロセスは、質的アプローチ研究の実施プロセスと似ている。質的アプローチでは、事例の検討、分析を通して帰納的に理論をつくる、あるいは理論を発見することを目的にしている。先行研究の検討においても、文献の検討を通して同じく帰納的に理論的枠組みを作っていく。こうしてみると、先行研究の検討に際して取り上げる一つ一つの文献が、あたかも質的アプローチ研究において分析対象となる個々の事例のような位置づけにあるものとして捉えることができよう。先行研究の検討プロセスそれ自体が質的アプローチ研究の様相を呈しているのである。

　「事例中心の質的アプローチ研究で、先行研究が比較的少ない場合」の先行研究の読み方について述べるというのが、ここで与えられた課題である。データから理論を導くという質的アプローチ研究の帰納的プロセスは、「先行研究が比較的少ない」テーマについての先行研究の検討プロセスと親和性が高い。これは、量的アプローチ研究によくみられる仮説―検証型の演繹的プロセスとは異なる点であろう。

　筆者はこれまで「高齢期のきょうだい関係」というテーマで研究を進めてきた。「高齢期のきょうだい関係について研究している」というと、「なぜそんなテーマで研究しているのか」と、まず質問がくる非常に「マイナーな」研究テーマである。「マイナーである」とは、言い換えれば「先行研究が少ない」ということで

ある。事実、筆者が研究をスタートした当時、「高齢期のきょうだい関係」をテーマとするまとまった著書は、日本においてはほとんど無かった。先行研究の多いテーマの場合には、数ある文献をもとに、すぐさま文献レビューに取り掛かることが可能である。ところが、「マイナーな」テーマを扱う場合、レビューするほど文献があるわけではない。

　ではどうすればよいのか。院生時代に指導教官から指導されたことは、「とにかく当事者に話を聴くことを積み重ねよ」ということであった。同時に、「『きょうだい』をテーマにした小説や自伝などを検討せよ」とも指導された。きょうだい関係について何が問題になっているのか、どのような話が語られるのか、を聴きだすことから始める。そして、どこに焦点をしぼり、何を論点にしていくのか、対象がどのような要素から成り、どういう構造をなしているのか、を発見することが目的である。これは、先行研究が豊富にあるテーマにおける検討目的と共通する。

　今思えば、どちらも「先行研究が少ないなら、個々の事例を検討することからスタートせよ」ということだったのだろう。「マイナーな」研究テーマを扱う場合には、こうして得られた事例こそが、検討すべき「先行研究や文献」になるのである。結果、「調査の方法論として」というよりはむしろ「先行研究の検討方法として」事例中心の質的アプローチを採用することになる。このように、研究テーマの性質は先行研究に対する関わり方、アプローチの仕方に影響を及ぼすのである。

2. 先行研究探索の手順、方法、タイミング

　具体的に先行研究を探索する手順や方法、また探索するタイミングについてみていくことにしよう。「マイナーな」研究テーマを扱う場合、そのテーマに関係の深い先行研究が非常に少ない。それ故、文献探しの強力なツールとなるはずのレビュー論文（岩田・小林・中谷・稲葉 2006：43）も無いことが多いだろう。そこで、自らの取り上げようとするテーマとの類似性、関係の深さの度合いを通常（あるいは先行研究の多いテーマを扱う場合）よりも少し緩めてやるといった工夫が必要になる。その具体的方法について、筆者が行ってきた方法を紹介しよう。

検討対象の選定とテーマの分節化

筆者は、「日本における高齢期のきょうだい関係」にかんする方法論として、ライフコース論やネットワーク論を用いてきた。この2つの方法で先のテーマにアプローチする場合、以下のような手順をとる。まず、**Step 1**] テーマをいくつかのキーワードに切っていく。例えば、「高齢期のきょうだい関係にかんするライフコース論、ネットワーク論的研究」という場合を考えてみよう。明示されてはいないが、日本のことを取り上げる場合を想定しているので、①「日本における」、そして②「高齢期の」、③「きょうだい関係」という3つの部分にわけられる。そして、それらを追究するのに、A：「ライフコース論」、B：「ネットワーク論」を用いますよということで、方法論については、2つの方法を採用することになる。図で示すと、次のような形である（図4-1）。

テーマの①「日本における」の部分は後段で触れることにして、次に **Step 2**] それ以外の②「高齢期の」研究、③「きょうだい関係」の研究、A：「ライフコース論」やB：「ネットワーク論」にかんする研究という4つにかんする研究を検討していく。この時、それぞれについて先行研究が非常に多かったり、あるいはそういった検討を論文投稿等のスケジュールから考えて、時間的な制約の高い段階や時期、タイミングで行う場合、当然、検討対象を絞り込む必要がある。逆に、「マイナーな」テーマで先行研究が少ない場合、あるいは時間的制約が低く、研究に着手しはじめた初期段階で比較的時間のゆとりがある場合は、少し対象を広げて検討することが可能であろう。

検討対象の絞り込み・拡大と「かけ合わせ法」

検討対象の絞り込みや拡大には、先に区切ったいくつかのキーワードを組み合わせればよい。そして、先行研究が多かったり、時間的制約が高かったりする場合には、論文執筆の目的や課題の中心が「テーマ」と「方法論」のどちらにあるのかによって、各キーワード群で重点を置くものを決めるのである。

例）［テーマ］：①（日本における）／②高齢期の／③きょうだい関係　にかんする
　　［方法論］：A：ライフコース論／B：ネットワーク論　的研究

図 4-1　テーマの分節化

先の例でいえば、②「高齢期の」というキーワードがある。このキーワードに重点があるという時、高齢期の研究は膨大であるから、ただ闇雲に検討するのはあまり効率的ではない。そこで、絞り込みをかけるのである。優先順位をつけると言ってもよい。絞り込みのかけ方はいたってシンプルで、中心となるキーワード、今の場合でいうと「高齢期」というキーワードを限定する形で他のキーワードをかけ合わせて絞っていくのである。これを「かけ合わせ法」と呼ぶことにしよう。具体的にいえば、②「高齢期の」にキーワードＡ：「ライフコース論」をかけ合わせて、高齢期の研究のなかでもライフコース論的な研究を優先的に検討していくという具合に優先順位をつけていくのである（図 4-2）。

一方、先行研究の少ない研究テーマの場合、関連する研究をいかに拾い上げていくかが重要、かつ最も困難を伴うところであろう。領域を問わず、少しでも当該テーマに関連しそうな研究に対してアプローチ可能な方法を考えていく必要がある。

例）テーマの「②高齢期の」に重点（膨大な先行研究）
　　　　キーワードのかけ合わせによる↓絞り込み（優先順位をつける）

　　　　　「②高齢期の」×「Ａ：ライフコース論」
　　　　　　→高齢期にかんするライフコース論的研究を検討
　　　　　「②高齢期の」×「③きょうだい関係」
　　　　　　→高齢期のきょうだい関係にかんする研究を検討

図 4-2　検討対象の絞り込み

具体的な手順として、まず **Step 1**] 各キーワードに関連する「関連キーワード」を出して、検討対象を広げる。例えば「②高齢期の」の関連キーワードとして「幼少期の」、「成人期の」というように、関連キーワードをいくつか出すのである。「関連キーワード」が出せたら、**Step 2**] 関連キーワードに置き換え、それと他のキーワードを掛け合わせて検討対象となる先行研究を広げていくという作業を行う。例えば、「『高齢期の』きょうだい関係にかんする研究」は非常に少ないけれど、「『幼少期の』きょうだい関係」であれば豊富にあるというように広がる。あるいは、「『きょうだい関係』にかんするライフコース論的研究」は少ないという場合でも、「『親子関係』にかんするライフコース論的研究」であれば、かなり研究の蓄積があるといった具合に、検討対象を拡大するのである（図

4-3)。

```
Step 1］各キーワードに関連する関連キーワードを出す
        例）「高齢期の」（②）の関連キーワード→「幼少期の」「成人期の」……
            「きょうだい関係」（③）の関連キーワード→「親子関係」「夫婦関係」……

Step 2］関連キーワードに置き換え、それと他のキーワードをかけ合わせる
        例）高齢期のきょうだい関係にかんする研究（②×③）
            →関連キーワードに置き換え
            「幼少期の」きょうだい関係にかんする研究（関連キーワード×③）
            「成人期の」きょうだい関係にかんする研究（関連キーワード×③）

        例）きょうだい関係にかんするライフコース論的研究（③×B）
            →関連キーワードに置き換え
            「親子関係にかんする」ライフコース論的研究（関連キーワード×B）
            「夫婦関係にかんする」ライフコース論的研究（関連キーワード×B）
```

図 4-3　検討対象の拡大

関連研究の活用と「置き換え法」

　先行研究の少ないテーマにおいて検討対象を拡大してみることに、どのような効果があるのだろうか。メリアムとシンプソンは、「特定のトピックに関する文献が乏しい場合でも、何らかの関連文献はつねに存在する」のだという。そして、関連文献の活用法について、「その領域における調査や理論構築の必要性、それまで行われてきたことのなかのギャップや問題点、その領域が注目されてこなかった理由などに関する論述を抜き出すことが重要」であり、「そうした論述が関連分野の権威者によるものならばとくに、現行の調査研究を補強するために効果的に用いること」が可能なのだと主張する（Merriam & Simpson 1995 = 2010：45）。

　例えば、夫婦のネットワークを分析する時になされた批判をあとづけることで、それらがきょうだいを分析するのに必要な点、援用できそうな点をピックアップする。同時に、課題や分析されていることと、それに対する限界や批判を整理し、これら全てを自らのテーマであるきょうだい関係に「置き換えて」理論化していくのである。この方法を「置き換え法」と呼ぶことにしたい。そこでの知見や方法論を自らのテーマに応用、活用する方法を検討することで、関連領域、関連テーマの知見を上手く自らのテーマに組み入れることが可能になるのである。

　ところで、先行研究の少ないテーマで研究していると、まず「なぜ、そのよう

な『マイナーな』研究をしているのか」とよく質問される。インフォーマルな会話のなかだけでなく、学会誌に投稿した場合にも同様の査読コメントがつきまとう。先行研究の少ないテーマを扱っていればいる程、研究の具体的内容の前に、まずなぜそれをテーマにするのかということの説明が求められるのである。この問いに応えられない限りは、いくらその先の議論を展開しても説得力に欠けてしまう。この問いにいかに応えてみせるのかが、非常に難問なのである。

　では、この「なぜ」という問いにどう応えればよいのだろうか。その方法の1つが、この「置き換え法」なのである。「置き換え法」を用いてそれぞれの関連キーワードを出して検討することにより、単にマイナーな研究をしているということではなく、関連領域とのかかわりの中で、自らの関心テーマの意義や位置づけを理解してもらうことができる。また、関連領域とかかわらせながら自らの研究テーマについて議論してみせることにより、関連領域の研究者にも関心を持ってもらうことが可能となろう。関連領域の中で自らのマイナーなテーマがどうかかわるのかを検討することは、今一度自らのテーマを捉えなおしてみる意味でも、非常に重要なことなのである。

「言い換え法」を用いた検討内容の深め方

「置き換え法」に類似した方法として、筆者が行っているもう1つの方法である「言い換え法」を紹介しよう。「置き換え法」は、関連キーワードに「置き換えて」検討するのに対し、「言い換え法」は当該キーワードの指し示す対象は同じでありながら、別のワードに「言い換えて」検討する方法である。例えば、「きょうだい」は、その親の側からいえば、「子ども達」のことである。家庭内での「きょうだい」の研究は少ないが、「子ども達」の研究は豊富に存在するといった場合に、「子ども達」を「きょうだい」と言い換えることの意味を考えてみる。「AさんもBさんもX氏の子ども達」という場合、AさんとX氏、BさんとX氏との親子関係に関心や焦点があるのだろう。対して、「AさんはBさんのきょうだい」という場合には、AさんとBさんとのきょうだい関係それ自体に関心や焦点があると考えられる。「子ども達」を「きょうだい」と言い換えることで、何が異なるのか。「子ども達」の研究は豊富にあるのに、なぜ「きょうだい」と言い換えると、研究が少なくなるのか。そこには、先行研究における家族内の関係性の捉えられ方の特徴が表れているのではないか、といった具合に検討

内容を深めていくのである。

　また、なぜ当該テーマの研究が少ないのか、扱われてこなかったのかを再考してみるのも有効であろう。「扱われてこなかった」のではなく、「扱われ方が自らの考えるやり方とは違った」ということなのかもしれないからである。もし、自らのテーマを構成するキーワード群のなかにこういった「言い換え」のできるものが含まれている場合には、テーマの特質を深めていく際のきっかけになるばかりか、重要な論点になることさえあるだろう。

　以上、先行研究の少ないテーマについて、いかに検討を進めていくのかについて、「かけ合わせ法」、「置き換え法」、「言い換え法」の3つの方法を紹介してきた。ここで注意しておきたいのが、先行研究が豊富なテーマでも3つの方法を活用することが可能だということである。例えば検討対象の拡大方法は、研究の初期段階でオーバーレビューをしておこうという場合に利用できる。また、「置き換え法」や「言い換え法」も「かけ合わせ法」によって絞り込みをかけたうえで、優先順位の高いものについて検討、考察を深めていくうえでは有効だろう。逆に、先行研究の少ないテーマの場合でも、「かけ合わせ法」は、集まった文献のなかで優先度をつけていくのに使うことができる。つまり、テーマの性質によって常にどれか一つだけが有効に機能するわけではなく、研究プロセスの時々に立ち現れてくる課題にマッチした方法をうまく活用していくことが大切なのである。

効率的な文献検索の手がかり

　ここで、先ほど後段で述べると言及しておいた、英語文献についても簡単に触れておこう。図4-1においてカッコつきで①としているように、諸外国の研究であれば日本の研究に比べてかなり存在するという場合がある。しかし、基本的な探索の方法としては、日本語文献でも外国語文献でもかわらない。まず、データベース等を用いてこれまで挙げてきたようなキーワード検索を行ってヒットしたもののうち、新しいものから順番に読み進めていく。それと併せて、例えば家族領域の外国語雑誌になるが、*Journal of Marriage and Family*で10年ごとに出ているDecade Reviewなどのレビュー論文に当たってみる。当然、「マイナーな」テーマにかんするレビュー論文はない。しかし、テーマにピッタリ合致したものがなくても、先ほど紹介した検討対象の拡大方法によって得られた関連領域にかんす

るものを中心に検討していけばよいのである。
　レビュー論文を読んでいくと、研究の流れの中で転換点にあたる研究や自らのテーマを考えるうえで重要な知見など、具体的な手がかりが見つかることが多い。特に外国語文献では、早期に手掛かりを得ることが、検討の効率化を図るうえで重要になる。具体的には、石井クンツが紹介しているように、Decade Review などのレビュー論文の最後にあげられている参考文献を手掛かりに「芋づる式」で論文を検討していくのである（石井クンツ 2010：3-4）。もちろんこの方法は外国語文献に限らず、日本語文献でも同様である。
　また、日頃の心がけとして、「使えそうな文献を貯めておく」(Becker1986 = 1996：267) ことが大切である。学会誌の書評や文献紹介を読んで、自分が関心をもつ領域については最新の文献情報を取り入れておくのである。海外の雑誌に関しては、なかなか日本語文献のように逐一読んでおくというのは大変かもしれない。しかし、定期的に目次をチェックしておき、少しでも興味をひいたものを中心に精読すれば良いのである。

3. オリジナル研究レビューの作成

　前節までみてきたような方法で、関連のある先行研究の入手ができたとしよう。そうすれば、次は論文をコピーして、欄外にキーワードなど使えそうな部分をメモしながら読んでいく。入手する作業と同時並行的に読み進めていくことの方が一般的かもしれない。

先行研究の「飽和状態」
　では、先行研究の検索はいったいいつまで続ければよいのだろうか。メリアムとシンプソンが示している「検索を終えるべきときを決めるうえでのガイドライン」が参考になるだろう。1つは、「出会った資料のリストがすでに取り上げたものばかりだったとき」であり、もう1つは主観的ではあるが「そのテーマに関しての専門的知識を得たと実感したとき」だという。
　具体的に示せば、文献を入手し、読み進めていくうちに、特定の研究や研究者の名前、出版物にかなり精通するようになる。そのうち、ある論文の最後の参考

文献リストに挙げられている文献すべてに見覚えがあり、実際に読んできたものであるということが起こる。「このことが2,3回起こったとき」が先行研究の「飽和状態」なのであり、この状態になったとき、私たちは自らのテーマやその関連領域の文献を十分に探し出せたと確信できるのだと主張する。そして、この「飽和状態」に至るまでにかかる時間や情報検討量については、「そのトピックについての事前の熟知度」や「利用可能な文献量」、「トピックの性格」などによるのだと述べている（Merriam & Simpson 1995 = 2010：45 - 46）。

サブテーマの抽出と構造化

こうして文献の検索がひと段落し、文献を読み進めていく中で、次に問題になるのは、サブテーマの抽出と構造化の方法であろう。ふたたび、きょうだい関係の研究を例にすると、双生児研究からスタートした医学的な研究、長子的、次子的、末子的性格といった性格によって類型化した研究などと分類していく。分類の仕方も、最初に考えていたものをたたき台にしながら、変わっていくのが普通である。試行錯誤しながら何度も分類しては再検討を行うということを繰り返しつつ、抽出されたサブテーマごとに更に分類をしながら、読み進めていくことになる。

そのうち、Aという文献がBという研究を踏まえていたり、Cという研究がAやBの批判的検討からなされた研究だということがわかったりと、研究間の位置関係が描けるようになってくる。これは、あたかもKJ法を用いた構造化のプロセスに似ている。まさに先行研究の検討プロセスが、質的アプローチ研究に

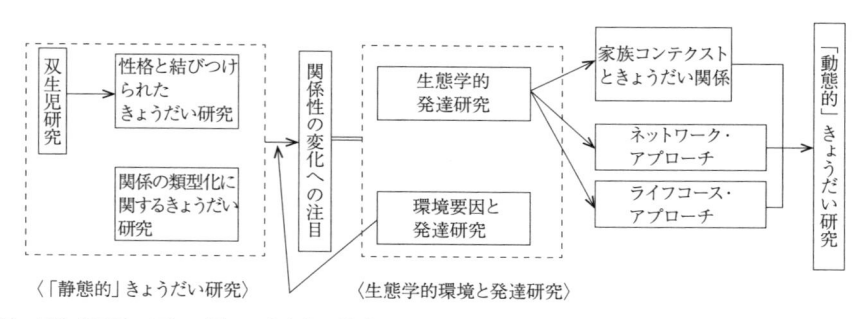

注）吉原（2006：31）の図 1-1 をもとに作成。

図 4-4　先行研究の構造図例

なっていることの好例ともいえよう。参考までに、筆者が作成したものを示したのが、図4-4である（吉原2006：31）。こうして、先行研究を自分なりに整理しながら読んでいくのである。

さらに、整理の仕方として筆者も行ってきたメリアムとシンプソンの「『図表』メソッド」を簡単に紹介しよう。これは、大きな紙の左側にレビューすべき文献ごとの著者やタイトルを、表の上部には文献に見合ったカテゴリー（例えば、調査対象やデータ収集の方法、主な知見など）を、列挙していくというものである。他にもさまざまな著者が、それぞれの方法で自らの研究レビュー全体を構造化している。それらを参考にしながら、自分に合ったやり方を工夫して進めるとよいだろう。以上のような方法で、用いた文献とその関連情報を視覚的に配置し、考察の論点を引き出すわけである（Merriam & Simpson 1995 = 2010：46）。

新しい発見と洞察に向けて

「文献を使いなさい。文献に使われないようにしなさい。」これは、ベッカーの「文献の恐怖」と題された章のなかの一節である（Becker 1986=1996：276）。しばしば、「先行文献に注意を向けすぎることによって、その影響を受け、自らがしたいと思う議論をゆがめてしまうこと」が起こるというのである。言い換えれば、懸命に先行研究を検討し続けることによって、そこで展開されている他者のアイディアに過度に影響されてしまうことに警笛を鳴らしているのである。先行研究には、そのテーマや領域におけるオーソリティーと呼ばれる研究者のものも多く含まれるだろう。その影響力は決して無視できない。先行研究の検討をすすめていくにあたって、常に心に留めておきたい言葉である。

しかしそう考えると、先行研究の少なさについて必要以上に嘆くことはないのである。文献を上手く使いながら、新しい発見、新しい洞察にあふれた研究を進めていけばよいのだから。

参考文献

Becker,H.S., 1986, *Writing for Social Scientists.* Chicago:University of Chicago Press.=1996, 佐野敏行訳,『論文の技法』, 講談社学術文庫.

石井クンツ昌子, 2010,『社会科学系のための英語研究論文の書き方—執筆から発表・投稿までの基礎知識—』, ミネルヴァ書房.

岩田正美・小林良二・中谷陽明・稲葉昭英編著, 2008,『社会福祉研究法――現実世界に迫る14レッスン』, 有斐閣.

Merriam,S.B.,& Simpson,E.L., 1995, *A Guide to Research for Educators and Trainers of Adults. (2nd ed.)* Malabar,Fla.:Robert E. Krieger.=2010, 堀薫夫訳,『調査研究法ガイドブック――教育における調査デザインと実施・報告』, ミネルヴァ書房.

吉原千賀, 2006,『長寿社会における高齢期きょうだい関係の家族社会学的研究』, 学文社.

第5章　事例研究・古典研究への取り組み

米村千代

1. 先行研究の役割

　本章では、事例研究や古典研究に焦点をあて、先行研究の読み方、言及の仕方を考える。特に先行研究の多いテーマ領域において、研究の遂行や論文執筆の際に、どこまで範囲を拡げて収集し言及するのかについて述べることを主な目的とする。論じる対象は、したがって「質的調査・研究」として括られるものが対象となる[1]。ただし、先行研究の多い領域にも、理論研究、実証研究ともにいろいろなジャンルがある。一例として筆者が専門とする家意識・家規範に関する研究[2]を具体的な題材としながら説明をすすめる。なお、本章の主旨は、具体的、技術的な取り組みについて論じることではあるが、先行研究への取り組みは実は研究への態度や考え方ともかかわっているため、時に内容が抽象的、理念的になることも先に断っておきたい。

---

[1] どのような研究が質的研究にあたるのかについて、ここで詳細は論じない。盛山和夫（盛山 2004）は質的研究として、エスノグラフィー、学説研究、文芸批評・評論、言説分析、カルチュラル・スタディーズ、エスノメソドロジー、ライフヒストリー、ライフストーリー、ナラティブ分析、グラウンデッド・セオリーをあげているが、本章でもこれにならって幅広く規定しておきたい。ただし、ここでは、質的研究全般ではなく、先行研究の多いテーマ領域に限定した解説をすることが目的である。

[2] 家意識、家規範について家訓や家憲を資料とした分析を例としている。家訓、家憲とは、商家や農家等において、家々の規範や「家」の存続のためのルールを明文化したものである（米村 1999）。

先行研究には、そもそも専門領域の基礎的な概念や方法を学ぶための研究から（広義の意味での先行研究）、論文で具体的に言及するものまで（狭義の意味での先行研究）、かなりの幅がある。ここでは、特に狭義の意味の先行研究について述べていく。

　広義の意味での先行研究は、研究テーマに関わる先行研究全般をさし、どこまでも拡がっていくものである。研究する上で幅広く先行研究を知っておくことは、言うまでもなく重要である。しかし、ある段階から問題関心を固めていかなければテーマは拡散してしまう。デッドラインのある論文作成という観点からいうと、幅広く勉強することと同時に、次に述べる狭義の意味での先行研究を見極めていくことが重要になってくる。

　狭義の意味での先行研究の範域は、自身の論文を先行研究の'山'のなかにどう位置づけていくか、膨大な先行研究を自身の論文でどのように意味づけて、切り分けていくかによって決まってくる。つまり論文にとってのレリヴァンス[3]を明確化していくことによって定まってくる。

　最も狭義な意味での先行研究は、論文で具体的に言及する論文である。事例研究・質的研究では、先行研究は読者の理解のためのベースになる。事例研究、質的研究の場合、読者が同じような方法論を用いていない場合も多い。読み手にとっても自分が論文を書く上でも、共通理解のための基盤を作っていくことが論旨の明解さにつながる。対して、計量研究の場合は論じ方の形式や順序が、事例研究よりは定まっていることが多い。事例研究や文献研究は、「定型外」な研究も多く、形式が必ずしも一律でないというところに特徴がある。それらを繋いでいくためにも、自分の論文がこれまでの先行研究のどの議論に位置づけられるのかを明示しなくてはならない。狭義の先行論文の問題群を示すことは、相互理解のためのベース作りにあたる。

　実は、この作業は論文の問いが明確であるかどうかに深くかかわっている。論文の問いが明確であることは論文執筆の大前提であるべきだが、実際には書いていく途中で様々な迷いは生じうる。問いの曖昧さに気づき、論理展開に整合性があるのかどうか問い直すこともある。そうした自問自答のプロセスと、先行研究の位置づけは深く関わっているのである。

---

3 レリヴァンスとは、A. シュッツの概念。関連性、意味のある関係性の体系（Schutz 1970=1983）。

先行研究とは、その意味では、論文執筆のための単なる「道具」や「材料」にとどまるものではない。論文を書くことは先行研究と対話し対峙することでもある。以下では、先行研究と論文との有機的な関係について、具体的に考えていくことにする。

2. 先行研究の意味

研究のための先行研究

　まず、論文執筆における先行研究とは何か、どこまでかという点について考える。これは論文の意味領域を確定していくという作業を意味し、どのフレームに研究を位置づけるのかという点にかかわってくる。既存の学術研究フィールドの文脈や議論、論争に、自身の議論をどう載せて行くのかということを確定することである。論文を学会誌に投稿する場合でいうと、投稿先の雑誌の性格によって位置づけもかわりうる。端的には、誰に向かって論文を書くのか、読者を定めることである。

　必ずしもアクチュアルではないテーマの一つである家意識に関わる研究を例にあげていうと、この領域は社会学以外の先行研究も膨大にある。なぜ社会学で、今（今さら）、このテーマを取り上げるのか、そこにどんな意義があるのかということを説得的に論じることが求められてくる。そのために、例えば家規範や家族意識が1つのキーワードだとするならば、それらの概念と関連づけて社会学のフレームに位置づけていくことになる。社会学者が読む媒体に投稿するのと、社会学に限らず家研究に関わる読者が読む媒体に投稿するのとでは、言及する先行研究も変わりうる。前者では、「家」研究の社会学における意義を説明し、後者では、「家」を社会学から論じることにいかなる意義があるのかを説明することが求められる。

　専門外の領域への言及という点では、例えば筆者の研究の例でいうと、教育学や経営学、歴史学などの他の専門領域も射程に含まれる。他領域の先行研究の多くは、先述した広義の意味での先行研究に位置づけられる。まず、射程を広くしておくことが、論文の説得性に繋がって行く。しかし字数の限られた投稿論文などの場合は、すべてを細かく紹介するのは不可能であるし、必ずしもそうしなく

てもよい場合もある。ただ、他領域との重複が多いテーマの場合、既に論じられている可能性を避ける、或いはそこからの差異化のためには、幅広く先行研究に目配りできていることを簡潔にではあれ「示す」ことが重要だろう。

専門的な論文の場合、その専門領域に限定して論じることは、必ずしも悪いことではない。しかしあまりに狭い議論だと、その論文の問題の射程が少数の人にしか理解されないということになってしまう。自分は興味があるが、その他の誰も面白くないということになりかねない。査読に際しても、論文の意義が理解されにくいということになる。基本的には、研究にとっては広く先行研究をサーベイすることには意味があるし、求められてもいる。先行研究は、自身の研究がもつ射程の拡がりや展開可能性を示す上でも重要である。社会学的研究は社会現象を対象とすることが多いわけで、ここで事例としてあげているような特殊な事例でなくとも、隣接学問との重なりは生じてくる。この点の重要性は、しかし、単に「目配り」をアピールすることだけにはない。「専門的な」議論であっても、そこから導出される示唆が魅力的であれば、それは他領域の読者にも届く。先行研究との対話や対峙は、テーマを越えた論点の拡がりをもたらしてくれる触媒の意味も持っている。

論文作成にとっての先行研究

次に、論文の主要テーマにかなり近接した先行研究、具体的に論文に言及する先行研究について述べていく。論文作成にとっての先行研究とは、先述した狭義の先行研究と重なるが、論旨との有機的な関連づけを持っている先行研究である。論旨を明確にするための先行研究と言い換えることもできるだろう。その意味では、より論旨の核心に近いと同時に、論文に取り上げるという意味で、やや扱いはテクニカルになる。字数制限の厳しい投稿論文などの場合、アリバイ的に先行研究を羅列することは避けるべきであろう。「取ってつけたような」参照などもそれにあたる。幅広く先行研究にあたっていると、読んできた先行研究を次々挙げてしまいがちになるが、論旨にあわせて取捨選択しなくてはならない。ただし、この取捨選択の方法は、専門領域や執筆する媒体によって異なってくる。たとえば学位論文の場合は、文献サーベイが充分になされていることを示すためにも、相応の量と質が求められる。字数の制約も投稿論文とはかなり事情を異にする。掲載される媒体や投稿先のディシプリンによっても列挙すべき文献量にはかなり違

いがある。

　言及する先行研究を精査することは、論旨がどれくらい明確であるかという点と絶えず関わってくる。このことは根本的に重要である。加えて、これまでの先行研究の文脈上への自身の知見の載せ方と、想定される読者（査読者も含む）をふまえることによって、範域を確定していく。自身の論文の意義を明確にするために、先行研究と対比させて独自性や発展性を論じる方法には意味がある。つまり言及する先行研究の範域とは、論文の射程とも重なり、さらに想定される読者とも重なってくる。誰に向かって何を言うのかを明確化することが、狭義の先行研究の役割である。過剰であれば論旨が伝わりにくくなるが、重要な研究が抜けるということも避けなければならない。都合のよい先行研究だけを取り上げている論文に説得力はない。「過不足なく」と口でいうことは簡単であるが、投稿先の専門性やスタイル、想定される読者をふまえつつ、自身の言いたいことを明確化していくことが求められる。

　自分の伝えたいことは、自身が想定しているよりずっと読者に伝わりにくいと思って、まず、間違いない。読者に、自分の論点、主張を理解してもらうためにも先行研究の精査は重要である[4]。そして先行研究の論点を的確にまとめ、丁寧に論じることが、ひいては自身の論点を明確にすることにつながっていく。

3．論文検索の方法とそのタイミング

文献サーベイの方法：「芋づる式」とデータベース検索

　先行研究が膨大にあるテーマの場合は、論文検索でヒットさせて拾っていくという形で進める方法もあるが、「芋づる式」に進めていくというのも一つのやり方である。どこが研究のスタートラインか必ずしもはっきりと線をひけるものではないだろうが、論文を書こうという構想の初期の段階をスタート時点とするならば、その地点にもっとも近いところに、自身が論文を書こうと思う着想のきっ

4　学説研究や文献研究の場合、先行研究は、「先行研究」であると同時にデータ（分析対象）でもある。この場合は、データとしての議論も必要である。この点に関する先行研究への言及や分析の仕方は、ここでのテーマからは少しはずれてしまうため詳述はしないが、ドキュメント分析に関しては（米村 2005）に概略を述べた。

かけになった研究があるだろう。その研究が引用している研究（先行研究の先行研究）、その研究が引用・参照している研究（先行研究の先行研究の先行研究）とたどっていく。この作業によって関連領域の議論や視点の違い、共通性が把握できてくる。それぞれの研究の関連性が見えてくることとあわせて、自身の興味関心を反省的に把握することも出来る。何本か読み進んでいくと必ず言及されている研究や、立場や学派によって先行研究が異なるケースなど、テーマが持っている意味体系の重層性を把握するということにつながる。

　特に筆者が取り組んでいる家研究は、自分が研究を始めるよりかなり以前に、質量ともに議論が蓄積している。そのタイミングで勉強してきた研究者には常識だったことを知らないということがあり得る。後続する世代にとっては恐ろしいことである。そのハンディをできるだけ埋めていくためにも、当時論じられていた議論の雰囲気、リアリティを把握するためにも、「芋づる式」は有効である。

　「芋づる式」から始める利点としては、先行研究間の関連や立場性、そこにどういった人達が登場していくのかが、立ち現れてきやすいという点にある。反面、芋づる式の危険な点は、ある領域は見えるかもしれないが、その横にあったかもしれない領域が見えないということがあり得る。この点は後述する。

　他方で無心に検索をかけてみることを試みてもよい。古典研究に携わっていると、特に古いことほど知っていなければいけないというプレッシャーもある。どこまでも遡って把握しなくてはならないというようなテーマの場合は、欠かせない作業となる。近年はデータベースも充実し、古い年代の論文もパソコンの前で検索することが可能になった。テーマによって検索方法を組み合わせることは、以前と比べてはるかに容易になったし、現実的にも有効であろう。ただし、テーマによっては、古い年代の論文に言及する意義があまり認められない領域もある。新しさを競う研究テーマの場合には、この方法の利点はそれほどない。

　「芋づる式」が陥りがちな問題点としては、横の拡がりを見つけにくいという難点がある。いわゆるタコツボ型になるということである。学術論文の場合、専門に閉じていること（言い換えると高い専門性！）は悪いことではない。しかし、隣接領域で同じような議論が展開されているにもかかわらず、そのことに全く触れないと言うことは、社会学系の論文の場合、望ましいことではない。例えば、「家」の研究をしていて同時代の村落研究には全く無関心ということは許されない。ある地域の研究をしていて、隣の地域に目を向けないことは研究の意義を著

しく狭めてしまうことになる。必ずしもすべてに論文で言及することはない。むしろ、読み込んだ先行研究のうち、論文に実際に言及するのはほんの一部である。しかし、だからといって言及しない数多くの研究を無視してよいということにはならない。どんな方法にもいえることだが、特定の概念や方法に固執すると、すぐ隣にある重要な概念や方法、知見を見落としてしまうことになる。「閉じること」はいちがいに悪いとはいえないが、少なくとも、いったん拡げて見渡す作業は伴うべきだろう。

　研究者の研究方法は、どうしても研究をスタートした時のスタイルや方法に左右されがちである。私が研究をスタートした頃は、図書館の書庫に入って、分厚く合冊された紀要を引っ張り出してきて、そこから往年の名論文をコピーすることに喜びを覚えたものである。往年の名論文は、しかし当然のことながら、その時代の意味体系のなかで論じられている。その意味体系を理解することと同時に、現時点、つまり論文執筆時点での意味体系に位置づけ直すことも重要である。電子化されたデータベースの検索は、現在の時点に先行研究を位置づけるためには有効な方法である。例えば、「家訓」と検索すると、過去の研究だけではなく、新しい書籍がいくつも出版されていて、自分が取り上げる文脈以外でも、家訓について違ったニーズや関心が今もあるということがわかる。おそらく芋づる式に古典研究だけを調べていたらわからないことである。テーマの範域は一律に決めることはできず難しい点ではある。しかしテーマが持つ拡がりをふまえた上で自身の論点に照準したという経緯が整理されていると、実際の論文の論旨も明確になるし説得力も増すだろう。また、若い研究者はそれほど気にすることではないかもしれないが、自身がいったん習得し、馴染んだ方法にのみ固執すると、テーマの持つ現代的、横断的拡がりに欠けてしまい特定の時代や地域、事例に閉じた研究になってしまう危惧がある。どの方法をとるにせよ、自身の狭いテーマに閉じて時間的空間的拡がりを見失いがちになるという点に関しては、世代に限らず陥りがちなことである。

往復作業：論文構想と「必要な」先行研究の関係

　先行研究のサーベイは、関連領域が定まればそれで終了ということでは、必ずしもない。論文の構想が具体的になって、ある程度の絞り込みができた段階で、もう一度先行研究を再検討する作業を伴う。絞り込み方によって別の先行研究へ

の言及の必然性も見えてくる。先行研究の再検討、再検索と論文構想との往復作業を通して、論旨と先行研究の関連が明確になる。論文の書き方やスタイルには個人差があるが、筆者の場合、完全に結論が固まってから書き始めることは少ない。先行研究やデータ解釈をある程度終えて論文を書き始めても、また先行研究を読み直したり、別の解釈を試みたりという試行錯誤の過程を必ず伴う。結論は、実はすでに他の研究で言われていることの言い方を変えただけではないか、既存の論点への批判は整合的だろうか等々自問自答しながら論文を仕上げていく。その意味では論文を書くという作業は、自分自身、そして先行研究と対話し続けるようなものである。論文に言及すべき先行研究とは、理想的には、自身の論旨が明確になった時に、霧が晴れるように立ち現れてくるのではないだろうか。

4. 論文構成のなかの位置づけ

対話や議論の重要性

　論旨が明確であれば、先行研究の位置づけも自ずと明確になる。当たり前のことであるが、論旨との関係を明確にするといっても、そのことが難しい。的確な先行文献を提示し、自身の論文を説得的に語るにはどうすればよいのだろうか。

　書くという作業から見ると外在的であるが、研究会やゼミの場で発表して相互に議論することも有効な手段の一つである。繰り返しになるが、読者に自身の論点を明確に伝えることは容易ではない。自分の頭の中にある意味世界は自身では自明なので、どこから論じれば他者に伝わるのかを完全に想定することはできない。ましてや読者は一人ではない。論文をブラッシュアップするには、忌憚なく批評してくれる他者の存在が欠かせない。発表や議論の機会がある人は、そのチャンスを大切にするべきだと思う。以下で述べようとする点も、私が独自に思いついたことではなく、大学院生の頃、いろいろな場で教わったことがベースになっている。論文を書く作業は、書くという具体的な作業に加えて、議論する、学ぶといったことの集大成なのである。先行研究は絶えずそのプロセスと共にある。

先行研究の論じ方（特に批判する場合）
　「批判し始める前にその立場を可能なかぎり尖鋭に、またできるかぎり納得しうるかたちで輪郭づける」(Popper,1957 = 1961:85)

　ポパーは、"歴史主義"を批判する際に、「《歴史主義》を支持するような立論を、まず極力努めて展開した。それは、その後でのわたしの批判に意味をもたせるためである」(Popper,1957=1961:18)と述べる。ポパー自身、「方法論の諸主張を提示するわたしのやり方はけっして偏見がないものとはいえない」（同上）と認めてはいるが、ここで重要なことは、ポパーがこの方法で成功したかどうかではなく、批判する際の姿勢である。この試みは、論文や読者にとって意味のある批判とはどうあるべきかについて教えてくれる。批判する相手の駄目なところ、弱いところをそのまま突いても、それは結果として、自分の論文にとって意味のある批判にはならない。論敵の論点を再構成して批判することが重要だということである。したがって、いわゆる「重箱の隅をつつく」とか、「あげあし取り」のような批判は、結果として自分の論文の知見を説得的に主張することにはつながらない。これは、筆者が大学院生時代に論文を書き始めた頃、ゼミで学んだことだ。少し論点はそれるが、先行研究と自身の論文との関わりを模索する過程において、具体的な議論の場で学ぶことは多いと痛感する。
　先行研究に言及するということは、単に列挙するだけでは不十分で、自身の論文のなかにそれらの議論を位置づける（意味づける）ということを意味する。したがってそれらの研究について批判する、批評することも伴う。しかし批判の仕方によっては、相手との不毛な感情的応酬になってしまうこともあり、結局自分の論文の説得力にもつながらないことになる。どうでもよい研究ならそもそも言及しなくてもよいわけで、自身の論旨に重要であるならば、取り上げる論文それ自体の意味を十分に理解し、位置づけることが意味のある批判につながるのではないか。
　ところで、読む時に読んだり研究したりするときに、批判するためだけ、否定するためだけにそれを読みとる読み方よりも、その論文の優れているところや面白い点、くみ取るべき点を読みとる方が、往々にして後々の研究には活きてくる。このことも、筆者は大学院生時代に同分野の先達から教わった。批判するとしても、限られた字数のなかでせっかく取り上げる先行研究であるから、なぜ論じる

に値するのかが明確でなければならない。

モノグラフ研究の活かし方

　事例研究には、その事例だから説明できるといったデータの特異性を持つものも少なくない。そうした記述型の論文を先行研究として取り込むには工夫しなくてはならないことがある。異なった文脈や目的で収集、記述された事例であるからである。これらを同じ俎上で議論するためには、記述された内容を改変することなく、自身の論文のフォーマットに位置づけなければならない。異なったフォーマットで記述された事例とそれを論じる地平を整えなくてはならない。この点は、手法などがある程度共有されている計量研究とは違って、事例研究には求められる作業である。

　非定型的な論文や報告は、しかし事例の宝庫であり先行研究としての意味はとても大きい。先行研究を理解できているか、そこでの知見と自身の論旨との関係が適切に描けているかによって、先行研究が単なる事例の羅列になってしまうか、意味のある連関を描けるかどうかが決まってしまう。

　計量的な研究といわゆる質的な研究・事例研究は、論文の形式等異なる点も多いだろうが、先行研究の踏まえ方について根本的な違いはないのではないだろうか。違いを述べるとするならば、事例研究には、'定型外'の研究が多いこと、形式が多様であるという点であろう。そうなった背景には、一部には定型化或いは確立化された方法への批判という含意もあった。形式が多様であるということそれ自体は悪いことではない。ただ、自身の論文の立ち位置、準拠点を少し工夫して、わかり易く書かないと伝わりにくいという難点はある。そういうフォーマットを上手く提示しなくてはならない。理解のための準拠枠組みを提示することがより求められる。

　また事例研究は、枠組みや概念を前面に出すものばかりではなく、事例に語らせるというような手法もある。事例に語らせる方法とは、たとえばインタビュー調査での当事者の語りを中心に論文を構成し、その語りが論旨にとって核心的な意味を持つケースなどである。事例が面白い論文は確かにある。しかし、それが自身の論文にとって持つ意味を示さないと、事例の紹介に終わってしまう。字数制限のないような論文を書く場合は、紹介に紙幅をさくこともできるが、投稿論文などの字数制限がタイトな場合には、クリアな意味づけが重要である。文脈の

見えにくさを解消するためには冒頭に述べたようにレリヴァンスを明確化することが欠かせない。

5. 先行研究の際限のなさとどう向き合うか

　先行研究の多い領域における研究蓄積は、まずは研究対象として重要である。論文に具体的に利用するかどうか、引用・言及するかは構成次第であるが、それは自分の論文の組み立てと拡がりにかかってくる。その点が明確でないと、先述したように取ってつけたようなアリバイ的な羅列に繋がってしまう。やはり根本問題は論文の問いの明確さと拡がりという点につきる。論文のテーマが、他者の問題関心とどれくらい重なり合うか、他者の関心にどれほどヒットするかは論点の鋭さとかかわっている。

　先行研究には際限がない。ある意味、研究者として思考し続けることと同じで、際限がないから絞り込まなければならないという面と、際限がないからこそ勉強し続けなければいけないという面がある。探求し続ける側面と、範域を明確にしないと論文としてまとまらない側面がある。テーマがぼんやりしていると、先行研究の範域にも曖昧さが現れる。先行研究の範域は、自身の論旨の明確さをうつす鏡である。

　資料のコピーを集め続けて、先行研究を読みふけっている間は、論文を書き始めることにつながらず、また書き始めたとしても、なかなか進まない。勉強し続けるということは、研究者として正しいことであるが、やはり論文としての区切りは重要である。それは論文には往々にして期限があるということと、論文の主旨やテーマが自分自身で論文構想としてまとまっているのかを自問自答することとかかわる。論文の意図を人に伝えることは容易ではない。論旨が説得的に、明確に人に伝わるようになっているのか、そのことを自問自答することと並行して、どうしても言わなければいけない先行研究というものは見えてくるはずである。

　ここでは、論文執筆に際して具体的な取り組みを述べることが目的であった。根本的に重要なことは、しかしテクニックにはないことが伝わっただろうか。論文の魅力、興味を持って読者に読んでもらえるかどうかは、伝え方にのみ還元される問題ではない。根本的には、テーマや論点の明確さにつきる。面白いかどう

かの判断は読み手にゆだねられる訳であるが、第一義的に重要なことは、本人がそのテーマの重要性、意義を的確に捉えているかに尽きる。伝え方はその次に来るものである。

　先行研究は、プレゼンテーションのための道具ではない。分析に用いるデータと同じように、研究対象そのものであり、それらと向き合い対話することは論文の出発点でもあり終着点でもあるのである。

参考文献

Popper, K., 1957, *The Poverty of Historicism,* Routledge & Kegan Paul., 1961, 久野収・市井三郎訳,『歴史主義の貧困』, 中央公論社.

Schutz, A., 1970, *Reflections on Problem of Relevance, Collected Papers* Ⅰ = 1983, 渡部光・那須寿・西原和久訳,『アルフレッド・シュッツ著作集1』, 社会評論社.

盛山和夫, 2004,『社会調査法入門』, 有斐閣.

米村千代, 1999,『「家」の存続戦略』, 勁草書房.

———, 2005,「ドキュメント分析」, 小林修一・久保田茂・西野理子・西澤晃彦編,『テキスト社会調査』, 梓出版社, 99-100.

第6章　英語文献の活用法

黒田浩一郎

1. はじめに

龍谷大学大学院社会学研究科博士後期課程授業科目「英語特殊文献研究」新設の経緯

　筆者は、2011年度から、龍谷大学大学院社会学研究科博士後期課程で「英語特殊文献研究」（通年、4単位）の授業を担当している。この科目は、2011年度に新設されたもので、課程博士学位取得を目指す博士後期課程の大学院生に、英語で書かれた学術的な文献の読解力を身につけてもらうために設けられた。当研究科には、社会学と社会福祉学の2つの専攻があり、この科目は、専攻ごとに開設されている。筆者が担当するのは、社会学専攻の方である。社会学研究科では、課程博士学位の最終審査の段階で、学位請求論文の内容審査に加えて、外国語試験が課されている。学位請求者は、英語、ドイツ語、フランス語の中から1カ国語を選択して受験し、合格しなければならない。しかし、「英語特殊文献研究」を2年間にわたり受講し、8単位を取得すれば、この語学試験にパスしたものとみなされる。2011年度および2012年度に社会学専攻博士後期課程に進学・入学した大学院生は、全員、外国語試験免除のために、この授業科目を受講している。

　課程博士学位取得の要件のひとつである外国語試験は、2010年度までは、英、独、仏から2カ国語となっていた。そして、この2つの外国語試験を免除されるためには、修士課程の「英語文献研究」「独語文献研究」「仏語文献研究」（それぞれ通年4単位）から2つの科目を受講し、各4単位、合計8単位を取得しな

ければならなかった。ほとんどの博士後期課程進学・入学者が、外国語試験免除のために、「英語文献研究」と、「独語文献研究」と「仏語文献研究」のいずれか1つを受講していたが、これらの科目は、修士課程の大学院生向けのものであり、そこでは、文献講読のスタイルで授業がなされていた。

　しかし、課程博士の学位が、研究者として独り立ちできるような知識・技術を備えていることを示すものであるとすれば、今日、英語の学術文献を読解する力があれば十分であること、そして、その力を養成するための授業は、修士課程学生向けの講読中心の「英語文献研究」だけでは不十分であるとの判断から、上記のように、2011年度から、課程博士学位取得の要件としての外国語試験は、英独仏から1カ国語とし、それを免除されるための授業科目は、英語については、修士課程の科目とは別個に設けることとし、上述の「英語特殊文献研究」が新設された、という次第である。[1]

　以下に述べることは、この授業で講義していること、いやむしろ、講義すべきと考えていることをまとめたものである。2011年度に新設されたこの科目を担当するに当たって、モデルとなるようなものがなかったので、一から授業内容を構想しなければならず、そこで、自分が研究に当たって「外国語文献の活用法」をどのようにしてきたか、あるいは、どのようにすべきと考えているかを、講義、講読、実習を組み合わせて授業することとした。その際に、研究者および研究活動の社会制度の側面に注目し、その側面から、研究者になるとは、そして研究者でいつづけるとはどのようなことか、研究活動とはどのようなものかを把握した上で、研究者としての経歴のどの段階で、そして、研究活動のどの段階で、どのような文献をどのように収集し、読解し、利用するかということを、わかりやすくまとめようと試みた。この試みは、しかし、完成しているとはいいがたく、いまも、授業の前、そして最中、後にも試行錯誤が続いている。このような試みの中間報告のようなものとして、この章をお読み頂ければと思う。

1　英語に限定しなかったのは、ウェーバー、デュルケム、ジンメルといった古典研究や、ハーバマス、ルーマン、ブルデューなどの社会理論の研究に取り組む大学院生や、ドイツやフランスの社会を研究対象とする大学院生を考慮したからである。ただし、ドイツ語とフランス語については、受講者がほとんどないと予想されたので、修士課程とは別個に、「独語特殊文献研究」「仏語特殊文献研究」の授業科目を設けることはしなかった。

本章の概要

　以下では、まず、社会制度として、研究者になること／でいつづけること、研究者あるいは研究者養成過程にある者として行う研究とは何か、そして研究に際して英語文献をどのように利用するかについて述べる（第2節）。つぎに、そのような英語文献には、どのような種類があるのかを、内容、形態、媒体の点から整理する（第3節）。最後に、そのような文献の利用のプロセスを、検索・収集、読解、利用の3段階に分けて、検索・収集と読解の段階で留意すべきことを述べていく（第4節）。

　なお、この章でいう「文献」は、学術的な文献に限っており、調査研究において資料となるような文献は含んでいない。また、編者らから与えられた、この章のタイトルは、「海外論文の活用法」だったが、筆者自身、英語以外の外国語で書かれた学術的な文献を研究において利用することがない（というか、できない）ので、「海外」を「英語」に変更し、また、研究において利用すべき学術的な文献は、形態の点で「論文」に限らないので、「文献」に変更させて頂いた。

2. 文献の位置

社会制度としてのディシプリン―その集団の特徴

　この節では、研究者とその研究活動の社会制度としての側面をまとめると述べたが、最初に断っておくと、以下に述べることは、日本における社会学の、いわば「理想型」ともいうべきものである。日本の社会学者のあいだで、この点について、対外的には、つまり、他の学問との比較において、社会学の存在意義や独自性を主張したり、社会学の研究や高等教育機関での教育に資金その他の援助をする公的・私的な団体や、社会学の研究成果を利用する公的・私的な団体に、社会学の必要性や有用性を訴える際には、以下に述べるような社会学像が提示されるだろう。しかし、実態は、この理想通りでないところもあり、社会学者の中には、以下とは異なる理想像を抱いている者も少なからずいる。しかし、社会学の研究者の養成過程にある人たちに対しては、この「理想型」を念頭に置いて、研究を行うことを勧めたい。というのは、それが一人前の社会学者となる「王道」であり、制度としての社会学のあり方を考えたり、その変革を試みるのは、この

「王道」をある程度、進んでからにしたほうがいいと考えるからである。

　さて、社会学のように制度化された学問を「ディシプリン（discipline）」というが、このディシプリンの集団・組織のレベルでの特徴は、その研究者の集団として、全国的な学会が組織されている点である。学会は、研究分野を区分するカテゴリー（たとえば、「医療社会学」）を持っており、国によっては、これらのカテゴリーで区分される「グループ」や「コミッティー」の最低ひとつに分属しなければならない。米国や日本のように、この他に、地方学会がある場合もある（たとえば「関西社会学会」）。日本には、この他に、研究分野別の学会があるが（たとえば「保健医療社会学会」）、世界的には、全国レベルの総合的な学会とは別個に、このような研究分野別の学会が数多く組織されている国は珍しいと思う。

　これらの学会は、形式的には任意加入の団体だが、実質的には、（全国学会の場合）その国の、（地方学会の場合は）その地方の高等教育機関や研究機関に雇用された研究者は、あるいは（研究分野別の学会の場合は）当該の研究分野を専攻する研究者は全員、加入する。この学会の主要な活動は、大会開催と機関誌の発行である。大会は、年に１回というのが多いが、その主要な行事は、学会メンバーによる研究の口頭あるいはポスターによる発表である。機関誌の主要な記事は、学会メンバーによる研究報告の論文である。その学会機関誌には、査読のシステムがあり、学会メンバーが投稿した論文のうち、このシステムの中で、内容と形式が「掲載に値する」と判定されたものだけが掲載されるという仕組みになっている。

　このように、学会は、主要には、学会メンバーによる口頭あるいは文書による研究発表の場であるが、学会に加入し、学会で研究発表する研究者は、高等教育機関あるいは研究機関に、特定のディシプリンの、そして多くの場合、特定の研究分野を専攻する研究者として雇用され、その職務の一環として研究を行っている。研究者養成過程にある者も、その過程の途中で、学会に加入すべきとされている（日本の場合は、博士後期課程進学・入学直後）。

社会制度としてのディシプリン──その知識の特徴

　つぎに、ディシプリンの知識のレベルでは、その特徴として、まず、その基底に原論ともいうべき部分がある。これは、そのディシプリンの研究対象を画定し、それと同時に、そのディシプリンの研究対象へのアプローチの仕方を規定するよ

うな部分であり、この部分が、他のディシプリンとの違いを明確化し、そのディシプリンの独自性を産み出す。この部分の知識には、その研究対象の基本的な特徴を指示し、そのディシプリン独自の意味を付与された「鍵概念（key concept）」が含まれる。この部分には、しかし、言語化がむずかしいところもある。これは、「社会学的想像力」とか「リーガルマインド」とか表現されるような、発想の仕方に関わる知識であり、あるいは、研究者が個々の研究発表を聞いたり、読んだりして、「これは研究者が専攻するディシプリンに属する研究ではない」と感じるときの、そのような直感的な判断の基になっているような暗黙の知識である（「パラダイム」とか「背後仮説」と呼ばれることもある）。

この原論の、いわば上に、研究分野（あるいは、専攻領域）がある。研究分野は、大きく分けると、現象（社会学の場合は、社会現象）の領域に基づく研究分野と、システムとしての社会のレベルに基づく研究分野に分けられよう。社会学では、前者に属するものとして、たとえば、家族社会学、都市社会学といった研究分野がある。後者に属するものとしては、たとえば、ミクロレベルの、相互作用論や、メソレベルの、社会集団論や組織社会学、社会運動論、マクロレベルの、階層・社会移動研究や社会変動論などがある。[2]

それぞれの研究分野には、その研究対象を画定し、その研究対象に対するアプローチの仕方を規定するような部分があり、ここには、その研究対象の基本的な特徴を指示するような「鍵概念」も含まれる。そして、いわばその上に、いくつかの研究領域がある。それぞれの研究領域には、研究領域についての経験的な言明として、その領域の研究者のあいだで、妥当であると合意されているような部分と、そのような合意が得られていない、つまり、対立する言明が複数あり、ど

---

[2] 研究分野のこうした捉え方では、うまく位置づけにくいものもある。社会学理論、社会学史、社会調査法、歴史社会学、比較社会学などである。外国の学会には、研究分野設定の仕組みを持っているところもある。つまり、先述の「グループ」とか「コミッティー」とか呼ばれるものには、それに分属する学会員数の下限が設定してあり、分属会員数がその下限を割ると、「グループ」あるいは「コミッティー」として認められなくなるという仕組みである。なお、研究者養成過程にあり、将来、大学や研究機関に研究者として就職したいと考えている者は、自分の専攻する研究分野をどれにするかに気を配るべきである。というのは、こうしたポストの募集の際に、研究分野が1つまたはいくつかに限定される場合がほとんどないからである。募集の少ない研究分野を専攻すると、それだけ就職のチャンスが減ることになる。

れが妥当かをめぐって研究者のあいだで見解の不一致や論争があるような部分や、調査研究を行って、妥当という合意が得られるような、経験的な言明を作り出さなければならないとされているような部分がある。この後者の部分は、研究課題と呼ばれる。[3]

たとえば、社会学には、社会現象としての病と医療を研究対象とする「医療社会学」と呼ばれる研究分野があり、その研究領域のひとつに、医療専門職論があり、そこでは、医師という職業のどのような特徴がそれを専門職たらしめているかをめぐって論争があり、また、1970年頃から、医師はそのような特徴を失いつつあり、医師という職業はもはや専門職とは呼べないものとなってしまっているという主張があるが、この主張をめぐって、研究者のあいだで、このような変容が実際に生じているのか、生じているとして、どのような特徴の点での変容なのか、を巡って論争がある。これらの点を調査研究を行って解明することが、医療専門職論という研究領域の主要な研究課題のひとつになっている。

ディシプリンにおける研究と研究における文献の利用

このように、研究者の行う研究は、特定のディシプリンにおける特定の研究分野において、特定の研究領域における、特定の研究課題に応えるような知識生産活動と捉えることができる。社会学のように、その研究対象が経験的な世界であり、かつ、その経験的な世界に対して、研究者が介入して、研究対象に人為的な反応を起こさせ、その介入と反応を観察して、両者の関係を読み取っていく形で、新しい知識を生産すること（「実験」）がむずかしいとか、倫理的に許されないとされている場合には、研究は「調査」の形を取る。社会学の場合、それは「社会調査」と呼ばれているが、これは、研究課題に応えるために、研究対象についての資料を収集し、集めた資料を整理・分析し、そこから読みとれることをまとめて、最後に、その調査の経過と結果を報告するというプロセスである。[4]

先ほど述べたように、この研究の経過と結果は、学会での発表や学会機関誌

---

[3] ここでいう研究領域や研究課題は固定的なものでも論理的に首尾一貫した形で構成されるものでもない。学術文献の出版や研究発表を通して言説的に構成されていくものである。

[4] このプロセスは、研究対象が経験的世界であり、そこに調査を用いてアプローチする研究分野を念頭に置いたものである。社会学史や社会学理論などの研究分野における研究のプロセスはこれとは異なるようである。

（あるいは、その他の学術雑誌）に掲載される論文という形で報告される。これが研究者の第1の職務である。文書による報告は、書籍や、社会科学の博士論文のように本の長さの論文として発表される場合もあるが、この場合は、ひとつのテーマの元に、数個の相互に関連する調査研究をまとめて発表するという形を取ることが多い。

　このようにして発表された研究は、口頭発表の聴衆、機関誌の査読者、博士論文の審査者、論文や書籍の読者という形の、当該ディシプリンの研究者によって評価されることになる。評価の基準はいろいろあるが、最も重要な評価基準は、ひとつには、有意義な研究課題が明確に設定されているかどうかという点であり、同じ研究領域において、他の研究者や自分が行ったそれまでの調査研究を踏まえて、いまだ不確かな部分や未知の部分の解明を研究課題に設定しているかどうかという点が評価される。もうひとつは、その研究で行った社会調査が、資料収集、整理・分析、まとめの各段階で、標準的な方法に則っているかどうかという点である。

　これまで述べてきたことから、調査研究を行い、その経過と結果を報告して、高い評価を受けるために身につけておくべき知識を整理しておこう。

　まず、特定のディシプリンの研究者になる／いつづけるために共通に身につけておくべき、ディシプリンの原論ともいうべき知識がある。つぎに、そのディシプリンの中の、特定の研究分野を専攻する上で、身につけておくべき知識がある。この知識は、その分野の研究対象をどのように画定しているか、どのようにその対象にアプローチするか、その研究分野の「鍵概念」は何か、その研究分野には、どのような研究領域があるか、それぞれの研究領域でどのようなことがこれまでの調査研究で明らかになっているか、といったことに関する知識であり、当該研究分野の「概論」とか「総論」とか呼ばれるような知識である。これらは、研究者、あるいは研究者養成過程にある者として、調査研究に取り組む前に身につけておくべき知識である。

　つぎに、調査研究に取り組むに当たって、有意義な研究課題を設定するために把握しておくべき知識として、当該研究領域において、どのような研究課題があるか、つまり、どのような見解の不一致や論争があるか、どのような未解明の部分があるか、といったことに関する知識がある。こうしたことを自ら見極めるためには、これまで、その研究領域で、どのような調査研究が行われ、報告されて

いるかについての知識が必要になる。

　さらに、調査研究を行うに当たっては、調査の標準的な手法に関する知識が必要である。社会学のようなディシプリンには、複数の調査法があり、それぞれに標準的な手法がある。みずからの調査研究において用いる調査法については、実際に用いられるほどに十分な理解と熟達が必要である。また、自分が用いない調査法についても、それを用いた既存の調査研究報告の読解に必要な程度には通じておかなければならない。

　上記のような知識は、言語（とそれに加えて、補足的に数式や数値、表や図）で表現されている。学会発表や講演、講義では、こうした知識が口頭で話され、伝達されるが、発表・講演・講義の原稿や筆写・録音・録画記録が残っていたり、出版されている場合もある。しかし、そのほとんどは、紙に文字その他の記号で記され、書籍または雑誌掲載論文という形で出版されており、今日では、それに加えて、電子的な形で保存されている場合もある。本章でいう「（学術的）文献」とは、このように、上記のような知識が、文字その他の記号を用いて表現され、書籍や雑誌掲載論文という形、あるいは電子的な形で保存されているものを指している。

　ここで、次節の「文献の種類」に進む前に、このような文献の活用に当たっての留意点をいくつか述べておく。

　まず、上記のような知識には、国境がないという点である。どの言語で表現されていても、知識内容の点では、世界共通である。そして、社会学のようなディシプリンでは、今日では、圧倒的に多くが英語で記されている。したがって、日本で社会学のようなディシプリンの研究者として研究を行っていく上で、論説的な英語の文章の読解力は必須である。しかし、逆に言えば、翻訳があったり、同じ内容のものが日本語であったりする場合には、わざわざ英語文献を読んで利用する必要はないということである。[5]

　つぎに、上記のような知識には、文字で記され、その字義内容を理解すれば利用できるようになるとはいえない部分があるという点である。そのひとつは、先

---

[5] 筆者の場合、社会調査法に関するものは、英語文献に目を通すことはほとんどない。今日では、社会調査法についての日本語の解説書が、公式文書を資料とした分析法やビジュアルデータの分析法などを除いて、充実しているので、こうした調査法を用いるのでなければ、そして、社会調査法を専攻するのでなければ、英語文献にまであたる必要はないと思う。

に述べた、「原論」に属する、発想の仕方に関する知識や暗黙の知識である。もうひとつは、社会調査に関するものである。これには、知識というよりも技能というべき要素が含まれ、実際に調査において使えるようになるには、実習などを通して身につけるしかないような部分が含まれている。**6**

3. 文献の種類

内容と形態の点での文献の種類

　文献の種類としては、まず、内容の点で、特定の研究分野を専攻する上で、身につけておくべき知識のうち、特定研究分野の鍵概念、研究対象となる社会現象を指示する概念、その他の専門的な用語を解説するものがある。これらは、encyclopedia、dictionary、鍵概念解説集などにまとめられている。encyclopedia の場合は、社会学あるいは社会科学全般をカバーし、数巻の書籍のボリュームになり、それぞれの用語の解説の長さは比較的、長い。それに対して、dictionary と鍵概念解説集は、1冊の書籍にまとめられている。dictionary の方は、社会学全般のものがほとんどだが、研究分野によっては、その研究分野に限定した dictionary が出版されている場合もある。鍵概念解説集は、いくつかの研究分野で、その分野に限定したものが出版されている。なお、dictionary の解説は比較的短く、鍵概念解説集は、encyclopedia と同じくらいの長さである。

　つぎに、特定の研究分野の「総論」「概論」は、textbook にまとめられている。これは、1冊の書籍の長さである。また、こうした知識のもとになっているような、既存文献から重要な部分を抜粋して1冊の書籍にまとめたものがある。これは、reader とか readings と呼ばれる。これは、いわば、特定の研究分野を専攻する上で、目を通しておくべき文献の抜粋集ともいうべきものである。また、特定の研究分野において、どのような研究領域があり、それぞれの研究領域において、どのような研究課題があり、それぞれの研究課題についての研究の現状を整理・検討して、今後、解明すべき点としてどのようなことがあるかを論じたものは、handbook と呼ばれている。

---

6 調査の技能を身につけるには、他の研究者の調査研究を報告する文献を読む際に、その調査の一連のプロセスを追体験する形で読解することも必要である。

これ以外の文献は、まず、長さの点では、いわゆる book-length のもの（社会科学の博士論文や単著または共著の書籍など）と、学術論文の長さのものに分けられる。後者は、いくつかを1巻（場合によっては、2、3巻）の書籍にまとめて出版される場合と、学術雑誌に掲載される場合とがある。

いずれの長さであれ、また、どのような形態で出版されていたとしても、これらの文献は、内容の点では、つぎのようなものの1つまたはいくつかからなっている。

①特定研究領域の1つまたは複数の研究課題について、既存研究報告文献を集めて、整理・検討して、そ（れら）の研究課題について、どこまでが明らかになっており、どこが今後の調査研究によって解明を要する点かを論じるもの[7]
②1つまたは複数の研究課題について、解明を要するとした点について、調査研究を行って、その経過と結果を報告し、どのようなことが解明されたか、どのようなことが解明されなかったかを論じるもの[8]
③特定の研究領域について、新しい研究課題を提起するもの（社会科学の場合、その研究領域でこれまで注目されてこなかった、新しい現象が生起しており、究明を要すると論じるものや、現象そのものは以前からあり、注目もされてきたが、それに対して新しい視点や枠組み、理論を適用する必要性を訴えるものなどがある）

これらの文献が研究のいわば「最先端」を構成する。したがって、続々と出版されるこれらの文献のうち、自分の研究領域に関するものをつねにフォローして

---

[7] 特定の研究課題についての調査研究を報告する学術雑誌掲載論文を、後述のデータベースを用いて検索し、それらの調査研究報告論文をもとに、このような整理・検討を行うものは、review と呼ばれている。

[8] 調査の途中経過を報告する論文は research note と呼ばれ、こうした論文の掲載を認めている学術雑誌もある。日本の学術雑誌でも「研究ノート」という論文のカテゴリーを設けて、その種の論文の掲載を認めているものもある。外国についてはよくわからないが、日本では、筆者の機関誌編集や査読、業績審査などの経験からいうと、「研究ノート」の規定、審査基準、評価（論文と同等の業績とみなすか否か）をめぐって不分明なところがあるので、研究者養成過程にある者は、このカテゴリーの論文として投稿を考える場合、あるいは、論文投稿し、このカテゴリーの論文に変更してはどうかと査読者から提言があった場合は、よく調べ、判断した方がいいと思う。

いかなければならない。なぜなら、自分の研究課題を、この「最先端」に位置づけて提示しなければならないからである。

媒体の点での文献の種類

つぎに、媒体という点では、紙媒体と電子的媒体に分けられる。文献といえば、これまでは、紙媒体で出版され、書店などで販売され、それを大学や研究機関の図書館が購入し、所蔵する、という格好が支配的だった。しかし、情報コミュニケーション技術の発達に伴い、まず、書籍や論文の書誌情報の電子化・データベース化に始まって、今日では、文献の本文の電子化にまで至っている。今のところは、学術的な文献の場合、紙媒体がメインで、それと同じ内容のものが、電子的な媒体でも、かなりの程度、利用可能といったところであろう。中には、外国の大手出版社や大学出版会が出版する英語の学術雑誌のように、オンライン版がメインで、紙媒体での出版はサブというまでになっているものもある。このような雑誌は、査読を含めた編集作業が電子化されており、オンライン化は比較的、容易なようである。日本の場合は、学会の機関誌や大学の紀要などについて、国立情報学研究所と独立行政法人科学技術振興機構によって、バックナンバーのオンライン化が進められている。

表 6-1 内容，形態，媒体の点での文献の種類

内容		形態	媒体	
			紙媒体（冊子体）	電子的
専門用語解説	encyclopedia	書籍数巻	書籍数冊	encyclopedia オンライン版 online encyclopedia
	dictionary	書籍1巻	書籍1冊	電子ブック
	鍵概念解説集			
textbook				
reader/readings				
handbook				
その他	書籍の長さ (book-length)	（複数本をまとめて論文集）		
	論文の長さ	雑誌掲載	雑誌（年報は図書館では書籍の扱い）	雑誌オンライン版 オンライン・ジャーナル

この節で述べたことをまとめると、**表6-1**のようになる。

4. 文献の検索・収集と読解

文献の検索

　文献の利用は、①検索・収集、②読解、③利用の3段階からなる。このうち、③利用についてはすでに述べたので、この節では、①検索・収集と②読解について述べる。

　まず、①検索・収集についてだが、文献の検索の仕方には、つぎのようなものがある。こうした方法を用いて検索を行うに当たって、留意すべき点としては、どのような内容の、どのような形態の文献を探そうとするのかをまず決めてから、それに適した方法をいくつか組み合わせて検索を行うということである。それから、すでに出版され、しばらく経っている文献を探すだけでなく、出たばかりの文献や近々出版される文献についても、目を光らせておく必要がある。

　文献検索の第1の方法は、研究分野を同じくする、先輩の研究者に尋ねるという方法である。encyclopedia、dictionary、textbook、reader/readings、handbookや、後述の、特定ディシプリンの総合的な雑誌、特定の研究分野に特化した学術雑誌にどのようなものがあるかについては、この方法が適している。

　第2の方法は、文献の末尾、あるいは書籍の章末などにある、引用・参照文献リストや、推薦文献リストを用いるものである。文献を読む際には、引用・参照、あるいは推薦されている文献がどのような内容の、あるいはどのような内容を含んだ文献かを本文から読み取り、入手して読むべき文献かどうかを判断しつつ、読んでいく。

　第3に、電子的データベースを用いる方法がある。データベースは、おもに雑誌掲載論文の書誌情報をデータベース化しているが、書評（論文）も取り込んでいるので、間接的な形ではあるが、書籍の検索にも使える。[9]

---

[9] データベースではないが、書籍と論文の書誌情報などが掲載されているWebページの検索ツールをGoogleが開発している。書籍はGoogle Books、論文はGoogle Scholarである。どちらも、今では、日本語の書籍と論文もかなりカバーしているようである。筆者もこれらを利用することがあるが、どちらも、2、3のキーワードを入れて検索すると、膨大な件数が

出たばかりの文献や近々出版される文献をキャッチする方法として、雑誌掲載論文については、TOC e-alert を用いる方法がある。TOC e-alert とは、雑誌の新刊号の目次を電子メールで配信するサービスで、その雑誌を発行している出版社のサイトなどで登録すると、このサービスを無料で受けられる。雑誌によっては、査読を通過した論文（で、まだ雑誌掲載には至っていないもの）の e-alert を、新刊号の e-alert とは別に送ってくれる。このサービスをする雑誌の場合は、査読通過論文の PDF ファイルがその雑誌を発行する出版社のサイトにアップされていて、所属する大学の図書館がその雑誌のオンライン版を講読している場合には、しかるべきルートと手順でアクセスすれば、オンラインでその論文を閲覧したり、その PDF ファイルをダウンロードしたりできる。

　この方法を用いるには、最初に、e-alert を配信してもらう雑誌を決めて、登録をしなければならないが、最低限、米国と英国の全国学会の機関誌などのように、当該ディシプリンの、評価の高い[10] 総合的な（つまり、どの研究分野の論文でも掲載される）学術雑誌と、自分の専攻する研究分野に限定された、これも評価の高い学術雑誌をまず把握して、これらの雑誌を発行している出版社のサイトなどで e-alert 配信の登録をしなければならない。[11]

　新刊あるいは近刊の書籍については、この本の読者のように、大学や研究機関に常勤で雇用されていない場合（つまり、図書予算を執行できる立場にない場合）、

　ヒットし、そこからどのように進んだらいいのかがよくわからない。うまいやり方があれば、ご教示頂けたらと思う。

10 学術雑誌の評価の高さを示す指標として開発されたものに Impact Factor がある。これは、掲載論文の被引用回数をもとにしたもので、今日では、外国の社会科学の雑誌の Impact Factor も算出されている。しかし、筆者の場合は、今のところは、こうした指標を用いて、e-alert 配信登録をする雑誌を選択するということはせずに、登録できるものはすべて登録するようにしている。しかし、このやり方の難点は、ほぼ毎日のように送られてくる e-alert のチェック、タイトルから目を通すべきと判断した論文のダウンロード（ダウンロードできないものは、他大学図書館に文献複写依頼）、こうして入手した論文に目を通すことに膨大な時間を取られることである。ただし、これは複数の研究課題を抱えているからで、研究者養成過程にあり、目下の研究課題が 1 つという場合には、このように登録できるものはすべて登録するというやり方を勧める。

11 近年では、外国の大手学術出版社から発行されている学術雑誌は、Twitter や Facebook に登録されているので、Twitter や Facebook の利用者は、こちらの方が e-alert よりも使いやすいかもしれない。

上記の雑誌 e-alert を利用するのがいいと思う。[12] というのは、ほぼすべての雑誌に新刊書評のコーナーがあり、e-alert には、書評対象書籍名も掲載される場合がほとんどなので、これをフォローしていれば、当該ディシプリンあるいはその中の特定研究分野で、書評に値すると雑誌編集委員会によって判断された書籍を、出版から書評掲載まで若干のタイムラグはあるが、キャッチすることができる。[13]

最後に、encyclopedia に記載されている、専門用語解説については、近年、いくつかの online encyclopedia が作成されているので、これを利用するという方法がある。online encyclopedia というのは、欧米の大手学術書籍出版社が、自社発行の、複数の encyclopedia のオンライン版に掲載された項目をデータベース化したもので、項目の本文をオンラインで閲覧したり、その PDF ファイルをダウンロードしたりできるようになっている（ただし、有料なので、所属大学の図書館がサービス利用契約を結んでいて、しかるべきルートと手順でアクセスしないと本文の閲覧や PDF ダウンロードはできない）。

文献の検索の仕方についてこれまで述べてきたことを、筆者の専攻する医療社会学を例にとってまとめると、**表 6-2** のようになる。

文献の読解

最後に、検索・収集した文献の読解の仕方について。ここでは、いくつかのコメントをするだけに留めておきたい。これらは、「英語特殊文献研究」での指導の経験から、博士後期課程学生にとって、これらが十分に習得あるいは理解されていないために、英語の学術的な文献の正確な読解が困難になっていると思われることをまとめてみたものである。

まず、論説的な文章、とくに学術的な文章の、文体と構文の理解が不可欠であ

---

[12] 書籍については、データベースにかわるものとして、Webcat のように、全国の高等教育・研究機関の図書館蔵書のオンライン検索システムや、国立国会図書館、米国議会図書館、イギリス図書館のような、圧倒的な蔵書数を誇る図書館の蔵書のオンライン検索システムがある。

[13] 日本では、丸善、紀伊國屋書店、極東書店などが洋書新刊・近刊カタログを定期的発行しており（冊子体とオンライン版の両方またはどちらか一方）、筆者は冊子体については、社会学関係のところは、全部に目を通して、新刊・近刊をチェックしている。しかし、研究者養成過程にある者には、このサービスは提供されていない。洋書の新刊・近刊のチェックの仕方で、研究者養成過程にある者にも利用可能なやり方があれば、ご教示頂けたらと思う。

る。

　つぎに、専門用語の意味の理解が不可欠である。初めのうちは、やはり、意味のよく取れない箇所があったら、そこにある専門用語（と思われるもの）を dictionary や encyclopedia で引いて、その意味を調べながら、読んでいかなければならない。

　最後に、文献の種類に応じて、標準的な構成があり、英語の学術文献の場合は、こうした標準に従った構成になっている場合がほとんどである。これらの構成を理解して、どの箇所にどのような内容が記されているか、を念頭に置いて読まなければならない。

表 6-2　文献の検索

	日本語
[社会（科）学または医療社会学] encyclopedia	
dictionary	日本社会学会社会学事典刊行委員会編『社会学事典』丸善 『現代社会学事典』弘文堂（近刊） N・アバークロンビー他『新しい世紀の社会学中辞典』ミネルヴァ書房
専門用語解説集	
[医療社会学] textbook	中川輝彦，他『よくわかる医療社会学』ミネルヴァ書房 中川輝彦，他『新版　現代医療の社会学』世界思想社（近刊）
reader/readings	
handbook	
[社会（科）学または医療社会学] 総合的 journal	日本社会学会『社会学評論』 社会学研究会『ソシオロジ』
医療社会学の journal	日本保健医療社会学会『保健医療社会学論集』
雑誌掲載論文データベース	国立情報学研究所，CiNii Articles
全高等教育・研究機関図書館，超大型図書館などの蔵書検索システム	NACSIS Webcat（全国の大学図書館所蔵書籍の検索。2013 年 3 月に CiNii Books に移行予定） 国立国会図書館サーチ（資料種別を「本」，所蔵館を「国立国会図書館」に限定して）
（書籍・論文・その他） データベース	「社会学文献情報」（日本社会学会）
online encyclopedia	

英語	備考
International encyclopedia of the social & behavioral sciences, Elsevier The Blackwell encyclopedia of sociology, Blacwell Pub. Encyclopedia of sociology, 2nd., Macmillan Reference USA	
英文の社会学辞典は多数あり。1990年以降出版に限っても，Blackwell Pub., Cambridge UP, Oxford UP, Penguin Books などから出版されている。医療社会学辞典としては，K. White, The Sage dictionary of health and society, Sage がある	
J. Gabe, et al., Key concepts in medical sociology, Sage	
医療社会学の textbook は多数あり。最も著名なものは，何といっても，W. C. Cockerham, Medical sociology, 9th. Ed., Prentice Hall	
S. Nettleton and U. Gustafsson（eds），The sociology of health and illness reader, Polity M. Bury and J. Gabe（eds），The sociology of health and illness : a reader, Routledge	
B. A. Pescosolido, et al.（eds），Handbook of the sociology of health, illness, and healing, Springer C. E. Bird, et al.（eds），Handbook of medical sociology, Vanderbilt UP G. L. Albrecht, et al.（eds），Handbook of social studies in health and medicine, Sage	
欧米各国の全国社会学会が機関誌として総合的な社会学雑誌を発行している。米国社会学会は，American Sociological Review，英国は Sociology	英語のものは，できるかぎり e-alert 登録
Sociology of Health and Illness, Routledge & Kegan Paul Health Sociology Review, eContent Management Social Science & Medicine, Pergamon	英語のものは，できるかぎり e-alert 登録
Social SciSearch（Dialog や Web of Science などの総合データベースに含まれている）	書誌情報など Web ページ検索として Google Scholar
アメリカ合衆国議会図書館 The British Library	書誌情報など Web ページ検索として Google Books
Sociological Abstracts	
Gale Virtual Reference Library Blackwell Reference Online	

第7章 先行研究を構造化する：
社会政策・福祉政策研究を題材に

平岡公一

1. はじめに

　マクロな政策・計画研究の知の見取り図を描くというのが、筆者に与えられた課題である。しかし、社会科学の研究者が取り組む政策・計画研究の主題には実に多様なものがあり、その全体の知の見取り図を描くというのは、筆者の能力の限界を超える。そこで、本章では、いわゆる「福祉」関連の分野、すなわち社会政策（social policy）・福祉政策にかかわる研究領域に対象を限定することとしたい。また、主に論じる主題としては、一般的な教科書や概説書からは知識・情報が得にくい学際的研究領域（あるいは研究潮流）の性格・特徴、および研究動向をとりあげることとする。

　さて、社会政策・福祉政策については、これまで社会科学のさまざまな研究領域（あるいは研究潮流）において研究が行われてきた。もっぱら社会政策・福祉政策を研究対象とする研究領域としても、さまざまなものが存在している。そのような研究領域は、①法学、経済学、社会学といったディシプリンの枠内で、その応用分野として研究領域が形成されている場合、②学際的な研究領域が形成され（さらにそれが独自の対象と方法をもつ一つのディシプリンという性格を帯び）ている場合とがある。

　①に該当するのは、社会保障法学、医療経済学、福祉社会学などであり、日本においては、それぞれの研究領域に対応して、日本社会保障法学会、医療経済学会、福祉社会学会などの学会組織が活動を展開している。②に該当するものは、

多様であり、国ごとの相違も大きいが、日本において、対応する学会組織が存在している研究領域としては、社会政策学、社会福祉学が代表的なものと考えられてきた。

　社会政策・福祉政策を専門の研究対象としている研究者は、これらのうちの一つ、もしくは複数の研究領域に身を置いて研究活動を展開している。そして、多くの研究者は、他の領域での研究の展開に関心を向け、できることなら、さまざまな研究領域で行われている社会政策・福祉政策研究の全体の知の見取り図を描きたいと考えている。しかし、かなりの実績をもつ研究者でも、そのことを達成するのは容易ではない。その一方で、社会政策・福祉政策の研究を志す学生や院生、あるいは研究経歴の短い研究者であっても、自分の問題関心や研究テーマに関わる部分については、複数の研究領域にまたがる知の見取り図に関心をもつことはあるだろうし、そのことは、取り組むべき研究の方向を見定める上でも、新たな研究のアイディアやヒントを得る上でも有益なことであろう。

　このような考え方に立って、以下では、読者が、自己の関心と必要に応じて社会政策・福祉政策研究に関する知の見取り図を描くことの一助となるよう、社会政策・福祉政策の主要な研究領域を取り上げ、それぞれ領域の性格・特徴、さらに研究の動向について解説し、合わせて若干の文献案内（ブックガイド）を行う。

　ここで、研究領域としてとりあげるのは、冒頭であげた二つの種類の研究領域のうちの②に属する「日本の社会政策学」「イギリス起源の社会政策・行政論」「日本の社会福祉学」「比較福祉国家研究」という４つの学際的研究領域である。②の領域をとりあげるのは、①の領域に比べて、多様なディシプリンの研究者の関心を引くものでありながら、その領域の性格・特徴、研究動向が、領域の外からは見えにくいと考えられるからである。なお、それぞれの領域に関して取り上げ紹介する文献は、古典的な名著や最新の研究成果を扱ったものではなく、それぞれの領域の性格や特徴、研究動向の理解するために役立つ手頃な（できる限り日本語の）文献という基準で選んである。

2. 日本の社会政策学

　ここで、日本の社会政策学と呼ぶのは、1897 年に（社会科学における日本で最

初の学会として）設立され、今日も活発な活動を行っている社会政策学会[1]の会員が中心となって形成され展開されてきた研究領域を指す。この研究領域においては、1920年代までは、労働問題を中心としながらも、貧困問題、都市・住宅問題、社会事業等、幅広いテーマで研究が展開されてきたものの、1930年代から40年代にかけてマルクス経済学を理論的な基礎として社会政策学の理論化を進める動きが進み、大河内一男らにより、社会政策学理論の体系化が図られた。このような背景のもとで、1950年前後には、「社会政策本質論争」と呼ばれた理論的な論争が行われている。この時期における社会政策学は、その対象が実質的に労働問題・労働政策に限定される傾向が強まり、（マルクス）経済学というディシプリンの枠内に位置する応用分野という性格が強まっていった。（また、この段階の社会政策学理論は、草創期の日本社会福祉学会における理論研究に強い影響を及ぼした。）

しかしながら、高度経済成長期以降は、マルクス経済学を基礎とする理論構築への関心は弱まり、この研究領域における研究の中心は、制度・政策的要因や、社会学的要因も考慮した労働問題の実証的研究に置かれるようになっていった。1980年代以降は、成年男性労働者を対象にした労働問題研究の限界が露呈してきたこと（玉井、2007）や、国際的な社会政策研究の潮流との乖離が自覚されるようになってきたことなどから、研究の枠組やアプローチの見直し、再検討が行われるようになり、特に労働問題研究、社会政策研究へのジェンダー視点の導入という点で、社会政策学会に依拠する研究者は先導的な役割を果たしてきたと言われている。

現在の社会政策学会の学会誌『社会政策』の英文名は、*Social Policy and Labor Studies* となっているが、このことは、社会政策の諸分野とともに労働問題の実証的研究をカバーするという点で、国際的に見ると独特な性格の研究領域が、この学会を中心に形成されてきたことを示している。近年刊行された社会政策のテキストのなかで、この研究領域の特徴がよく現れているものとしては、久本憲夫著『日本の社会政策』（ナカニシヤ出版、2010年）、玉井金五・大森真紀編『三訂　社会政策を学ぶ人のために』（世界思想社、2007年）がある。

社会政策学会では、その学会誌（またはそれに準じる出版物）で、何回か研究史・学説史をテーマとする特集を組んでいる。『社会政策叢書』編集委員会編

---

[1] 社会政策学会は、1920年代半ばにいったん活動を休止し、1950年に再建されている。

『社会政策研究の方法と領域』（啓文社、1991年）、同編『社会政策学会100年：百年の歩みと来世紀にむかって』（啓文社、1998年）などを読むことで、研究史上の基本的な論点を理解することができる。このほか、研究史・学説史を扱った著作としては、池田信『社会政策論の転換：本質―必然主義から戦略―関係主義へ』（ミネルヴァ書房、2001年）、中西洋『日本における「社会政策」・「労働問題」研究』（東京大学出版会、1982年）などが参考になる。武川正吾『社会政策のなかの現代――福祉国家と福祉社会』（東京大学出版会、1999年）には、社会政策を労働政策と等置する考え方を批判し、社会政策概念の拡張と国際的研究動向を踏まえた研究の展開を提唱して、学界に強いインパクトを与えた論文「労働経済から社会政策へ――社会政策研究の再生のために――」が収録されている。

3. イギリス起源の社会政策・行政論

社会政策（social policy）という概念は、所得保障、保健医療、社会福祉[2]、雇用労働、住宅等の政策領域を示す概念として国際的に広く使われており、EU（欧州連合）の政策領域を示す概念としても、社会政策という概念がよく使われる（佐藤、2006；田中、2007）。ヨーロッパ諸国およびEUの社会政策を扱う学術誌として、*Journal of European Social Policy* という雑誌が刊行されている。

このような意味での社会政策を対象とする研究領域を最も早くから大学教育のなかに定着させてきたのはイギリスである。この研究領域は、当初は、social administration（ソーシャル・アドミニストレーション）と呼ばれ、20世紀初頭から、ソーシャルワーカーの養成教育と結びついて発展してきた。第二次世界大戦後には、R. ティトマス（Richard Titmuss）らが、固有の理論的概念と研究枠組の構築に取り組み、次第に、ディシプリンとしての性格を帯びるようになっていった。今日では、この研究領域は、social policy または social policy and administration

---

[2] 本章では、「社会福祉」を、日本でいえば児童福祉、障害者福祉、高齢者福祉等で構成される狭義の社会福祉サービスの領域を指す意味で用いるが、国際的にみると、この領域を指す用語はさまざまである。イギリスの場合をとっても、1970年代以降、personal social services（対人社会サービス。ただし「個別社会サービス」と訳すべきだという見解もある）という概念が用いられてきたが、近年は、social care（社会的ケア）という用語に置き換わっている。

と呼ばれており、この領域の国際的な学術誌として、*Journal of Social Policy* と *Social Policy and Administration* が刊行されている。なお、ここでいう administration には、公的機関ばかりでなく民間の団体・組織の運営管理も含まれているのであるが、そのことを前提にした上で、本章では、social policy and administration に社会政策・行政（論）という訳語をあてることにした。

　イギリスでは、主要な大学の多くに社会政策・行政論に関わる学科、コース等を設置されている。他の欧米諸国の大学では、必ずしもこのような傾向は見られないものの、少なくても学際的な研究領域としての社会政策ないし社会政策・行政論は国際的に成立しており、この領域での研究者間の国際的交流は盛んであり、特にヨーロッパでは、EU 等の研究助成による国際的な共同研究が数多く実施されている。また東アジア諸国の若手研究者が中心になった設立された東アジア社会政策研究ネットワーク（East Asian Social Policy research network、略称 EASP）では、毎年、大会を開くなど研究交流が活発に行われている。

　イギリスを中心とする社会政策・行政論の研究動向については、星野信也（1979：1986：1990）、坂田周一（1982）、吉原雅昭（1995：1996）、平岡公一（2003：217-234）などが紹介してきた。特に吉原の論文は、イギリスとアメリカとの違い、研究方法や研究関心の時代による変化などが明解に説明されており、この研究領域に関心をもった時に最初に読むべき文献といえる。

　英文の社会政策・行政論のテキストやハンドブック類は多数刊行されているが、イギリスのテキストの伝統的なスタイル――ニーズ（必要）の概念の説明から始まって、ニーズ充足方法の説明に進み、後半部分を社会政策の各分野の概説にあてる――を取り入れて書かれた日本の教科書としては、武川正吾『福祉社会――社会政策とその考え方』（有斐閣、2001 年）がある。最近刊行されたこのテキストの新版（武川正吾『福祉社会〔新版〕――包摂の社会政策』（有斐閣、2011 年）では、そのようなスタイルの部分を残しながら、(5) で取り上げる比較福祉国家論の研究成果等も取り入れており、やや性格の異なるテキストになっている。英文のテキストの邦訳としては、ポール・スピッカー（武川正吾ほか訳）『社会政策講義――福祉のテーマとアプローチ』があるが、この本も、近年の社会政策研究の多様な研究成果を取り入れてバラエティに富んだ内容になっている。

4. 日本の社会福祉学

　現在、日本の多くの大学に社会福祉学部、社会福祉学科等の教育組織が設置されており、1954年に創立された日本社会福祉学会は会員数が五千名を越える大きな学会組織になっている。科学研究費の研究分野として社会福祉学は、「分科――社会学」の下にある「細目――社会福祉学」として位置づけられている。日本国内に関する限り、このことは、本章で紹介する他の研究領域には見られないことであり、「社会福祉学」という言葉を含む辞典類も刊行されていることから、学際的な研究領域というよりも、固有の対象と研究方法をもつディシプリンとしての性格が強まってきているともいえる。

　社会福祉学の学問的性格を説明する際に、社会福祉学が、「政策論」と「技術論」という二つの分野ないしアプローチで構成されるというような説明がされることが多い（ただし、後者については、理論的立場の相違などにより「方法論」「援助技術論」「援助実践論」「ソーシャルワーク」など多様な呼び方がある）。

　そのような理解が一般化した歴史的背景としては、1950年代から60年代前半の時期に、社会福祉の制度的枠組の確立に対応して、ディシプリンとしての社会福祉学の確立をめざす努力がなされるなかで、一方では、日本の社会政策学理論を媒介にしつつ、マルクス経済学に基礎づけられた理論体系を構築しようとする動きがあり（→政策論）、他方には、アメリカにおけるソーシャルワーク研究の成果を応用しつつ、援助実践の技術を基礎づける理論の体系化をはかる動きがあり（→「技術論」）、それぞれの立場に立つ研究者の間で「社会福祉本質論争」と呼ばれた論争が行われたということがある。また、「政策論」では、（マルクス経済学に依拠するかどうかはともかく）社会科学の研究方法が応用されるのに対して、「援助技術論」は、どちらかといえば心理学・医学等とのつながりが強く、現場レベルの知識・経験・技法の蓄積との関連も深い。このようなことから、「政策論」に関わる研究主題と「技術論」に関わる研究主題では、違った研究方法論を用いることになりやすいという事情もある。

　ただし、実際の教育研究活動は、「高齢者」「障害者」「児童」といった援助実践の対象のカテゴリー別、別な言い方をすれば「高齢者福祉」「障害者福祉」「児童福祉」といった福祉サービスの分野別に展開されることが多い。個々の研究業

績が「政策論」と「技術論」に截然と分類されるとか、社会福祉研究者が「政策論研究者」と「技術論研究者」に二分されることにはなっていないのである。

また、近年においては、「政策」（システム）と「援助」（システム）の間に「運営」（システム）を位置づけるという考え方も、一つの有力な見解である（古川、2002）。政策・計画の問題を「マクロ・ソーシャルワーク」と位置づけて、ソーシャルワーク理論として社会福祉学を体系化しようとする考え方もある。

さて、「政策論対技術論」という図式が、社会福祉学内部で受け入れられていた時代には、「政策論」は原理的・歴史的研究の領域であると考えられており、個別の政策を分析・評価し、望ましい政策のあり方を検討するという応用科学的性格の政策（科）学的研究をそこに含めて考える研究者は少なかった。このような傾向に変化が生じたのは、1980年代に入って、三浦文夫が、3で見た社会政策・行政論の成果を取り入れつつ、「社会福祉経営論」の研究枠組を提示し、三浦の影響を受けた研究者[3]が、政策（科）学的研究を展開するようになってからであった。この時期以降、社会福祉に関する政策（科）学的研究は活発に展開されるようになるが、1980年代半ばから、戦後日本の社会福祉の制度的枠組の再編成をめざす改革が進められたこともあり、そのような研究は、サービス提供体制の改革や、社会福祉計画の策定の課題との関連で展開される傾向が強まった。

なお、社会福祉に関する政策（科）学的研究は、「政策論」ではなくて「計画論」もしくは「運営論」と呼ばれることが少なくないが、それは、一つには、実際の研究の焦点が、計画ないし運営というレベルに置かれることが多かったことの反映であり、もう一つには、社会福祉学内部で「政策論」を原理的・歴史的研究に限定して使う傾向が強かったためであった。

社会福祉学における政策研究のうち、上述の「政策論」の潮流に関わる主要な論文は、岩崎晋也編著『リーディングス日本の社会福祉1　社会福祉とは何か──理論と展開』（日本図書センター、2011年）に収録されており、同書における岩崎の解説論文では、「社会福祉本質論争」を含めて1970年代頃までの社会福祉学の理論的展開がわかりやすく説明されている。1980年代以降の「計画論」

---

[3] 三浦を含め、大学院で社会学を専攻した研究者が多かった。しかし、そのことにより、社会福祉の政策研究が社会学化したとは必ずしもいえない（そのように信じている者もいるかもしれないが）。副田義也（2004）は、三浦が、むしろ、社会学的な方法を採用することに対して一貫して拒否する姿勢を示していたことを強調している。

もしくは「運営論」の基本的性格を知る上では、三浦文夫の著書のほか、三浦文夫・三友雅夫編『講座社会福祉3　社会福祉の政策』（有斐閣、1982年）、定藤丈弘・坂田周一・小林良二編『社会福祉計画（これからの社会福祉第8巻）』（有斐閣、1996年）が有益であろう。研究レビューとしては、日本社会福祉学会編『福祉政策理論の検証と展望』（中央法規、2008年）に収録されている筆者（平岡）と古川孝順の論文が参考になる。テキストとしては、坂田周一『社会福祉政策〔改訂版〕』（有斐閣、2007年）が優れている。なお、筆者もこのような研究の潮流のなかで研究を続けてきたが、近年では、「計画論」「運営論」と呼ばれてきた研究の枠組を、「ニード基底型社会政策・運営論」という研究枠組として整理している（平岡ほか、2011）。

5．比較福祉国家研究

　ここで比較福祉国家研究というのは、単に複数の福祉国家の比較を行っている研究ということを意味するのではない。それだけのことであれば、一つの学際的な研究領域というほどまでのことはない。ここでは、国家を分析の単位として、量的・質的方法によって行われる福祉国家体制の形成・発展・再編に関する実証的な研究の総体を「比較福祉国家研究」と呼んでいる。

　この研究領域においては、国際的にみると膨大とも言える数多くの研究が行われており、その研究枠組（アプローチ）としては、産業化・近代化論、権力資源論、コーポラティズム論、ネオ・マルクス主義、福祉レジーム論、ジェンダー論など多様なものが存在している。これらの多様なアプローチを解説した日本語の文献は少ないが、1990年代半ばころまでの研究の展開については、C. Pierson, *Beyond the Welfare State?*（Basil Blackwell, 1991）の邦訳（田中宏・神谷直樹訳『まがり角に来た福祉国家』未来社、1996年）、平岡公一「福祉国家研究における社会学的アプローチ」（三重野卓・平岡公一編『福祉政策の理論と実際——福祉社会学研究入門——［改訂版］』東信堂、2005年、189～213頁）がわかりやすい。

　この領域の研究の進展にとっての重要なブレークスルーをもたらしたのが、G. エスピン－アンデルセンの1990年の著書（Esping-Andersen, 1990）における福祉国家レジーム論（welfare state regime theory）の提示であったことは、この領

域の研究者の共通理解になっているといってよい。そこで提示された「自由主義」「保守主義（またはコーポラティスト）」「社会民主主義」の福祉国家レジームの3類型が社会科学の研究者の間で良く知られるようになったことから、福祉国家レジーム論は、類型論であると受け止められがちである。確かにこの類型論は、今日でも強い影響力を持っているのであるが、福祉国家レジーム論は、むしろ、社会政策を支える思想（自由主義、保守主義、社会民主主義）、政策推進の主体、政策推進の戦略、政策設計とその結果（脱商品化、階層化など）という諸要素で構成され、要素間の関連についての理論的説明を含む理念型的モデルとみるのが適当であろう。そして、福祉国家レジーム論は、このようなモデルであるがゆえに、クロスセクショナルな（同じ時点での）福祉国家体制の比較ばかりでなく、福祉国家体制の変化についての分析にも応用できる面がある（宮本、1997；2003）。

　G. エスピン－アンデルセンの福祉国家レジーム論は、1990年代の間に、比較福祉国家研究の最も有力な研究枠組としての地位を獲得していったが、同時にまた、さまざまな批判にもさらされてきた。その批判の主な論点は、①国家（政府）の役割ばかりに注目し非営利部門や社会的経済、企業、親族ネットワーク等の役割を軽視しているのではないか、②ジェンダーの視点を欠いているのではないか、③所得保障を偏重した分析であって社会サービスの分析が軽視されているのではないか、④ヨーロッパの歴史的経験の一般化であって欧州以外には適用できないのではないか、などの点であった。

　G. エスピン－アンデルセンは、その後の著書・論文で、このような批判に対応して、その研究枠組の再編成を試みている（Esping-Andersen, 1999）。「福祉国家レジーム（welfare state regime）」に代えて、「福祉レジーム（welfare regime）」という概念を用いるようになったのは、主にこの①の批判への対応の結果であった。G. エスピン－アンデルセンは、②の批判に対応して、「脱家族化（de-familialization）」の概念を用いつつ、家族や性別分業のあり方の変化が社会政策にもたらす影響についての分析を行っている。③の批判との関連では、社会サービスの国際比較に取り組んでおり、④の批判との関連でいえば、日本を含む非欧州諸国の社会政策の分析にも積極的に取り組んでいる。

　このようなことから、（福祉国家レジーム論から改称された）福祉レジーム論は、比較福祉国家研究において強い影響力を持っている。今日でも、社会政策の国際

比較を扱う論文で、福祉レジーム論に何らかの形で言及しないことはむしろ珍しいという状況にある。ただし、わが国の学界では、G. エスピン－アンデルセンのその後の著書が何冊か翻訳刊行されている一方で、当初の福祉国家レジーム論に批判的だったジェンダー論的アプローチの主要な論文や著書（Orloff 1993; Sainsbury 1996）がほとんど翻訳されていないので、福祉レジーム論以外のアプローチの研究の成果が十分に吸収されていない面があるので注意する必要がある。「脱家族化」の概念も、G. エスピン－アンデルセンのオリジナルではなく、もともとジェンダー論的アプローチの研究者が用いていたものである。

　この領域の 1990 年代以降の研究の動向については、政治学者が編集した新川敏光・宮本太郎・真柄秀子・井戸正伸『比較政治経済学』（有斐閣、2004 年）、宮本太郎編『比較福祉政治——制度転換のアクターと戦略』（早稲田大学出版部、2006 年）といった教科書が参考になる。

　比較福祉国家研究は、多くの国々の政治学、経済学、社会学、社会政策学等の研究者が関わっている学際的研究領域である。比較福祉国家研究を、政治学の枠内に位置づける考え方もあるようだが、これは適当とはいえない。G. エスピン－アンデルセンは、社会学の学位を持ち、現職の肩書きは、「社会学教授（Professor of Sociology）」である[4]。権力資源論およびジェンダー論による比較福祉国家研究の最も代表的論文ともされる Korpi（1989）と Orloff（1993）は、アメリカ社会学会の機関誌である American Sociological Review に掲載されている。国際的に見ると、比較福祉国家研究に関わる論文は、政治学、経済学、社会学、社会政策学等さまざまな領域の雑誌に掲載されている。日本で、比較福祉国家研究を推進してきたのは、政治学では宮本太郎、新川敏光（岡沢・宮本 1997；宮本 2003；新川 2005）、経済学では埋橋孝文（1997；2011）、社会学では武川正吾（2007）などであり、日本においてもそれぞれのディシプリンを越えた研究交流が活発である。

　この研究領域に関わる論文は、政治学、経済学、社会学、社会政策学等さまざまなディシプリンの雑誌に掲載されており、それらを列挙することはできないが、社会政策学に関わる雑誌に限定すれば、主なものは、Journal of European Social

---

[4]　（Esping-Andersen 1999）の訳書の「訳者あとがき」、および G. エスピン－アンデルセン自身のサイト（http://dcpis.upf.edu/~gosta-esping-andersen/、2012 年 6 月 10 日アクセス）を参照。

Policy、Journal of Social Policy、Social Politics などということになろう。ハンドブックとしては、Francis G. Castles, Stephan Leibfried, Jane Lewis et al., *The Oxford Handbook of the Welfare State*（Oxford University Press, 2011）と、Patricia Kennett ed., *A Handbook of Comparative Social Policy*（Edward Elgar. 2004）をあげておきたい。

6. おわりに

　社会政策・福祉政策に関わる学際的な研究領域として、①日本の社会政策学、②イギリス起源の社会政策・行政論、③日本の社会福祉学、④比較福祉国家研究を取り上げ、それぞれの領域の性格・特徴と研究動向について解説し、合わせて若干の文献案内を行ってきた。説明の便宜上、①〜④をいずれも「研究領域」として扱ったが、「研究領域」の内実には、かなりの違いがある。
　③は、日本においては研究・教育活動の領域として定着しており、ディシプリンとしての性格が強まっているともいえるが、同様の研究領域は、国際的には成立していない。②は、日本とイギリスで同じような内容構成のテキストを刊行し、使用することが無理なくできるくらいであるから、論理的には、国際性をもった研究領域であって、ディシプリンとしての条件を備えているともいえるが、日本では、この研究領域に身を置く研究者はきわめて少ない。①は、ある時期においては、経済学の枠内に位置する応用分野という性格が強まったが、その後、そのような性格が弱まる一方、学際的研究領域としては、輪郭や骨格が明確になっていない。④は、国際的にも国内的にも対応する学会組織を持たず、論理的には、一つの系譜ないしはアプローチ（の集合）という程度のとらえ方が適当かもしれない。しかし、実際の研究活動の状況をみると、福祉レジーム論のインパクトもあって、学際的研究領域といえるほどの研究の蓄積がある。
　日本において、これらの研究領域が、今後、どのように変化していくのかということの予測は難しい。そもそも、社会政策や福祉政策を対象にするといっても、法学、経済学、社会学といったディシプリンの枠内での研究が基本であるべきだという考える研究者、あるいは、そうあるべきかどうかはともかく自分はそのような研究に専心するという考え方の研究者も少なくない。しかし、そのようななかでも、学際的研究領域のなかで蓄積されてきた研究の成果を共有し、それらを

含む社会政策・福祉政策研究の知の見取り図を共有するということは、研究の進展のために重要な意味をもつであろう。

参考文献

Gøsta Esping-Andersen, 1990, *The Three Worlds of Welfare Capitalism,* Polity Press,（岡沢憲芙・宮本太郎監訳『福祉資本主義の 3 つの世界』ミネルヴァ書房, 2001 年）.
―――, 1999, *Social Foundations of Postindustrial Economies,* Oxford University Press（渡辺雅男・渡辺景子訳『ポスト工業経済の社会的基礎――市場・福祉国家・家族の政治経済学』桜井書店, 2000 年）.
古川孝順, 2002,『社会福祉学』, 誠信書房.
平岡公一, 2003,『イギリスの社会福祉と政策研究――イギリスモデルの持続と変化』, ミネルヴァ書房.
平岡公一・杉野昭博・所道彦・鎮目真人, 2011,『社会福祉学』, 有斐閣.
星野信也, 1979,「社会福祉行政研究の方法と視座」『社会福祉研究』, 24:56-64.
―――, 1986,「ソーシャル・アドミニストレーションの発展の現状」日本行政学会編『年報行政研究 20・アドミニストレーション――その学際的研究』, ぎょうせい, 63-98.
―――, 1990,「イギリスにおけるソーシャル・アドミニストレーション研究教育」『人文学報社会福祉学』, 6: 77-91.
Korpi, Walter, 1989, "Power, Politics, and State Autonomy in the Development of Social Citizenship," *American Sociological Review,* 54:309-328.
宮本太郎, 1997,「比較福祉国家の理論と現実」岡沢憲芙・宮本太郎編『比較福祉国家論――揺らぎとオルタナティブ』, 法律文化社, 12-43.
―――, 2003,「福祉レジーム論の展開と課題――エスピン・アンデルセンを越えて――」埋橋孝文編著『比較のなかの福祉国家（講座福祉国家のゆくえ 2）』, ミネルヴァ書房, 11-41.
岡沢憲芙・宮本太郎編, 1997,『比較福祉国家論――揺らぎとオルタナティブ』, 法律文化社.
Orloff, Ann Shola, 1993, "Gender and the Social Rights of Citizenship: the Comparative Analysis of Gender Relationships and Welfare States," *American Sociological Review,* 58: 303-328.
Sainsbury, Diane, 1996, *Gender, Equality and Welfare State,* Cambridge University Press.
坂田周一, 1982,「研究の展望と課題」三浦文夫・三友雅夫編『講座社会福祉 3　社会福祉の政策』, 有斐閣, 279-296.
佐藤進, 2006,『EU 社会政策の展開』, 法律文化社.
新川敏光, 2005,『日本型福祉レジームの発展と変容』, ミネルヴァ書房.
副田義也, 2004,「福祉社会学の課題と方法」『福祉社会学研究』, 1:5-29.
武川正吾, 2007,『連帯と承認――グローバル化と個人化のなかの福祉国家』, 東京大学出版会.
玉井金五, 2007,「社会政策研究の系譜と現代的課題」玉井金五・大森真紀編『三訂　社会政策を学ぶ人のために』, 世界思想社, 1-19.
田中敏, 2007,「社会政策―「欧州社会モデル」の変革―」『総合調査報告書　拡大 EU　機構・

政策・課題─』（調査資料 2006-4），国立国会図書館調査及び立法考査局，190-206 頁，(http://www.ndl.go.jp/jp/data/publication/document/2007/200705/190-206.pdf，2012 年 5 月 4 日アクセス）

埋橋孝文，1997，『現代福祉国家の国際比較』，日本評論社．

───，2011，『福祉政策の国際動向と日本の選択──ポスト「三つの世界」論』，法律文化社．

吉原雅昭，1995，「英米における Social Policy and Administration 研究の系譜と論理構造に関する一考察──わが国における社会福祉研究との接点を求めて（その 1）──」『社会問題研究』45（1），49-90．

───，1996，「英米における Social Policy and Administration 研究の系譜と論理構造に関する一考察──わが国における社会福祉研究との接点を求めて（その 2）──」『社会問題研究』45（2），163-217．

第Ⅱ部

論文を書く

第8章 インスピレーションから論文執筆まで

後藤広史

1. はじめに

　私たちは何のために論文を書くのであろうか？
　それは単純にいえば、これまで明らかになっていないことを明らかにし、それを広く社会に届けるためである。それゆえ論文で提示される知見は、すでに明らかにされているものではなくオリジナルな知見でなければならない。その意味で論文を書くという作業は、単なる「作業」ではなく「創造的な作業」（伊丹2001）であるといえる。
　私たち研究者は、オリジナルな知見を論文で提示するために、先行研究を渉猟し、研究会に参加し、時にフィールドワークに出かけテーマや分析概念を探す。その中には、「これは誰も着目したことがないテーマだ」、「これは誰も考え付かなかった分析概念だ」といったようなひらめきや着想、すなわちインスピレーションを伴うもの[1]がある。論文で提示される知見がオリジナルかつ優れたものとなるためには、そのインスピレーションを精査し論文執筆のプロセスに「のせていく」という作業が重要になってくる。
　本章は、これまであまり論じられてこなかったこのインスピレーションということに着目しながら、論文を書こうと思った段階から実際に執筆するまでのプロ

---

[1] 脳科学者の池谷祐二は、直感とインスピレーション（池谷の言葉でいう「ひらめき」）の違いについて、「直感は理由が言えないのに対して、インスピレーションはそれが思いついた後に理由が説明できる」（池谷2009：73）と説明している。

セスを描いていくことにしたい[2]。

2. 論文執筆前夜

　図8-1は、論文を書こうと思った時点から、実際に書き始めるまでの思考のプロセスを描いた流れ図である[3]。
　まず、論文を書こうと考えている人は、当然のことながらなにかしらの「関心・問題意識」をもっている——そうでなければそもそも論文などというものを書こうとは考えない。そして「幅広い読書」、フィールドワーク、各種研究会・シンポジウム、そして学生であれば授業への参加などを通して、その関心・問題意識の中からいくつかの明らかにしたいテーマが浮上してくる。筆者の関心・問題意識である貧困、ホームレス問題に引き付けて例を示せば、「なぜホームレスは生活困窮状態にありながら、生活保護制度を利用しないのか（できないのか）」、「なぜ日本では女性のホームレスが少ないのか」、「施設から自己退所するホームレスが一定数いるのはなぜか」といったテーマが浮上してくるといった具合である。
　なお、こういった論文のテーマは、研究会やシンポジウムへの参加といったアカデミックな営みだけからしか生まれないわけではない。日常生活での経験、各種メディア、教員・学生同士の他愛もないおしゃべりといったものからも様々なテーマが生じることがある。例えば通勤・通学で大きな駅を利用する人であれば、日々ホームレスの人たちを目の当たりにしており、注意してみれば、そこにいる多くが中高年男性であることに気づくはずである。そこから先の「なぜ日本では女性のホームレスが少ないのか」といったテーマが浮上することもある。
　また特に社会科学を専門とするものとして軽視できないのが、新聞やテレビと

---

2 先に断っておけば、筆者はこれから述べることを必ずしも意識して論文を書いてきたわけではない。実際、その多くは後述するように大した準備もせずにデータを収集してしまい、後で「どうしよう」と途方にくれながら何とかまとめてきたものがほとんどである。しかし、それゆえこうした作業を意識化して論文を書くことの重要性を痛感している。

3 この図は筆者のオリジナルではなく、東洋大学大学院のゼミでの議論の共同成果である。ゼミには筆者のほかに、山田宜廣氏、アルタンボリク氏（東洋大学大学院福祉社会デザイン研究科）が参加した。

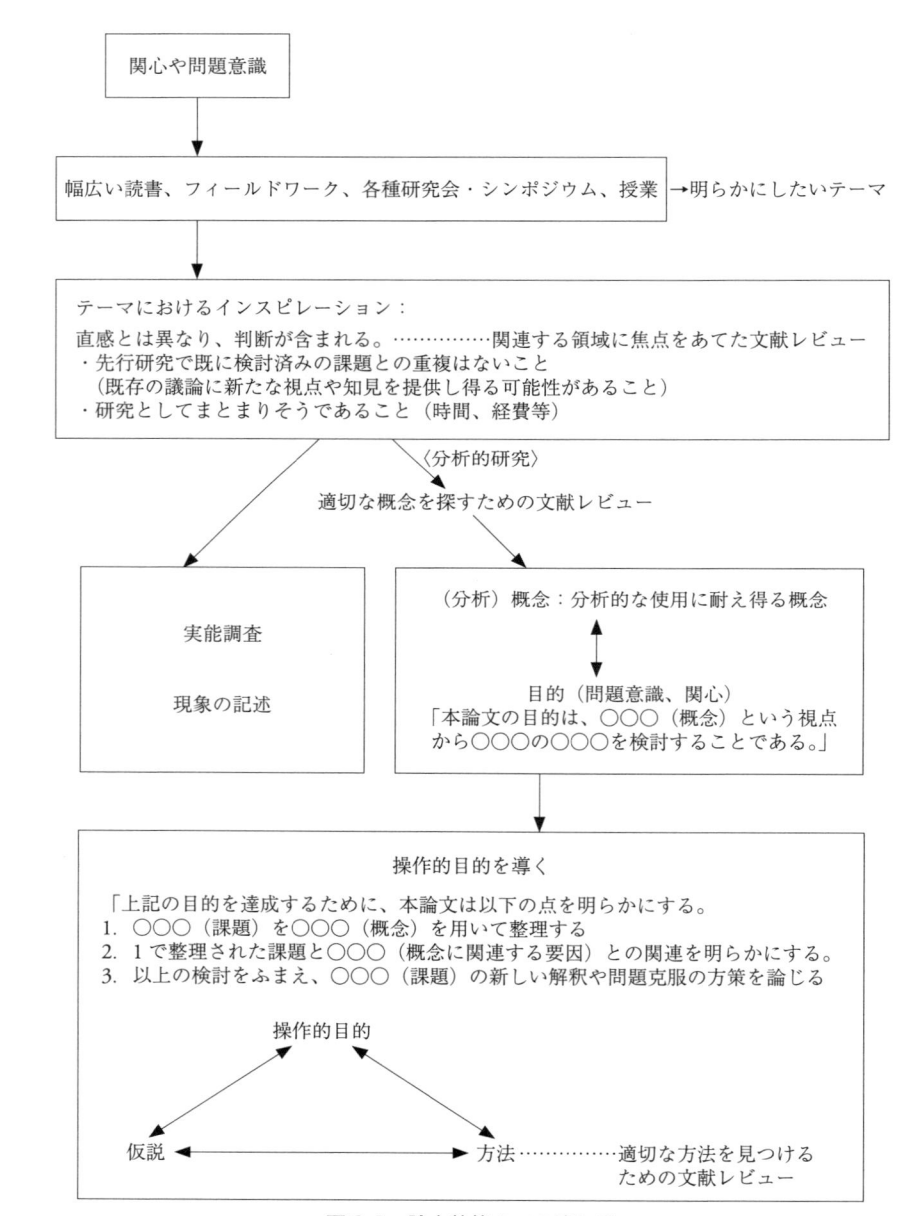

```
┌─────────────────┐
│ 関心や問題意識  │
└────────┬────────┘
         ▼
┌─────────────────────────────────────────────────────┐
│ 幅広い読書、フィールドワーク、各種研究会・シンポジウム、授業 │→明らかにしたいテーマ
└────────┬────────────────────────────────────────────┘
         ▼
┌─────────────────────────────────────────────────────────────────┐
│ テーマにおけるインスピレーション：                              │
│ 直感とは異なり、判断が含まれる。………………関連する領域に焦点をあてた文献レビュー │
│ ・先行研究で既に検討済みの課題との重複はないこと                │
│ 　（既存の議論に新たな視点や知見を提供し得る可能性があること）  │
│ ・研究としてまとまりそうであること（時間、経費等）              │
└─────────────────────────────────────────────────────────────────┘
```

〈分析的研究〉
適切な概念を探すための文献レビュー

```
┌──────────────┐        ┌─────────────────────────────────┐
│              │        │ （分析）概念：分析的な使用に耐え得る概念 │
│  実態調査    │        │            ↕                    │
│              │        │ 目的（問題意識、関心）          │
│ 現象の記述   │        │ 「本論文の目的は、○○○（概念）という視点 │
│              │        │  から○○○の○○○を検討することである。」  │
└──────────────┘        └─────────────────────────────────┘
                                        │
                                        ▼
┌───────────────────────────────────────────────────────────┐
│                   操作的目的を導く                        │
│ 「上記の目的を達成するために、本論文は以下の点を明らかにする。│
│  1. ○○○（課題）を○○○（概念）を用いて整理する          │
│  2. 1で整理された課題と○○○（概念に関連する要因）との関連を明らかにする。│
│  3. 以上の検討をふまえ、○○○（課題）の新しい解釈や問題克服の方策を論じる│
│                                                           │
│              操作的目的                                   │
│             ↗        ↖                                    │
│         仮説 ←――――→ 方法………適切な方法を見つける        │
│                              ための文献レビュー           │
└───────────────────────────────────────────────────────────┘
```

図 8-1　論文執筆までの流れ図

いったメディアである。筆者は以前、リーマンショック以降に「若年ホームレス」が増加しているという報道が盛んになされていた一方で、フィールドとしている東京都元山谷地域ではそのような現象がほとんど見られないという「ズレ」からヒントを得て、そのことをテーマに論文を執筆したことがある（後藤 2010）。先ほどあえて「幅広い読書」と括弧つきで記述したのはこの意味においてである。広く社会事象を扱う領域なのだから当然といえば当然であるが、存外このことは意識されていないように思われる[4]。少なくとも筆者は研究者である以上、新聞を読むときもテレビを見るときも、頭の片隅では論文のテーマを探すような気持ちで対峙する姿勢が必要だと思っている。

テーマにおけるインスピレーション

　いずれにしても、そうした営みから生じたいくつかのテーマの中には、「これは論文のテーマとして『いけそうだ』」という確信を伴うものがある。それは漠然とした関心・問題意識が焦点化され言葉を与えられたテーマである。これを論文の「テーマにおける『インスピレーション』」としておこう。

　しかし、いくらインスピレーションを伴ったテーマが浮上してきたとしても、それをすぐに論文のテーマとして据えてしまうのは早計である。なぜならそのインスピレーションを伴ったテーマが「独りよがりの思い込みではないか」、かつ「そのテーマで論文を書くことが現実的な制約の中で可能なのか」、といった事柄が点検されなくてはならないからである。以下順番に説明していこう。

　まず前者については、インスピレーションを伴ったテーマが、先行研究で既に検討済みの課題と重複していないか確認する必要があるということである。なぜなら論文は「既存の議論に新たな視点や知見を提供し得たか」という点から評価されるからである。初学者であれ、熟達した研究者であれ、これまで全く取り組まれてこなかったテーマがこの段階で浮上することはまれであり、同じようなテーマで既に論文が書かれている場合がほとんどである。そのためわれわれはインスピレーションを伴ったテーマが浮上してきた段階で、今度はより選択的に書物や論文に当たり、そのテーマがすでに検討されている課題ではないかどうか確認しなければならない。それははじめにで述べた読書とは質的に異なる「焦点化

4　近年、関心が高まっている「ワーキングプア」も「ネットカフェ難民」も「孤独死」も、元をただせばメディアがそれを取り上げたことの影響が大きかったといえる。

された読書」である。いくらインスピレーションを伴ったテーマが浮上したとしても、そうした作業の結果、既存のテーマと大してかわりばえしないようなものであれば、この段階で変更をしなくてはならないことも当然ありうるわけである[5]。

後者の「そのテーマで書くことが現実的な制約の中で可能なのか」、というのはもう少し実務的な話である。インスピレーションを伴ったテーマについて、上記のような確認を行った結果、既存の議論に新たな視点や知見を提供しうるものと判断されたとしよう。しかしながら、論文のためにかけることができる時間や資金は、個々の研究者のおかれている状況によってかなり異なる。また大学院生の場合であれば、修業年限の期間内で論文を書き上げなければならないという外在的な制約がかかっている。ちなみに筆者の現在のポジションは、毎年査読付き相当論文を一編以上書くことが求められている（執筆当時）。自分の能力のなさはひとまず置いておくとしても、一般的な文系研究者にとってはかなり高いハードルであると思わざるをえない。また、専攻によって異なるとはいえ、昨今の若手研究者を取り巻く環境は厳しさを増しており[6]、限られたポストを得るために短い期間にともかく論文を量産しなければならないということもある。院生を含めてわれわれ研究者は、こうした現実的なさまざまな条件を勘案しつつ論文を書かなくてはならないわけである。したがって書きたいテーマが、それらの諸条件を踏まえたうえで、「研究としてまとまりそうであること」を見定めることもまた必要であるということである。悲しい話ではあるが、誰も着目したことがないような素晴らしいテーマであったとしても、研究者が置かれている状況によってはこの段階で修正・断念ということも当然ありうるわけである。

分析概念におけるインスピレーション

上述したような手続きを経てテーマが固まってきたら、次はそのテーマを解き

---

[5] もっともテーマは同じようなものであっても、分析視点や調査の方法、分析の方法が異なる場合はその限りでない。

[6] 博士課程の修了者は年間16,000人に達しているのに対して、大学教員の年間新規採用数は10,000人に過ぎない。しかもそのすべてが博士課程修了者によって占めているわけではなく、うち40％は公官庁、民間企業、自営業、高校教員等、社会人から採用されており、博士課程修了者が占める割合はわずか14％である（潮木 2010）。

明かすための適切な分析概念を見つける段階である[7]。この段階はとくに重要である。なぜならテーマは同じでも、どのような分析概念を用いるかによって、もたらされる知見が大きく異なるからである。したがってテーマが固まってきたら、今度は分析概念を探すという視点で様々な書物や論文に当たり、その中から「これを用いることによってテーマを適切に解き明かすことができる」というインスピレーションを伴った分析概念を見つけることが重要である[8]。

　話しが少し抽象的なので、もう一度筆者の卑近な例を示そう。私は、2002年から東京都にあるホームレスを中心とした生活困窮者の支援を行うNPOで、フィールドワークを行いながら研究を進めてきた。先に例示したが、そのフィールドワークの経験から、ホームレスが施設に入所したにもかかわらず、自らの意思で施設から退所して路上生活に戻る、すなわち「自己退所」するという現象にインスピレーションを覚え、それを解き明かすことを目的に論文を書いたことがある（後藤2007）。こうしたテーマにインスピレーションを覚えた理由は、不自由はあるにせよ、衣食住整った施設の生活を捨てて路上生活に戻るという行為が、個人的にどうしても理解しがたかったからである。また筆者のように考える人が多かったせいか、先行研究でもこの行為は、施設処遇の「劣悪さ」といった文脈で説明されていることが多く、このことが彼らにとってどのような意味を持つのか、ということに関しては十分な検討がなされていなかったという理由もあった。

　結論から言えば、筆者はこの「自己退所」ということをテーマにしてそのまま論文を書き始めてしまったわけであるが、今振り返ると「自己退所」という現象は、やはりそれはただの現象であり、それを解き明かすためにどのような分析概念を用いるかということを検討する必要があった。しかし当時の私はそのことの重要性を理解しておらず、分析概念を設定しないまま「自己退所」したホームレスにインタビューをしてデータを集め、論文を書き進めてしまった。そのため、どのような項目でインタビューを行うか、どのような視点でデータをまとめるか、既存の理論や概念との関係でどのように考察を書くか等で非常に苦労した。もし

---

[7] もちろんテーマや研究内容によっては、必ずしも分析概念を設定する必要もないものもあるが、実証研究の場合、この分析概念を設定するとしないとでは議論の深まりが違うように思われる。

[8] なおこの分析概念は、自身の領域のだけではなく、他分野の領域で使われているものを借用することが有用なこともある。

あの当時に戻れるのであれば、自己退所という行為を読み解くための適切な分析概念を探していただろう。

これは稚拙な例であるが、ともあれここで言いたいのは、インスピレーションを感じたテーマを掘り下げて検討するためには、インスピレーションを伴った分析概念を見つけることもまた必要であるということである。これをしないと興味のある現象の上っ面をなぞっただけの、ジャーナリズム的な研究になりやすい。またそのテーマでなんとか論文が書き終えられたとしても、次に論文を書くためにまた面白い現象をみつける、という研究スタイルになってしまい、自分の関心・問題意識についての議論が深まっていかないように思われる。

筆者のように社会福祉の領域で、しかも現場ベースで研究しているものは、目の前に問題を抱えた人々がおり、喫緊に解決しなければならない課題が目につきやすいため、インスピレーションを感じるテーマは多くあるだろうが、そこで一歩立ち止まり、そのテーマを解き明かすための分析概念を見つけていくことが必要なのである。

3. 目的と方法の設定

次の段階は、それらを用いて適切な論文の目的を設定することである。具体的には、「本論文の目的は〇〇〇（概念）という視点から、〇〇〇の〇〇〇を検討することである」といったような具合である。これまでの作業がうまくいっていれば、この目的を書くことは案外たやすい。論文を書き進めていく段階で修正を迫られるといってもおそらく微調整ですむはずである。

そして論文をさらに構造的なものにしていくためには、その目的をいくつかの操作的目的にブレイクダウンすることも有用である。すなわち、「本論文の目的は〇〇〇（概念）という視点から、〇〇〇の〇〇〇を検討することである」。そこで、1. 〇〇〇（課題）を〇〇〇（概念）を用いて整理する。2. 1で整理された課題と〇〇〇（概念に関連する要因）との関連を明らかにする。3. 以上の検討をふまえ、〇〇〇（課題）の新しい解釈や問題克服の方策を論じる、といった具合である。あとは、これらの過程で生成した仮説と、研究方法との関連を意識的

に調整しあいながら、調査、執筆をしていくということなる[9]。
　以上がこの流れ図の説明である。

4. おわりに

　もちろん実際の論文執筆のプロセスにおいては、この図のように上から下へとリニアに思考が流れるわけではなく、それぞれの段階を行ったり来たりするのが普通である。またこの流れ図はどちらかというと実証研究向けのものである。まず読み解きたい「現象」があり、それを説明するための分析概念を見つけ、それらを統合した目的を設定し、操作的目的を導く、という流れであれば、この流れ図は非常にフィットすると思われる。しかしながら、文献による研究の場合などは、分析概念がなくても扱い方によってはジャーナリズム的研究ではなく、非常に優れた論文になる場合も当然ありうる。また同じ実証研究でも質的研究の場合では、書き始めた後に新たなデータを集めるためにフィールドに再び出かけるということもおそらくありうるだろう。こうした研究手法の差異による論文執筆のプロセスの違いは、本章以降の論考で確認されたい。

参考文献
後藤広史, 2007,「前路上生活者が施設から『自己退所』する要因」『社会福祉学』47（4）, 31-42.
———, 2010,「大都市「ホームレス」の実態と支援課題」『貧困研究』4, 108-18.
池谷裕二, 2009,『単純な脳、複雑な「私」』, 朝日出版社.
伊丹敬之, 2001,『創造的論文の書き方』, 有斐閣.
潮木守一, 2010,「大学教員の需給アンバランス—今後十年間の推計結果をもととする（人文科学系・社会科学系について）」『広島大学 高等教育開発センター 大学論集』42, 125-41.

---

[9] 図にもあるように、この段階で適切な調査・分析方法を見つけるための文献レビューが必要になることもある。

第9章　論文の着想

野田博也

1. はじめに

　本章では、論文の構成を3種に分けて理解しておきたい。
　1つ目は、単一論文の全体の組み立てであり、一般的には目的・視点・方法・分析結果・考察・結論を主な要素とする。この構成は、研究の方法やスタイルに関係なく、学会報告や投稿論文、研究費獲得のために申請する研究計画の書式として予め規定されていることがある。この理由のひとつは他者への理解が挙げられる。この組み立ては、自然科学や量的・質的調査の方法を用いる社会科学の研究ではフィットしやすいが、それ以外の研究では馴染みにくいこともある。しかし、どの現象を、どのような方法・視点で把握・分析したときに、どのような結果となり、その結果は既存の研究とどのような関係にあるのか、という論の展開について他者の理解を促すための手がかりとして構成上の区分は役立つ。同時に、研究成果の再現性を明確に示すことにもつながる。このように、論文の構成は、学術的なコミュニケーションのための作法のような役割を果たすように思われる。
　2つ目は、上述した論文構成の要素内の構成（組み立て）になる。例えば、論文では研究目的を最初に提示することが求められるが、その目的や目的の意義を主張するためには先行研究の整理や課題の抽出などが必要になる。これらの主張や説明の仕方は、その要素の特徴（論文構成上の役割）によって異なる。各要素内の組み立て方は研究者によっても大きく異なり、先の論文構成のように形式化されていない。

ところで、論文作成法に関する研究では、「まず自分の考えを明確にして、それからその考えを明確に述べる」という助言が誤りであり、「書くことは考えることの一つの形態であると結論づけている」といわれる（Becker=1996：6）。ただし、書く（＝考える）ことを学術論文の様式や水準に適応させていくためには、闇雲に進めればよいのではなく、辿りつくための目標地が示された地図や道標を確認しておくほうが効率的となるように思われる。論文構成とその要素内の組み立ては、学術論文という特殊な書き物を完成させるために自らの知見を練り上げていく地図や道標にもなる。

　3つ目は、長期的な研究構想に関する構成になる。ここでいう研究構想は、大きな問題関心に関連づけられた論文計画の集合体を指し、理論編、歴史編、方法論編、国内編、海外編などとして括られる論文題目のリストとして具体化される。この構想は、他者に公表される必要はなく評価されるものでもない。しかし、研究成果を継続的にあげるために、当面執筆する論文の題目や構成、各要素の内容を意識的に決め、他の論文計画と調整することで研究構想を具体化していくことには意義があると考えている。

　以上の3種の構成は、論文一般に共通するものになり、量的・質的調査に基づかない論文――本章では「論著」と呼ぶ――でも、概ね当てはまるものと思われる。本章では、拙稿の執筆過程を取り上げ、これらの構成について私見を述べていきたい。

　以下では、まず本章で取り上げる主な自筆論文を紹介する（2.）。次いで、その論文の内容や執筆過程を事例として、論文構成（3.）、要素ごとの組み立て（4.）、研究構想との関連（5.）にわけて進める。最後に、3種の構成を念頭に置いて、論文作成の執筆過程を確認しておきたい（6.）。

　なお、本章は、駆出しの研究者の経験と私見にもとづいたものに過ぎないことを強調しておきたい。量的・質的調査に基づかないスタイルの論文（「論著」）の作成やその構成の組み立て方を一般化することも意図していない。

2．取り上げる論文

　本章で取り上げる主な論文は、日本社会福祉学会の機関誌に掲載された3本

の原著論文とした。題目は、『アメリカにおけるホームレス状態への福祉政策と治安政策の「併存」に関する一考察』（2007年第48号第1巻；以下「併存論文」）、『アメリカにおける3つのホームレス福祉政策と政策原理』（2008年第49号第1巻；以下「ホームレス論文」）、『「劣等処遇」再考』（2008年第49号第2巻、以下「劣等処遇論文」）になる。

　これらの論文は海外の政策や議論を中心に扱ったことや設定した視点に共通点がある。他方で、抽象度のレベルや論文のなかの構成はそれぞれ異なるため、「論著」執筆の多様なスタイルを考慮し、これらの複数の論文を用いた。

　また、同じ狙いで、原著論文だけでなく、「研究ノート」や「動向」として括られる自筆論文（国立社会保障・人口問題研究所『海外社会保障研究』掲載論文を主に参照）の構成や執筆過程も適宜参照した。

3. 論文構成の確認

　この節では、原著論文のなかでも特徴が異なる（ように見える）「併存論文」と「劣等処遇論文」を取り上げて、論文構成の形式を確認していきたい。なお、紙幅の都合上、論文内容の詳細は割愛していることを予めご了承いただきたい。

「併存論文」
「併存論文」では、近年のアメリカでホームレス状態に対する福祉政策と治安政策が併存するカラクリを説明し、そのような政策のあり方が対象者に与える影響を考察した。

　最初の「Ⅰ．序論」は、研究目的を示す箇所になる。アメリカの先行研究を整理して課題を抽出し、その課題が他国でも問われる特徴があることを示唆したうえで、研究目的を設定した。

　「Ⅱ．政策関係を分析する視点」は、視点を提示する箇所になる。福祉政策と治安政策の両者に適用できる視点を、社会福祉学における知見から選び出し、それを他の社会科学領域での見解から補足した。また、その視点を活用した場合に先行研究から導き出せる範囲を仮定した。この仮定は、研究目的をより具体化した課題になる。

「Ⅲ. 福祉政策と治安政策の範疇」は分析結果に該当する箇所になる。各政策の特徴を、視点に沿うかたちで整理し、その特徴をまとめた。この整理を踏まえ、「Ⅳ. 福祉政策と治安政策の『併存』」と「Ⅴ. 併存の意味」について考察を進めた。「Ⅳ.」では、政策関係の典型（理念型）をつくりあげ、研究目的の一つである「併存」のカラクリを説明した。「Ⅴ.」では、その説明をもとにもうひとつの目的となる併存の意味について、最初の視点とはやや異なる枠組みを用いて解釈した。

「Ⅵ. 結論」では、研究目的に沿って得られた知見を整理した。その後、「Ⅱ.」で提示した仮定との関連で考察を広げ、日本への応用可能性についても簡単に示唆した。

「劣等処遇論文」

「劣等処遇論文」では、福祉政策論や社会政策論では基礎的用語となっている「劣等処遇」の考え方——事後的な救貧政策における貧困者の境遇を独立労働者の境遇より魅力あるものにしない政策介入の在り方——について、生みの親と目されているJ. ベンサムの見解から見直すことを試みた。

「Ⅰ. はじめに」は、研究目的を提示する箇所になる。ここでは、劣等処遇という基礎的用語の使用法を国内外の文献から整理して2つの特徴を指摘したうえで、両者に共通する課題を整理し、研究目的を導いた。また、本章で主に使用する資料やその重要性についてもここで説明した。

「Ⅱ.『劣等処遇』に関するBenthamの見解」は、論文のなかで2つの役割があり最も重要な節になる。ひとつはベンサムの見解に関するオリジナルな説明・解釈であり、もうひとつは従来の劣等処遇言説を分析する視点としてベンサムの見解を位置づけることである。

そして「Ⅲ. 1834年報告のなかのBentham」と「Ⅳ. もうひとつの『劣等処遇』」では、このベンサムの見解を視点として、旧来の劣等処遇言説のもとになっていた資料や学識者の見解を検討した。「Ⅱ.」を視点部分とすれば、「Ⅲ.」「Ⅳ.」は分析・考察部分に該当する。

「Ⅴ. おわりに」は、結論部分に該当する箇所で、研究目的に応答する内容をまとめ、今後の研究課題について言及した。

以上、二つの原著論文を取り上げたが、「併存論文」では、標準的な論文構成

の組み立てを強く意識し、その組み立てが他者からもわかるような形でまとめた。「劣等処遇論文」では、標準的な論文構成からはやや逸れているように映るが、史的資料の活用や視点部分の長さなどが理由で構成の要素がやや見えづらくなっているに過ぎない。

なお、「研究ノート」や「動向」の構成が原著論文のそれと大きく異なる点のひとつは、視点の設定にある。「研究ノート」等では、その筆者の視点による解釈は最小限にとどめて素材となる議論や動向をまとめることが重視される。この一方、原著論文では、目的に応じた視点（と方法）を設定し、その角度から特定の現象を解釈・説明することでオリジナリティを出すことが求められる。

4. 構成要素ごとの組み立て

形式化されている論文構成に比べて、構成の各要素における組み立ては自由度が高い。「論著」の場合は書き手の得意なスタイルや好みが反映されやすいため、共通事項を抽出することは難しい。以下では、私が留意している点を中心にまとめる。

研究目的について

論文は、学術的に意義のある研究目的を提示することから始まる。書き手からすれば、この水準を高く設定できれば、その後の「飛距離」も伸びる。読み手からすれば、この最初の部分で、書き手の力量や論文の完成度の見当がつくともいわれる。

この組み立ては一様ではないが、他者の掲載論文も参照すると、①実際の現象に関する動向、②その動向に対する研究の進捗状況、③実際の動向に照らした研究課題、④研究課題のなかで着手できる研究目的、⑤当該論文の流れの紹介、という展開が標準的になるように思われる。

実際の動向とは、問題視される現象の実態（属性や概数、分布など）だけでなく、政策形成の進捗状況、学識者の議論やメディアの言説などもある。また、どこ（国内外）の誰（政府；研究者；当事者など）が問題視しているのかということも含まれる。何の現象をどのように取り上げるのかは、その後の論文の展開に応

じて調整しなければならない。これに用いる資料・文献の選定では、データであれば方法論がしっかりしているものを選び、学術的な文献であればその分野における第一線の学者のものを扱う。関連する海外の動向も必要があれば入れる。選定した参考文献のリストは、その分野に関する自らの研究能力を他者に伝えるメッセージのひとつになる。

　次に、動向に関する研究の進捗状況である。既に蓄積がある研究であれば、関連する研究をしっかりレビューしたうえで優れた成果を選んで到達点を示す。仮に直接関係する先行研究がなかったとしても、時期（時代の遡及）や場所（他国の議論）を変え、関連領域の理論仮説を適用することで幅は広げられる。

　研究課題は、このレビューから引き出すことになる。このためには、重要な文献の要約を単に並べるのではなく、課題を引き出すための整理の仕方を工夫することが求められる。文字数に制限のある投稿論文では、限られた紙幅のなかで冗長にならずに適切にまとめあげる必要があり、ここで書き手の力量が問われる。

　私の場合、ある観点から先行研究の議論を2つないし3つにまとめ、それぞれの特徴を手短に紹介しつつ、それぞれに共通する課題を挙げて研究目的につなげることが多い。「併存論文」では、「福祉政策支持・治安政策反対」グループと「福祉政策不支持・治安政策支持」グループに分けて先行研究を位置づけ、両者に共通する課題を指摘した。「劣等処遇論文」では、まず時代を遡って日本国内の議論と海外（特にイギリス）の議論をそれぞれ概観した。そのうえで共通する特徴を指摘すると同時に、やはり両者に共通する課題を指摘して研究目的につなげた。

　このように提示した研究課題は、そのまま研究目的として提示することもあれば、課題の範囲を限定して一部を目的とすることもある。あるいは、研究課題の次に視点を設定し、その視点から研究目的をさらに限定する、というやり方もある。

　この段階での悩み所は、提示した課題や目的の意義をどの程度まで説明するのか、という点になる。例えば、その課題がこれまで十分に問われてこなかった（検討が進まなかった）理由についての説明がある。「劣等処遇論文」では、人口に膾炙する基礎的用語の見直しを求めるものであり、なぜ（ベンサムの見解が）看過されていたのかには触れる必要があったので、この説明は重視した。他方で、「併存論文」や「ホームレス論文」では、指摘した研究課題がこれまで充分議論

されていない理由は、当該論文の研究それ自体にはあまり関係がないものと判断し、省略した。

また、当該論文で設定する目的は、その論文のなかで応答できる水準になっている必要がある。飛距離を伸ばすために跳躍台の高さを上げる姿勢は重要だが、あまりにも高すぎると着地できない。後でも触れるが、難しい課題を見つけることは難しくない。自分の力量や利用できる資源の制約を考慮して、難しい問いを自分が応答できる問いに編成・分解することが必要になってくる。

視点について

視点とは、ある現象をいくつかの要素に分解して、その要素間の関係や因果のパターンを説明し、その意味を解釈するための枠組みとしておく。前節で言及したように、原著論文では視点を洗練させ、明確にすることが求められる。

しかし、「論著」における視点やその示し方は書き手によって大きく異なる。まず「論著」の場合、量的調査の理論的仮説のように設定できる視点がないことも珍しくない。一次データを使用せずに、そのような視点を検討すること自体が「論著」の目的となることもよくある。また、独立変数と従属変数の関係を説明する仮説に相当する視点を設定することが不適当なこともある。このような場合、メタ理論や認識論などを視点として設定できる。

視点の項目を独自に設ける必要がないと判断されることもある。この場合は、当該論文に実際の視点が全くないというよりも、序論のなかで簡単に言及されていることが多い。なお、著名な学者の「論著」を読解するときには、どこかに埋め込まれた視点の組み立て自体を議論することはよくある。

「併存論文」や「ホームレス論文」では、日本の社会福祉学領域で議論されている対象論を視点として明示した。採用した対象論は構築主義と親和的で政治学や社会学の先行研究からも類似の議論があることをつかんでいたので、他領域の見解を活用してその視点（対象論）の意義を強調した。また、日本で議論される対象論を積極的に活用する理由のひとつには、海外の現象を素材としたことにも関連する。海外ではあまり見られない角度（視点）から現象を分析・考察することで、海外研究であっても原著論文として仕上げることができると仮定した。また、日本で議論された視点を他国の現象に対しても適用することで、その視点の理論化や方法論の進展にもつながると考えた。

「劣等処遇論文」では、文中に「視点」という言葉を使用していないが、ベンサムの見解から視点をつくった。なお、ベンサムの見解から視点をつくるために、研究構想の大きなテーマに関連する別の視点―貧困対策の水準（量的側面）と方法（質的な介入方法）の関係―が背後にあったことも付言しておきたい。

方法について

研究方法の項目では、量的・質的調査であれば、採用する調査手法の特徴や手順について言及することになる。「論著」の場合、この方法は、「文献研究」であることを前提に省略されることも珍しくない。しかしながら、比較的具体的な現象を扱う場合や、用語の理解が異なることのある海外の事象を扱う研究では、「方法」（に準じる内容）としていくつかの断りを入れておくことになる。

政策研究の場合であれば、取り扱う事業（政策）の選定、時期の限定、政策主体の範囲、主に活用する資料などについて、それぞれを選んだ理由やそれぞれの内容、意義について必要な範囲で説明を加える。このような説明は、序論（「はじめに」）のなかに組み込む場合もあれば、脚注に落とすこともある。

取り上げた論文を例にとると、「ホームレス論文」では諸事業の制度の規定を分析対象としたため、方法の項目を設け、事業の選定方法などを説明した。「劣等処遇論文」では、「はじめに」の部分で研究目的を説明する流れの中で主に扱う資料の特徴や意義を述べた。「併存論文」では、文献の議論・見解を素材としておりやや抽象度が高かったため、用語の解説や時期などについてはほとんど脚注に落とした。なお、「研究ノート」や「動向」では、根拠となる資料・文献の選定理由や意義について説明することが欠かせない。

分析や考察に関して

分析結果や考察の構成は視点に依存する。私の場合、「新しい知見」を少しずつ出し、その「小さな」知見を積み上げて、最終的には論文全体に関わる「大きな」知見へ導くことが多い。「新しい知見」は査読論文の採用を判断する重要な材料とされるが、「新しい」ものであれば何でも学術的意義が認められるわけではなく、「新しい知見」のなかにも意義の高低がある。例えば、何らかの「新しい」現象に対して、完璧な方法で調査をして結果を出して、その現象の特徴を上手く記述したとしよう。この結果は確かに「新しい知見」であるが、それだけで

は学会誌などに掲載されることは難しい。その知見が、国内外の先行研究の知見とどのような関係があり、その因果に関する説明をどの程度までできるかが重要になる。これと同じように、「論著」であっても、単に「新しい」議論を単に整理するだけでは不十分で、先行研究の議論の限界を超える水準としなければならない。

「ホームレス論文」では、海外の事業（日本ではまだ論じられていないものを多く含む）の制度内容を体系的に扱い、いくつかの事業群の特徴をそれぞれ指摘して全体の制度設計の特徴を示した。これらも「新しい知見」ではあったが、それだけでは原著論文として充分な水準にはならないと判断し、さらに当該政策の政策原理についての解釈を加えることで「新しい知見」の質を高めるように試みた。

「劣等処遇論文」では、ベンサム研究それ自体が目的ではなかったので、ベンサムの見解を整理しながら視点をつくりあげた。関連するベンサムの見解をまとめることだけでもある程度の「新しい知見」を主張できるが、さらにその考察によって設定した視点を用いて、資料や議論を改めて検討して劣等処遇の解釈を押し広げた。

また、この考察部分では、議論のレベルがない交ぜになりやすい。このため、先に設定した目的や視点に応じて、議論のレベルが一貫するように注意する必要がある。「併存論文」では、福祉政策と治安政策の両方を扱ったが、「ホームレス論文」のように事業それ自体を直接分析したのではなく、政策に関する公的見解や学者の見解を素材としたため、やや抽象度が高くなった。これは、限られた紙幅のなかで、福祉政策と治安政策の両者を盛り込むための工夫でもあった。このような議論の場合は、具体的な部分や過度に抽象的な部分が同じ節に混在しないように、抽象度の一貫性を保つことに気を配った。

結論について

結論部分では、最初に設定した目的に対応した応答を明示して、どの点が「新しい知見」なのかを改めて主張することが求められる。

投稿論文の場合では、「ホームレス論文」のように「新しい知見」を再確認するだけでも許されることもあるが、この結「論」では、もうひと踏ん張りして議論を広げることが期待されることもある。「併存論文」では、それまでに用いた視点や説明できなかった部分についての解釈を追加した。また、「劣等処遇論文」

では、劣等処遇が現代の公的扶助にも根付いているという見解を支持しつつ、ミニマム保障の在り方を考えていくうえで重要な視点になることを示唆した。

なお、海外研究の査読では、結論部分で日本に対して何らかの提言を求められたことがあるが、反対に、日本のことは別の議論なので言及する必要はないとの意見もいただいたことがある。

5. 研究構想と論文執筆

査読論文を一本出すことが当面の目標になるが、博士論文の作成や研究機関への就職を希望するのであれば、継続的に論文を執筆して業績を増やす必要がある。このように論文作成をより効率的に進めていくためには、自らの研究構想が必要だと考えている。この研究構想は漠然とした関心や知識の広さを指すのではなく、共通する大きなテーマを追求していくための論文計画の集合体のようなものになる。

この集合体のなかにも構成があり、理論に該当する論文、方法論に関する論文、国内の現象を主に扱う論文、海外の現象を主に扱う論文、史的展開を追う論文、などに沿った論文題目で組み立てられ、オリジナリティを生むインスピレーション（＝着想）や不可欠な参考文献も把握していることが望ましい。また、原著論文ではないが、新しい動向や学説を整理する「研究ノート」「動向」の題目も配置しておく。

このように研究構想は論文執筆を継続するために有用だと考えるが、ひとつの論文の構成や要素の組み立て、表現の仕方にも関連してくる。

執筆する論文の選択と研究構想

研究構想から特定の論文執筆へ移行するまでには、いくつかの制約をマネジメントすることになる。

この制約を私なりにまとめると、1つ目には、研究成果を出すスケジュールが挙げられる。院生であれば在籍可能な期間ないし博士論文作成までに必要な論文本数と一本あたりに当てる時間（期間）になる。研究者であれば、研究費の申請段階までに採用結果が必要な論文本数と一本あたりに当てられる時間（期間）に

なる。2つ目は、研究に関する自らの資源になる。研究に当てられる私財や研究費、方法論に関する技能、外国語の能力、類似する題目の論文執筆の経験などがある。3つ目は、私生活の状況になる。自分の生活費や体調、家族の介護や育児、家事、仕事の状況などとの兼ね合いで、集中できる研究時間の確保や時期も決まってくる。4つ目は、執筆する論文の選択になる。投稿できる雑誌の種類や難易度、査読の有無、論文の種類（原著論文や研究ノート）、文字数の制限などがある。これらの制約は、発見した難題をその時の自分が応答できる問いに編成するための重要な判断材料になってくる。

　本章で取り上げた論文を例にとれば、私の（ひとつの）研究構想のテーマは、貧困にかかる福祉政策を、治安政策や労働政策などとの関係から捉える理論枠組みを構築することになる。もともとは日本のホームレス支援活動の経験から得たインスピレーション（＝着想）を育てたものになる。また、限られた大学院在籍期間のなかで、自分の能力や得手不得手を見定め、資料がある程度そろって審査も通りやすいと思ったテーマや方法、視点を選んだ。

研究構想と文中の用語

　このような研究構想が具体化すればするほど、今後執筆する論文のことも考慮して、当面取りかかる論文の構成や要素を決める必要がある。例えば、問題意識の出し方についてである。これは、何の議論を論文で取り上げるのか、ということであり、裏を返せば、何を論文には出さないのか、ということに関わる。

　「劣等処遇論文」ついていえば、もともと社会的排除論への注目から始まった。社会的排除論には、問題の解決要因として福祉政策を位置付けるのではなく、むしろ問題の助長要因として福祉政策を位置付ける特徴もある。しかし、福祉政策それ自体を分析する枠組みは、ヨーロッパの議論などを概観してもあまり存在しない。そこで、福祉政策の分析枠組みを作るうえで、社会的排除の状態を市民権が剥奪された状態としている見解に注目した。市民権の議論は社会的排除論よりも蓄積があるため、市民権の議論を応用することで社会的排除の議論を進展させることができるものとふんだ。実際、市民権論の古典的な著作となっているT. マーシャルは市民権を剥奪する古典的な政策としてイギリス新救貧法を挙げていた。そして、この新救貧法の原理原則とされていたものが劣等処遇であった。このように、市民権論を媒介して、社会的排除論を検討するために劣等処遇を再

解釈する、ということになった。もちろん、その後の市民権論の展開を踏まえれば、市民権を剥奪する政策介入について「劣等処遇」から説明できる部分は限られるものの、貧困対策については外せない視点になると仮定した。

しかし、このような社会的排除や市民権の用語や議論は「劣等処遇論文」には一切使用しなかった。その理由としては、2万字程度の論文のなかで必要不可欠でない概念を出すと議論が複雑になること、紙幅の都合上、現代的な課題と古典的な課題の関連を十分に議論することができなければ論旨の一貫性が失われることなどが挙げられる。このため、社会的排除論や市民権に関する研究で得た別の知見は、別の論文のなかで活用することにした。

6. 論文構成の作成過程

これまでの内容を踏まえ、3種の構成を念頭に置いて、論文作成の過程について図9-1を使って確認しておきたい。

計画段階

第1部は研究計画の作成段階(以下、計画段階;図9-1、①〜③)である。社会科学領域の様々な文献をレビューして知識のすそ野を広げておくこととは別に、論文執筆を考える場合には専門領域や分野に関する新旧の先行研究を深める「①文献レビュー(1)」がある。執筆することを強く意識したレビューになる。

この文献レビューの後に(もしくは同時に)、「②インスピレーションの検討」をしていく。ここでいうインスピレーション(=着想)とは、学術論文のなかで何らかの「新しい知見」を自分が導き出せそうな直感を指す。概念上、「新しい知見」を学術論文として生みだすことにはつながらない、日常生活での談話や読書などで偶発的に生まれる「思いつき」とは異なるものとして考えている。また、このインスピレーションの種類は、素材、現象、視点、方法、結論などのどこかに関連している。

しかし、このインスピレーションは感覚的な側面も大きく、本当に「新しい知見」を生みだすことに成功するのか確証されない。「思いつき」との区分も実践のなかでははっきり判断できないこともある。私の場合、インスピレーションが

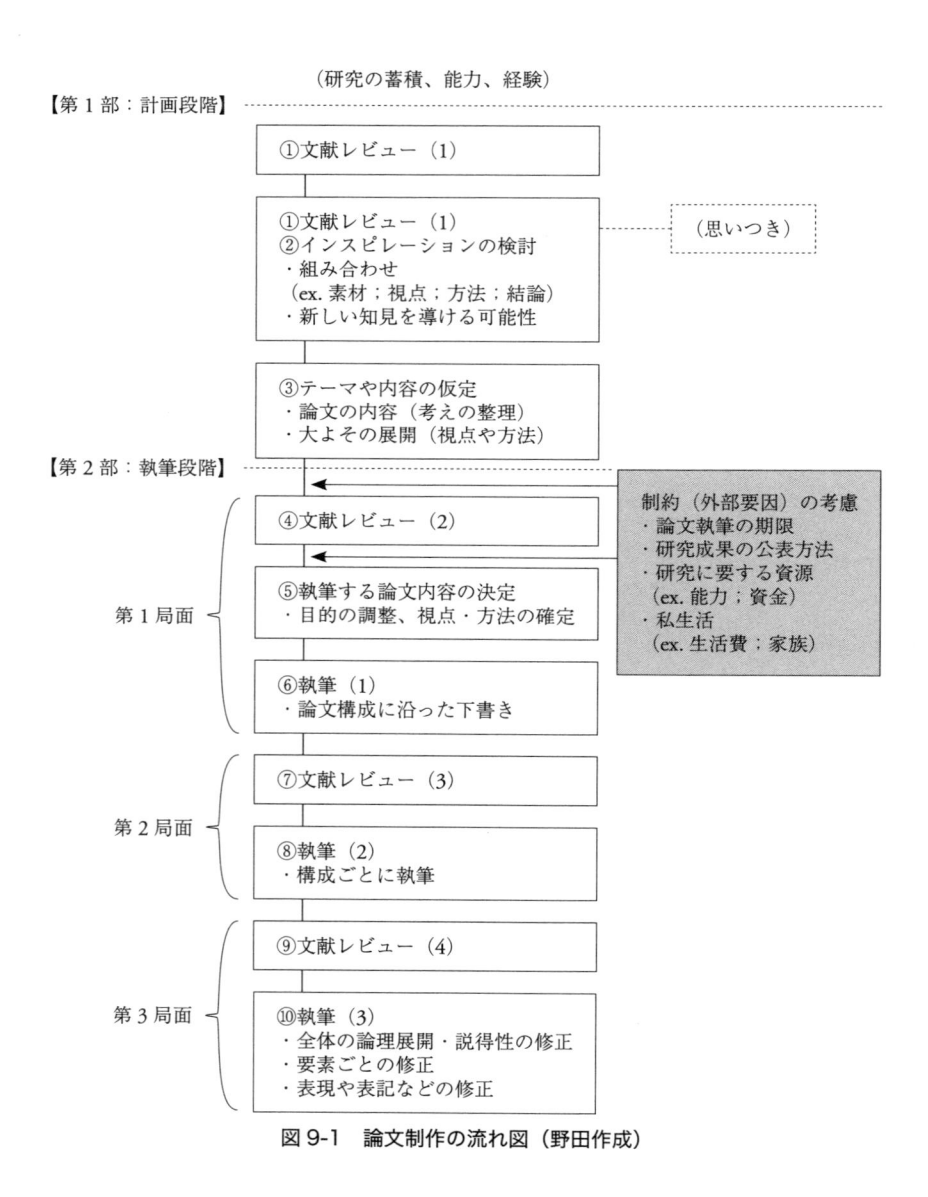

【第1部：計画段階】　　　　（研究の蓄積、能力、経験）

```
┌─────────────────────────────┐
│ ①文献レビュー（1）              │
└─────────────────────────────┘

┌─────────────────────────────┐
│ ①文献レビュー（1）              │
│ ②インスピレーションの検討       │┄┄┄┄（思いつき）
│ ・組み合わせ                    │
│ 　（ex. 素材；視点；方法；結論） │
│ ・新しい知見を導ける可能性      │
└─────────────────────────────┘

┌─────────────────────────────┐
│ ③テーマや内容の仮定             │
│ ・論文の内容（考えの整理）      │
│ ・大よその展開（視点や方法）    │
└─────────────────────────────┘
```

【第2部：執筆段階】

第1局面
- ④文献レビュー（2）
- ⑤執筆する論文内容の決定
  - 目的の調整、視点・方法の確定
- ⑥執筆（1）
  - 論文構成に沿った下書き

制約（外部要因）の考慮
- 論文執筆の期限
- 研究成果の公表方法
- 研究に要する資源
  （ex. 能力；資金）
- 私生活
  （ex. 生活費；家族）

第2局面
- ⑦文献レビュー（3）
- ⑧執筆（2）
  - 構成ごとに執筆

第3局面
- ⑨文献レビュー（4）
- ⑩執筆（3）
  - 全体の論理展開・説得性の修正
  - 要素ごとの修正
  - 表現や表記などの修正

図 9-1　論文制作の流れ図（野田作成）

ひとつに留まるのであれば、オリジナリティのある原著論文としては不十分と考えるようにしている。他方で、2つ以上の要素（素材や理論など）に関するインスピレーションがあり、かつ、それらの組み合わせがうまくいきそうであれば、オリジナリティのある論文を仕立てることができるという判断をする。

インスピレーションの検討後ないし検討作業の一環として、そのインスピレーション（の組み合わせ）をもとに論文構成を意識してメモ書きをストックし、「③テーマや内容の仮定」を固めていく。論文構成のそれぞれの要素に沿って、仮のテーマや項目名、自分の意見、強みと弱み、先行研究の引用、結論の目安、関連しそうな先行研究、キーとなる学者や文献などを書き込んでいく。ただし、この段階では、あくまでも仮定であって決定ではなく、いかようにでも修正できる流動物としてイメージしている。

ここまでは論文執筆とは別の作業として日頃から行うことになる。ひとつの論文を執筆する研究計画はこの段階でまとめることができる。また、複数の計画を関連づけていけば研究構想として膨らませていくことができる。夢も希望も膨らむ楽しい作業でもある。

なお、このような作業の前提として、これまでの自分自身の研究の蓄積や能力、経験などの影響がある。

執筆段階

第2部は、論文の執筆段階（以下、執筆段階；図9-1、④〜⑩）である。どこかの時点で、論文を書き上げるために心のスイッチを押さなければならないときがくる。夢や希望の世界は色あせ、現実の厳しさが一気に押し寄せてくる。

この執筆段階は3つの局面に大別して考えることができる。第1局面（図9-1、④〜⑥）は、論文の方向性を決定する段階になる。まず「④文献レビュー（2）」では、文献の参照箇所を絞りながら、その時の自分が執筆できそうな範囲や内容を探っていく。自分が執筆できそうな範囲や内容を決める重要な判断基準として、外部要因ともいえる種々の制約（使用可能な時間や自分の能力、生活費など）を考慮していく。このようにして「⑤執筆する論文内容の決定」を行う。「⑥執筆(1)」では、決定した内容について論文構成の要素に沿って考えられる限りのことをアウトプットする。すらすらと文章化できるときもあれば、短文の羅列になることもある。この下書きでは、振り絞った細切れの考えをグルーピングして関

連付けて整理するとともに、その時の自分の思考に足りない部分をクリアにして自分自身に付きつけることを目指す。「分かっていないこと」を「分かる」ことは重要であり、かつこの「分かっていないこと」のどの部分までをその論文で取り組む必要があるかどうかも判断していく。こうした全体像のスケッチを通して、研究の目的や視点、方法を固めていく。

ただし、ここでいう「論文内容の決定」とは、あくまでの執筆を進めるための決定であって、最終的に提出する論文内容の決定ではない。むしろ、この段階で（書き進めるために「⑤」で）決めた目的や視点、方法に関する内容や表現などは、最終的に行きつくことができた当該論文の出口（結論）との関連で、適宜調整され、修正を繰り返すことになる。

なお、この第1局面での決定が絞り込めず、第1部段階程度の曖昧な状態のまま見切り発車で第2局面へ進んでしまうこともある。漠然とした感覚を頼りに何万字か書き上げた後（書き進めながら）目的や視点なども詰めていくことになる。非効率で失敗するリスクも高いが、初めて挑戦するテーマなどでは（私の場合）よくある。「論著」であるからこそ可能となる進め方でもある。

第2局面（図9-1、⑦〜⑧）は、論文の執筆を本格的に進めていく段階になる。第1局面で決まった当該論文の焦点となる議論や文献を中心に、この段階の「⑦文献レビュー（3）」では、もう一度関連する先行研究を広くあたり、その焦点となる議論の特徴を見極めていく。また、第1局面での執筆では、殴り書きのようなものでもよかったが、この局面での「⑧執筆（2）」では、論の展開が他者に伝わるように整えていく必要がある。また、整えていくなかで思考を深めていく。論文構成の要素ごとに執筆を進めるが、要素ごとの対応関係にも気をつける。

第3局面は仕上げの作業をする段階になる（図9-1、⑨〜⑩）。これまでは論文を創り出す楽しさを味わえたが、ここからは創ったものの点検作業が中心になる。論文全体では、入口と出口のすり合わせ（目的に応じた応答）、その経路（目的を達するにふさわしい視点と方法で、それに沿って出口が示されていること）の確認作業を進める。要素ごとでは、例えば研究目的の意義を第三者によりよく伝わるように説明や表現を工夫する余地はないかなど、要素ごとの役割に応じて見直す。より細かく基礎的な作業としては、用いるデータや引用内容、文献記載の表記の誤りにも注意する。

この局面での「⑨文献レビュー（4）」では、上記の点検作業に必要な範囲で既

に参照した文献を確認していく。新しい文献を読むことはほとんどない。この局面でも「何か重要な文献があるのではないか」という不安がある場合は、第2局面での作業が不十分だったということになる。「⑩執筆（4）」でも、上記の点検作業に応じて修正を繰り返す。何度も自分で赤を入れて修正し、赤がほとんどなくなるまで繰り返す。

　この段階になると、論文がほぼ完成している（ように感じている）ので、自分の書いたものに酔ってしまい客観視することが難しくなり、修正箇所が自分で気づきにくくなってしまっていることが多い。この「酔い」を覚ますためには、論文と距離を置いて、論文を「寝かせておく」ことが必要になる。短期的には、散歩や睡眠などがある。中期的には、少しの間全く異なる研究を進めて頭を切り替えることもある。数週間後にもう一度見直してみるとそれまで見えなかった部分に気がつくことはよくある。

7. おわりに

　名の知れた学者であっても、解説が得意な者、教育が得意な者、学術論文の執筆が得意な者に分かれるように思う。スポーツの世界であれば、解説者、監督、プレーヤー、が該当するだろうか。それぞれに役割があり、その価値に優劣をつけることはできない。これは研究機関でも同様に当てはまる。しかし、研究者である以上、あるいは若手が研究機関のポストを得るためには、プレーヤーとしての力量を高めて、この力量を示す証拠を積み上げていかなければならない。そのためには学術論文を書き続けることが求められる。

　このような要請が強まるなかで、論文作成法を指南する書き物が注目される。本章では、質的・量的研究に当てはまらない「論著」について、この構成を3種に分けて、自筆論文の内容や執筆の舞台裏での経験をもとに私見をまとめた。ただし、私には若葉マークが貼りついており、私の運転には事故が付いて回る。決して模範例となるものではないことは改めてお断りしておきたい。他方で、誰がまとめた「虎の巻」であっても、他者の技法や心構えを幅広く知るだけでは、自分自身が学術論文を書き続けていくことができるようになるとは思えない。自分なりの手法を洗練させ、執筆する感覚を研磨するための一番の学びは、論文執

筆や審査のなかで経験した自らの失敗と成功のなかにある。こう感じるのは、私がまだ若葉マークを外せないからだろうか。

※本章は、福祉社会学会研究会「論文制作の舞台裏」（2010年3月14日開催）および日本女子大学社会福祉学会定例研究会「学術論文の構造について」（2011年2月10日開催）の報告内容をもとに加筆修正を加えたものになる。

参考文献

Becker, Howard S., 1986, *Writing for Social Scientists*. The University Chicago Press.（=1996. 佐野敏行訳『論文の技法』講談社.）※原本の改訂版は2007年に出版されている。

第10章　フィールドからの発想：
　　　　　調査すること／されること

小磯　明

1.　はじめに

　私は2000年以降、中山間地域や過疎地域、地方の中小都市などをフィールドとして、高齢者からの聴き取りを中心にした質的研究に今日まで手を染めてきた。それらは調査研究の途中経過として博士論文としてまとめ、書籍化もしている（小磯2009a）。そして2010年には、幸いにも専門社会調査士認定証もいただくことができた。

　フィールド調査のきっかけは介護保険制度の導入であり、私が勤務する団体の会員からの要望で、地域調査が求められたことによる。私は2000年以前には、医療制度や地域医療の研究をしていたが、医療と介護の連携にとりわけ興味があったので、抵抗もなく介護保険利用者調査へと参加することができた。そして、医療と介護は制度が縦割りであるために、研究方法として、フィールドでの高齢者へのアプローチが必然の選択肢であった。

　今日でもフィールドワークの中心は「地域」であるが、高齢者だけでなく公害病患者や障害者まで対象が広がっており、医療、介護、障害などの政策面へのアプローチを行なっている。とくに公害患者の場合は、地域と当事者というアプローチであり、障害者の場合は、当事者と家族を対象としたアプローチであるところに、私自身の「感情」というファクターが強調されて、単純な地域調査とは違った難しさを感じている。

　本章で論述の素材とするのは、およそ10年間の私自身のフィールド調査の体

験である。老練な研究者のような気の利いたまなざしを読者に投げかけることはできないが、これからもフィールドワーカーとして研究してゆこうとする、一人のリサーチャーの考えを述べさせていただいた。

　本章の目的は、これから研究者になろうと考える方や研究方法で悩んでいる方が、「私もフィールド調査をやってみたい」と思えるような何かの参考にしてもらうことである。フィールドワークにはたいへんさもあるけれども、「これでやってみようか」と思えたら幸いである。

フィールドワークの定義

　これから論述するにあたって、本章でいう「フィールドワーク」の定義を、次のように整理する。

　原尻（2006：32）は、1992年に、佐藤郁哉『フィールドワーク―書を持って街に出よう』が出版されるまでは、日本においてフィールドワークの手法、方法、そしてその考え方について体系的に論じたものはほとんどなかったと指摘する。その後の文献を見ても、日本でフィールドワークについての定まった学術的な定義は現在のところ見当たらない。

　しかし、方法論においては、文化人類学型参与観察中心の狭義のフィールドワークと、それ以外の多様な手法を用いた広義のフィールドワークがあるようである。マッコールとシモンズによれば、広義の参与観察者には、少なくとも5つの調査技法（①社会生活への参加、②対象社会の生活の直接観察、③社会生活に関する聞き取り、④文書資料や文物の収集と分析、⑤出来事や物事に関する感想についてのインタビュー）が含まれる（McCall, ed. 1969；佐藤 1997：51）。佐藤（1997：51）は、狭い意味での参与観察は、①、②、③を中心とする調査活動をさすと述べる。

　フィールドワークについて書き進めるために、「フィールドとは何か」、そして「フィールドワークとは何か」について、佐藤（1992）から次のように仮の定義をしておきたい。

　佐藤（1992：30-31）は、「『フィールドワーク』とは、参与観察とよばれる手法を使った調査を代表とするような、調べようとする出来事が起きているその『現場』（＝フィールド）に身をおいて調査を行なう時の作業（＝ワーク）一般をさす」と考える。そして「フィールドワークの『現場（フィールド）』」とは、遠く離

れた未開の地に限らず、フィールドワーカーが第一次資料を求めて調査を行なう場所や状況一般をさしていると考えて一向にさしつかえない」と述べている[1]。シャッツマンとストラウス（1999：28）も、「フィールド調査方法は、どんな調査技法も必要な情報を得るために、またこの情報について施行していく過程のために用いられる、包括的な活動のようなものである」と、佐藤（1992）と同様のことを述べている。

　本章では、佐藤（1992）のフィールドワークの定義を仮の定義として援用することにする。

2. フィールドとの出会いと悩み

フィールドとの出会い

　私が長野県の山村に入った当時、世間では小規模・高齢化集落（いわゆる「限界集落」）の問題性が浮き彫りとなり、メディアも大きな見出しで過疎山村の「限界集落」を問題にしていた。それは、そのような集落をどうするかが焦眉の課題であるかのような論調であった。そういったときに、私は福祉の村として有名な泰阜村を訪問する機会を得た。いったいどのような村なのか、皆目検討がつ

---

[1] すなわち、参与観察法を用いるフィールドワーカーは、調査地において現地の社会生活に参加しながら（①）、メンバーと同じような立場で出来事をまさにそれが起こるその現場で観察し（②）、また、自分が直接観察できない出来事（過去に起こった事など）に関しては他のメンバーから聞き取りによって情報を収集する（③）。これがふつう参与観察とよばれる活動である。しかし、フィールドワーカーが調査現場で実際に行なう作業には、この他に、その社会について書かれた文書資料（センサスや歴史についての資料など）や器具・道具の収集と分析（④）、あるいはまた、さまざまな物事や出来事に関するメンバーの主観的感想などについてインタビュー（⑤）も含まれるのである。これら全部をひっくるめて参与観察と呼ぶことも多いが、人によっては、調査全体をさす言葉としては「フィールドワーク」を用い、特に①を前提として行なわれる②や③の作業をさして参与観察とよんで区別することもある。この狭い意味での参与観察を行なう場合には、確かに後述するように「一歩距離をおいた関与」のスタンスが重要になってくるが、それ以外の④や⑤の作業を行なう場合には、純然たる観察者に近いスタンスをとることになる。また、フィールドワークを一連のプロセスとして考えた場合、調査者のとるスタンスは調査全体の各時期でさまざまに変化することも考えられると、佐藤（1992）は指摘する。

かない中での訪問であったが、松島貞治村長は私たちを温かく迎えてくれた。私は、日本の農山村の状況は把握していたつもりだったが、谷底から急峻に切り立つ山々にへばりつくように並ぶ家々を見たときには正直驚き、果たしてこのような地域で生活していて、どのような希望をもてるのだろうかと、今後の日本の農山村に失望感が湧いてきたことを覚えている。

　私がたまたま宿をとった宿屋の主人は、私に興味を持ってくれて、自分たちの村にこれから何ができるのか、調査に協力してくれることになった。宿の窓に目をやると、わずかばかりの田んぼとあとは山林しかない。しかし、宿屋の主人が言うには、「何もないことがとても良い」という。毎年、都会から子ども達がキャンプに来ることも教えてもらった。地域ではイノシシの肉を使った料理や新たな仕事起こしも試みられていた。

　このような過疎山村の地域の調査で、いったい私に何ができるのかはわからないが、都会にはない何かがあるのではないかと思い始めた。それは日本に、まだ「訪問入浴」という言葉がなかった20年以上も前から、「在宅福祉に取り組んできた村」だからこそ、価値ある研究ができるのではないかという淡い期待であった。こうして私は、博士論文の1章を書くために、泰阜村をフィールドとすることを心に決めたのである。

フィールドワーカーはどこで悩み、躓き、そしてなぜまたフィールドに出向くのか
　2005年に村に調査に入った頃の私は、地域の今後の可能性についての政策提言を前面に打ち出そうとしていた。つまり、典型的な「当事者」への押しつけであり、地域にとっては「どうでもいい存在」だったに違いない。しかしよく考えて見ると、所詮よそ者である私が当該地域でフィールドワークの聴き取りをしたからといって、いったいそのことでどれほどの政策提言ができるというのだろうか。当時の私は、3カ所での地域調査の経験を経ており、「限界集落」と呼ばれる地域に入り観察し話を聞きさえすれば、集落の未来を変えられる何かが見つけられるような錯覚に陥っていた。何という傲慢で自分勝手な思い違いをしていたのかと、当時の私を振り返ると赤面する。

　さて調査といっても、実際に集落に入るにはどうしても水先案内人が必要である。闇雲に集落に入ることなど不可能である。そこで、当該集落の区長さんを役

場から紹介してもらっていたので、「集落に入り調査したい」と協力をお願いしたところ、実にあっさり断られてしまった。私の存在などは、だいたいそのような存在でしかないことを痛切に思い知らされ、途方にくれた。

　思えば、それまで実施してきた介護保険利用者調査には、JA組織や病院長などの後ろ盾があった。そのため、自由に調査をすることが保障されていた。しかも私一人だけでなく大学教員と一緒だったこともあり、調査への信頼も担保されていた。それが何の後ろ盾もなく、大学院生として単独で集落へ入ろうというのである。誰も協力などしてくれるはずもなかった。しかし、集落に入らなければ何も始まらない。こうして私は調査協力者を探すことから始めなければならなかった。

　宿泊先の主人に経緯を話したところ、快く協力者を探してきてくれた。これにはさすがに私も驚いた。しかも協力者は自分の会社の社員だという。つまり社長命令で協力者を私に付けてくれたのである。後にも先にも人生でこのときほど嬉しかったときはない。協力者の彼は、私が調査対象とした集落にかつて住んでいた人間で、屋号をもっていた。

　2007年6月、彼の運転で集落を1軒1軒訪問し、聴き取り調査できたときは、本当に嬉しかった。こうして対象集落の13世帯をいっきに調査できた。続いて、もう一人の協力者も見つかり、2つ目の対象集落も調査できた。その結果、第1回目の調査では、2集落18世帯の全数調査ができ、不十分ながらそれを論文にまとめた（小磯2009b）。

　さて、水先案内人を得て集落にうまく入れたとしても、当事者が調査に協力してくれるかは別問題である。2010年の2回目の集落調査のときだった。やはり協力者と一緒に10世帯のN集落に入ったとき、「東京から調査のお願いに来ました」と言い終わらぬうちに、「帰れ！」と頭ごなしに怒鳴られ拒否されたことがあった。また、協力者にも一緒に頭を下げてもらいお願いしても何度も拒否されて、快く思われないまま調査しなければならなかったこともある。

　当時、農山村で高齢者をターゲットにした詐欺事件が発生していたらしい。私が集落に入っていた頃は鉄泥棒が出現していた。私も東京から来た詐欺師か泥棒と間違われて、警戒されていたのだとわかったのは、村のある女性から被調査者の家の囲炉裏を囲みながら詰問されたときであった。こうしてこれまで「限界集落」と呼ばれる小規模・高齢化集落5集落のうち3集落28世帯を調査し、学会

で発表することもできたことは幸いであった（小磯 2011a）[2]。

　今振り返ると、かなり苦労して調査をしていることに気がつく。ここまで苦労して何のためにフィールド調査するのか、疑問に思う研究者もいるだろうし、私もそう思うときがある。それでも気がつくと、またフィールドワークに手を染めている。人には向き不向きがあることは誰にも知られている。文化人類学者の波平（1986：14）は、「普通は人が学問を選ぶのだが、文化人類学は学問の方が人を選ぶ」と言った恩師の言葉を引きながら、調査を続けるほどにその言葉が思い出されるという。フィールドワークの場合も、「人がフィールドワークを（手法として）選ぶ」というよりは、「フィールドワークの方が人を選ぶ」といった方が正しいことも多いと、言い換えることができるかもしれない。

　しかし、果たしてそうだろうか。フィールドワークをチームとして行う場合は、まったく事情が異なってくる。そこでは個々の研究者のもつ理論仮説が他の研究者の批判にさらされるのである。この意味では共同研究は、それを行う研究者に常に激しい論争の機会を与えているといってよい（中村 2000：71）。共同研究者は自らの理論の欠陥など多くのことを学ぶことができる。私の経験では、普段フィールド調査をしたことがない研究者との会話には、私などが見落としがちな大事なポイントを教えてくれることがある。地域社会を適確に理解するための理論や手法はいまだ開発されてはいない。だから、さまざまな視点でできるだけ多様な方向からの検討が必要なのである。その意味で私はやはり、「人（研究者）がフィールドワークを（手法として）選ぶ」のだと信じている。

対象との距離のとり方――一歩距離を置いた関与

　参与観察を行うフィールドワーカーには、対象社会に対してとるスタンスという点で解決しなければならない大きな問題が残っている。それは、「参加（参与）」と「観察」という2つの行為の間に存在する根本的な矛盾に関わる問題である。「参与」と「観察」の矛盾をめぐる問題は、おもに調査者個人内部の問題である。すなわち、参加する「当事者」としての役割と観察する「第三者」としての役割という2つの役割の間の葛藤である。調査対象となる社会の人々の生活にフル・メンバーに近い形で参加し、その人々が見、聞き、味わい、感じるよ

---

[2] 残りの2集落のフィールド調査は、2011年春に実施予定をしていたが、3月11日の東日本大震災後の余震・誘震により、実施を見合わせた。

うに、自分も見、聞き、味わい、感じることと、それを詳細かつ正確に記憶し記録することとの間には根本的な矛盾がある。

　フィールドに入ろうとしているフィールドワーカーは、「半分のめりこみ、半分眺める」という矛盾に満ちた構えを取ろうとしていることに気づくはずである。つまり、対象社会に入り込んで当事者として体験する自分と第三者として観察し記録しようとする自分である。佐藤（1997：47）は、「対象社会のメンバーの『仲間』あるいは『身内』として振る舞いながら、同時にそれを観察し記録しようとする参与観察者は、しばしば、自分自身をスパイやユダ的な裏切り者のように感じ、そのことについて罪悪感を抱くかもしれない」と述べている。

　そしてもう一つ佐藤（1997：47）が指摘するテーマに、「対象社会のメンバーたちと寝食をともにし彼らと一体になりたいと願いながらも、他方では局外者の目で彼らを『観察』しなければならないことからくるストレス」がある。このストレスから調査を断念してしまう場合もあるという。

　私の場合も、調査のストレス体験がある。倉敷市水島地域の公害病認定高齢患者が、一人二人と櫛の歯が欠けるように亡くなってゆく現状の中で、今なお病気に苦しむ公害病認定高齢患者に対して、国・地方公共団体などの行政や患者会が支援できることは何か、当該高齢患者から一刻も早く聴き取っておくことの重要性を認識したとき（小磯 2011b）、精神的なストレスが増大した。1970 年代の公害闘争などのような先鋭化した歴史のエポックと比較して、現在の運動体におけるフィールド調査は政策ポイントが絞りにくく、しかも弱者としての高齢公害患者に心情的に同情しやすいためであったと思われる。

　そういった中で、フィールドワーカーは対象にどう向き合うべきか。当事者というのは、自分の生活に関わる物事についてきわめて限られた知識しか持っていないことが多い。「一番よく知っている当事者」が同時に、「一番よくそれについて報告し説明できる者」であるとは限らない。参与観察者は、対象社会における生活を通してその社会のメンバーと同じような生活能力を身につけながら、同時にそれを言葉によって説明できるようになっていく。すなわち、フィールドワーカーは「方法を知り、かつ内容を知っていく」ことを目指すのである。そして、フィールドワーカーは、対象社会に参加しながら当事者たちの利害関係の機微に触れることができると同時に、その利害関係に対して中立的な立場をとることができる。例えば私が、公害患者と同じ立場に立ってしまったら、中立的立場で物

事を見られなくなってしまう。倉敷市水島の公害患者が私に期待するのは、あくまでその学問的分野における私の役割に対してであり、決して私が患者たちと一緒になって企業批判なり役所突き上げなどをすることではない。

このように参与観察者は、「半分のめりこみ、半分眺める」ことによって、当事者と局外者双方の側面をもち、一方では当事者と同じように内部の細かい事情に精通し、他方では当事者には当たり前すぎて気づかないことや、当事者が目先の利害によって見逃してしまいそうなことを把握する。そうして、佐藤（1997：50）がいうように、「それらを言語化して説明・報告しうる戦略的立場」、すなわち「一歩距離を置いた関与の仕方」（あるいは「客観性を失わないラポール」）[3] とよばれるスタンスをとることができる。このようなスタンスをとれるところにこそ、参与観察の醍醐味がある。そして、オーバーラポールの問題は、決して避けられたり、回避されたりするものではなく、調査者のリアリティが宿命的に引き受け続けなければならない問題であると考える。

インスピレーションからテーマの設定へ──研究課題の抽出

フィールドに入ると色々なものが目に入り、インスピレーション（思いつき）が湧いてくる。そこからのテーマ設定は大事な作業である。小さなテーマでは深く掘り下げて考察することができない。逆に壮大なテーマを掲げたら、まとまるものもまとまらない。自分に与えられた時間と求められるであろう労力に見合ったテーマを見つけ出すことは容易ではない。同時に、自分の専門分野の概念が深まるテーマを発見しなければならない。テーマは何でも良いというわけにはいかない。

私が心がけていることの一つに、個別性から普遍的概念への飛翔がある。一つ一つの事例を積み上げてゆくと、自然と見えてくる共通項がある。それらは一つの場合だけでなく複数であることが多い。それらは思いつきのレベルであり、とても仮説と呼べるようなものではない。どちらかというとインスピレーションでしかない。そしてそのインスピレーションをテーマ設定まで昇華させることが重

---

3 ラポール概念の定義は、通常「正確なデータを収集するためには、調査者と被調査者との間に一定の友好な関係を成立させ、調査を円滑に行うことが必要となる。両者の間に結ばれる友好的な関係」（尾嶋 1993：1463）のことである。「客観的」で「正確な」データを得るためには「一定の友好な関係」を築く必要があるとされる。

要である。ときには、調査に関連のない雑談の中から貴重なアイディアを見つけることもある。

このとき、誰かに私の話を聞いてもらうことが大事である。人に話すことで、自分の頭の中のモヤモヤは整理される。そのときに、身近に研究者がいることは望ましいが、そう都合よく私の話しに耳を傾けてくれる研究者はいない。そんなとき頼りになるのは、アカデミックコミュニティといわれる学会や研究会である。学会や研究会で他の研究者の話を聞きながら、自分の思いつきがテーマの設定まで行き着くものかどうかを判断することができる。このような機会を経ることで、単なる思いつきは研究的課題まで引き上げることが可能となるかもしれない。ここに学会や研究会と呼ばれる組織と人たちの存在が重要となる理由がある。

研究者の中には、「奇麗な調査仮説」を体系的に考え、それを基本に調査のフレーム・ワークをつくる人がいる。そういう人は、「仮説なき調査」を批判する。しかし、「仮説なき調査」であるが、ある事象がある分野で、どのような状態になっているかを確かめるだけでも立派な調査になる場合がある。「理屈の前に、まず現実を知る努力が大変大切である」と私は言いたい。

悩みながら論文を書くということ

調査し、フィールドノーツに出来事や聴き取りした内容を記述したからといって、論文が書けるわけではない。フィールドワークはケースの記録ではない。聴き取りしたことを世帯別に事例として起こしてみたところで、それが論文にどのようになるのかはそのときにはまだ皆目検討がつかない。しかも、「こんなことばかりしていていいのか、もっと大事なことを見落としていないだろうか」などと、疑心暗鬼になったりもする。私の場合、ともかく個別の事例と同時に、必死に全体の状況を把握しようと毎回試みている。

最も大事なことの一つに、分析枠組みの発見がある。この地域や集落、この組織、この事象をどのような枠組みで分析し論述してゆくのか、実に悩ましい作業過程である。当然だが、フィールドの外部から概念の枠組みを持ってきて、フィールドを理解したつもりになるようであれば、最初からフィールドワークを苦労して行う必要はない。私はたいてい、頭の中で「ああでもないこうでもない」とシミュレーションしながら、東京への帰路の車を運転していたりする。

悩ましいのは分析枠組みだけではない。分析アプローチをどうするのか、質的

調査法でゆくのか、他にはどのような手法が使えるのか、論文執筆までにいくつもの課題を整理しなければならない。しかも、それらは論文である限り構造的に論理構成される必要がある。

このような過程が私にとっては一番苦しい時期である。しかし、この時期を軽視すると、いい論文が書けないことを知っている。だから、苦しくても、やるしかないと、いつも自分に言い聞かせている。

そして、いざ論文を書き始めると、今度は何を書いて何を書かないかが研究者に問われてくる。フィールドノーツに書かれたことを読み返しながら、どのような切り口から論述するかを考えることは大事な思考過程である。それは、樹の枝葉を削ぎ落とし幹を太くするような作業に例えることができるかもしれない。このとき私がいつも思い悩むのは、何を書くかではなく、何を書かないかである。

3. フィールドワーカーとしての私

自分の立ち位置

私は 2009 年から現在まで、若年脳損傷者とその家族と関わっている。実際にフィールドに入ったのは、2011 年からである。若年脳損傷者とは、「後天的な事由で脳に損傷を受け、何らかの障害を後遺している者のうち介護保険法の適用を受けておらず、児童福祉法の援護対象でない者」と定義されている（長野県 2011）。若年にして脳を損傷し、植物状態になっている人から少しずつ回復している人まで様々な人がいる。

そこでわかったことがある。それは、私がいくら彼ら／彼女らを理解しようとしても理解できないということである。私が面接した人たちは皆言葉を発することが出来ない。表情を読み取ろうと努力したが読み取れるわけもなく、会話ができないので、当事者とはいっさいコミュニケーションが取れない。したがって、家族から聴き取ることになる。家族といっても、全員が介護者であることはないので、主介護者を中心とした聴き取りとなる。なぜなら、家族だからといっても、当事者のことをよく知らない家族もいる。ある家族の聴き取りのときに、私は、当事者の妻のほかに父親、姉、弟など家族総出で面接する機会があった。順番に話を聞いてわかったのは、本当に当事者のことを分かっているのは妻だけだった

ということである。このとき私に最も話しかけたのは姉だが、他県で生活する姉は、事故後の弟の様子はあまり知らなかった。最も典型的な例は、植物状態になって入院してしまうと、療養の世話をするのは病院の看護師であり、家族が介護に携わることはないということである。この場合、主介護者から聴き取りをするといっても家族の介護者はいない。したがって、在宅介護している家族こそが、本当に苦しんでいる主介護者だとわかったのである。

　そこでまたわかったことがある。それは、私は主介護者である家族の立場にすらなれないということである。私は何が問題でどうしたいのか、私なりに理解しようと一生懸命試みたが、どうも私には主介護者としての家族の想いを正しく受留めきれないらしい。「あなたの一言一言が私を傷つける」と、在宅介護する家族から言われたときは、さすがにショックだった。一方、共感を表に出すことで、当事者の主介護者である家族に寄り添おうとする自分を見透かされ、「あなたは何もわかっていない」と言われたこともある。私の質問に家族は傷つき、私は罵声を浴びせられるはめになる。もちろん原因は私の知識不足や理解不足にあることは百も承知だが、どのように接すべきか悩んでしまう。そして家族介護の苦しみを軽々しくわかったふりをした私は、もっと愚かだったと今にして気づく。

　当事者にはもちろんなれず、家族介護者にも寄り添えない。しかし、私の目から見ると、明らかに社会的問題は目の前に横たわっている。それをどのように当事者家族から引き出してくるのか、聴き取りの難しさを嚙み締めながら、「フィールドでの調査者として自己をどう位置付けるのか」、現在も思案中である。

　同様のことは、調査者と実践家との間にもあるのだろう。公害病認定患者の思いに寄り添おうと一生懸命聴き取りするが、やはり当事者にはなれるはずはないのである。当たり前である。それなら私たち研究者は何をすべきなのか。私には社会的事象を解釈することしかできない。しかしその解釈は、社会に向けて大きな問題提起ができるかもしれない言説である。そう信じて、これからもフィールドワークを続けるしかないではないか。

「共同行為としてのフィールドワーク」をめぐって

　ここで思い出されるのは、「共同行為としてのフィールドワーク」である。1970年代に、似田貝香門と中野卓とのあいだで交わされた調査者の自己意識をめぐる相互批判は、調査者や調査される者との関係性が、フィールドワーク論の

なかで先鋭な問題提起として登場してきた。この「論争」は、「似田貝－中野論争」というかたちで社会学における調査倫理を論じる文脈の中で言及されてきた（中根1997：43-46；桜井2002：65-67；井腰2003：26-43）。

似田貝（1974：1-7）が、調査する者とされる者との共同行為という理想型を提示したときに、最も手厳しく批判したのは中野であった。中野は、調査する者とされる者とのあいだに存在する緊張感あふれる異質性を、共同行為という言葉は、不問にしたうえに美辞麗句で粉飾してしまうというのである（中野1975a, b, c）。共同行為というコンセプトに潜り込んだ調査する者の啓蒙主義の痕跡を、中野は見逃さなかった（松田2002）。そして、調査する者と調査される者との異質性をそのままにして両者は交通できる（ふれあえる）というのが、中野流の「共同行為」論の核心だと松田（2002：505）は指摘する。

調査を企画し、専門的知識に従って調査法を体系化し、収集されたデータを、ある理論枠組みによって解析し、定型化された表現によって論文化する過程は、すべて調査者が専門家として主導権を握っている。被調査者は、調査用語や理論のジャーゴンの世界では、外野の傍観者にすぎない。調査行為につきもののこうした不平等は、共同行為というきれいごとでは解決しない。したがって、寺口（2001：253）は、「調査するものとされるものとの間の非対称性を取り入れた新たな共同行為論が現在要請されている」と指摘する。

私には、調査する者とされる者との「共同行為」が場面によってはあってもよいと思われるが、全部が全部そうではなく、そうでない場面もあると思われる。つまりフィールドワーカーのスタンスは、参加と観察の相対的な比重および調査者と対象者の社会的接触のあり方を中心にして、一種のスパイのような存在にもなるし、完全なる傍観者にもなると考えている。この点では、ジェンカーとゴールドが提唱した調査者役割の類型が参考になる（Junker1960；Gold1958）。彼らは、フィールドワーカーの調査地における役割のタイプを、参加と観察の想定的な比重および調査者と対象者の社会的接触のあり方を中心にして、「完全なる参加者」「観察者としての参加者」「参加者としての観察者」「完全なる観察者」の4つの役割に分けた。フィールドワーカーのスタンスの変化やそのバリエーションを考える上で参考になる。

調査すること／されること

　私が仮に調査される側であったとしたら、「調査など、余計なお世話だ」と思うであろう。当事者の気持ちは、人それぞれ違うし、そしてその時々にうつろに変わるものであって、「こういうものだ」と、一つに定義できるとは私には思われない。人間は、親密な相手や信頼している相手に対して、いつも『本音』を語るとは限らない。逆に、親しいからこそ嘘をつく場合もあるし、信頼しているからこそ話せないこともある[4]。

　佐藤（1997：52-53）が指摘するように、「フィールドワーカーと対象社会のメンバーの双方にとって、常に『参与観察者』という役割が固定して存在しているというわけではない」。時には、両者がフィールドワーカーが抱えている「調査」という目的を忘れて協力しあう場合だってあるだろうし、また、逆にフィールドワーカーが「お客さん」として対象者の仲間うちの秘密から除外されることだってあるだろう。あるいはまた、対象社会の中のある特定のグループの人々とは比較的親密な関係を結ぶことができ、限りなく参加者に近い立場で接することができても、他のグループの者にははじめから最後まで「よそ者」として扱われ、完全なる観察者に近い立場で観察せざるを得ないこともある。さらにはまた、広義の参与観察の場合には、単に対象社会の社会活動に直接参加し出来事を自分の目で観察し、対象者に対して事実関係について聞き取りを行なうだけでなく、出来事についての感想を聞いたり文書資料や文物の資料・分析を行なったりして、「観察者としての参加者」と「参加者としての観察者」の中間のような立場で調査を行なうこともある。調査者−被調査者関係を固定的に考える必要はないというのが私の考えである。

　このように、フィールドワークとは、一人の調査者の役割関係の変化やバリエーションという点から見ただけでも、実にダイナミックな過程を含むものなのだと理解している。しかし私はそれでも、桜井（2003：454）が J. Stasy（1991）の調査と調査倫理のディレンマの指摘を踏まえて、「調査では被調査者の悲劇や不幸も、調査者にとっては格好のデータとなりうる」「たとえ調査する側とされる側が協力的で互恵的な関係であっても、調査の成果は究極的には調査者に帰す

---

[4] 中根（1997：47）は、「人間は、匿名的な関係にある相手や一時的な関係にすぎない相手に、『真実』や『本音』を語る場合もある。特に、調査対象の社会や集団の成員間や集団内においてタブーとされていることが、『余所者』に対して語られる場合がある」とも述べている。

る非対称な関係だからだ」と指摘することに、まったく同意する。調査対象者を「他者」化することなく、また調査者の過剰な「自己」への思い入れにも陥らない社会調査とその方法論が現在求められているのであろうか。私はフィールドワークの観点からいえば、クライマンとコップ（2006）が主張するように、「感情」から意図的に目を背けるのではなく、それらを調査のデータとして取り入れることによって、よりよい分析やエスノグラフィにいたることができると考える。

参考文献

Gold, R. , 1958, "Roles in Sociological Field Observation"*Social Forces* 36, 217-223.
原尻英樹, 2006,『フィールドワーク教育入門—コミュニケーション力の育成』, 玉川大学出版部.
井腰圭介, 2003,「社会調査に対する戦後日本社会学の認識転換—『似田貝－中野論争再考』」『年報社会科学基礎理論研究』2, 26-43.
Junker, B. ,1960, *Field Work,* University of Chicago Press.
Klinman, S. and Copp, M.A., 1933, *Emotions and Fieldwork,* Sage Publications, Inc., S. クラインマン＆ M. A. コップ／鎌田大資・寺岡伸悟訳, 2006,『感情とフィールドワーク』, 世界思想社.
小磯明, 2009a,『地域と高齢者の医療福祉』, 御茶の水書房.
———, 2009b,「過疎山村限界集落の高齢者と地域福祉に関する研究」『日本地域政策研究』第7号, 日本地域政策学会, 41-48.
———, 2011a,「小規模・高齢者集落の高齢者と地域福祉—長野県泰阜村の高齢者生活調査から」『福祉社会学研究』Vol.8, 福祉社会学会, 42-55.
———, 2011b,「倉敷市水島地域の公害病認定高齢者の生活状態聴き取り調査結果」『持続可能な地域における社会政策策定にむけての事例研究—繊維産業調査および公害病認定患者調査報告—』, 法政大学大原社会問題研究所ワーキング・ペーパーNo. 45, 56-108.
松田素二, 2002,「フィールドワーク調査法の窮状を超えて」『社会学評論』, 日本社会学会, Vol.53, No. 1, 499-514.
McCall,G. and Simmons, J.L., 1969, "The Nature of Participant Observation" In Issues in *Participant Observation,* Addison-Wesley.
長野県, 2011,「若年脳損傷者のリハビリテーションに関するワーキンググループ, 太田正委員提供資料」.
中村圭介, 2000,「共同研究の楽しさと難しさ」『労働調査論—フィールドから学ぶ—』, 日本労働協会, 64-75.
中根光敏, 1997,『社会学者は2度ベルを鳴らす—閉塞する社会空間／溶解する自己—』, 松籟社.
中野卓, 1975a,「社会学調査における被調査者との所謂『共同行為』について」『未来』102, 28-33.
———, 1975b,「社会学的な調査の方法と調査者・被調査者との関係」『未来』103, 28-33.
———, 1975c,「社会学的な調査と『共同行為』」『ＵＰ』33, 1-6.

波平恵美子, 1986,『暮らしの中の文化人類学』, 福武書店.
似田貝香門, 1974,「社会調査の曲がり角―住民運動調査後の覚え書き」『UP』24, 1-7.
尾島史章, 1993,「ラポール」森岡清美ほか『新社会学辞典』有斐閣, 1463.
桜井厚, 2002,『インタビューの社会学―ライフヒストリーの聞き方』, せりか書房.
―――, 2003,「社会調査の困難―問題の所在をめぐって―」『社会学評論』Vol.53, No. 4, 452-470.
佐藤郁哉, 1997,「参与観察」川添登・佐藤健二編『講座生活学 2, 生活学の方法』, 光生館, 38-58.
―――, 1992,『フィールドワーク―書を持って街に出よう』, 新曜社.
Schatzman L. and Strauss L., 1973, *FIELD RESEARCH: Strategies for a Natural Sociology*, Prentice-Hall, Inc., L. シャッツマン & A. L. ストラウス／川合隆男監訳, 1999,『フィールド・リサーチ―現地調査の方法と調査者の戦略』, 慶応義塾大学出版会.
寺口瑞生, 2001,「環境社会学のフィールドワーク」『講座環境社会学, 第 1 巻, 環境社会学の視点』, 有斐閣, 243-260.

第11章　量的・質的研究の知のマッピング

筒井淳也

1. 実証研究のマッピング

　見取り図を描くこと、つまり「マッピング」をすることは、研究活動において欠かすことのできない作業である。もちろんこれは生き方全般についても言えることであるが、人生といった漠然とした海を泳ぐことに比べれば、研究の世界はかなり見通しのよいものになっている。とはいえ、「研究の海」を俯瞰することにはちょっとしたコツも必要だ。
　研究におけるマッピングのやり方には、いくつかの種類がある。
　第一に、研究者ならば必ず意識することになるマッピングがある。それが関連研究のマッピングである（第Ⅰ部の各章を参照）。すなわち研究論文を書きはじめるときには、「自分の研究にはどのような関連研究があり、自分の研究はその関連研究においてどのように位置づけられるのだろうか」といったことを意識しておく必要がある。そうでなければその研究が学問の世界に新たな貢献をしているのかどうかが分からないし、研究自体の意味づけも不明確になってしまうからだ。
　もちろん論文を書く前の訓練や準備の段階においては、目的を狭く特定しないフィールドワークやインタビュー調査をやってみたり、興味のある文献を乱読したりといったことはふつうに行われている。ただ、論文を書く段階ではもう少しはっきりとした見取り図を描かなければならない、ということである。
　しばしば修士論文においてみられるのだが、自分が読んだり調べたりしたことをすべて取り込んでしまっているような論文もある。こういった論文を読む側は

災難である。そういった論文は「研究内容についてわかりやすく伝える」という目的を忘れ、「自分はこれだけの本を読んでいます」という（それ自体は研究にとって意味を持たない）メッセージを伝えるために書かれているのだ。当該研究に必ずしも関連しない文献やデータを無理やり論文の中にいれこんでしまうと、「読み手を納得させる」という研究本来の目的が阻害されてしまう。

　もう一つは、長期的な研究キャリアに関わる見通しである。自分が身につけている研究のスキルが、研究活動全体においてどのように位置づけできるのかについて知っておくことは、きわめて大事である。自分が関心を持った問いが、たとえば量的なデータによってより的確に答えられるタイプのものであるのに、自分は量的データの分析スキル（統計学の知識）を持っていないとなると、研究関心と研究スキルのミスマッチが生じてしまう。

　それに、自分がコミットしようとしている研究分野で主に採用されている研究手法については、最低限の訓練を受けるべきだろう。その研究分野で「トップクラス」だと考えられているジャーナル（社会学であれば American Sociological Review など）で使われている研究手法についての知識がなければ、そういった論文の評価をしたり、適切に引用したりすることさえできない、ということになる。つまり「その世界」で研究すること自体が難しくなってしまう。

　研究スキルは習得するのに時間がかかるので、このたぐいのミスマッチが生じないように、慎重に研究キャリアを設計すべきだ。それに、（これは残念なことだが）少なくとも人文社会科学系については、海外の大学院と違って日本の大学院では研究手法に関するコースが充実していない。その分、自分で意識してスキルを身につけていくしかない[1]。

　最後に、実証研究で登場する様々なタイプのデータのマッピングの問題がある。実証研究に欠かせないデータであるが、ミクロな行動・意識に関する量的あるいは質的なデータ、ミクロなデータを集計したマクロ・データ、制度に関するマクロ・データなど、データのかたちはほんとうに多様である。このような多様なデータのあいだの関連性を把握してマッピングすることは、インターネットの影響もあってデータが溢れかえっているようにみえる現在の研究の世界を自在に泳いでいくうえで役に立つだろう。

1　アメリカでは、日本とは比べ物にならないくらい多くの「研究指南書」が出版されている。なかでも、社会科学向けであれば Becker（1986）は人気のある研究入門書である。

以下では、本章の焦点であるミクロな行動・意識に関する研究を、以上のような見取り図の中に位置づけていこう。それによって、特にキャリア形成途上の研究者が思い通りの研究ができる手助けになれば、と思う。

2. リサーチ・クエスチョンとデータ

リサーチ・クエスチョンとは？
　現代の社会科学系の研究の多くは、「リサーチ・クエスチョン」の設定を伴ったものになっている。リサーチ・クエスチョンとは字義通り、「研究上の問い」である。たとえば「ある国では福祉の多くを政府が担っているのに、別の国では市場が、また別の国では家族が担っている。何がこの違いを生んだのだろうか？」といった問いのことである。この問いは比較的オープンな問いだが、「女性の社会進出は出生率を低下させるのか？」といったYes/Noで決着をつけるタイプのリサーチ・クエスチョンも考えられるだろう。
　リサーチ・クエスチョンは、自分の日常生活からの思いつきから着想することもあるだろうが、多くの場合は関連する文献を広く読み込んでいく中で、自分なりの問いを見つけることによって導きだされるものであろう。そして、見つけた問いが、すでに先行研究の中で答えを与えられていないことが確認されれば、いよいよ研究に取り掛かることになる。
　リサーチ・クエスチョンを設定したあとは、その問いにどういうかたちで答えることができるのか（何らかのデータを使って実証研究をするのか、それとも理論的に答えるのか）、実証研究をするのならばどういうタイプのデータを使うのか（量的データなのか質的データなのか）、といったことを検討する必要がある。最初の選択、つまり「経験的データを使うのか使わないのか」で迷う研究者はあまりいないだろう。
　経験的データを使わない研究には、数理モデルを使った理論研究や、関連研究の動向を概観したレビュー論文などがある。数理モデルを使った研究は経済学分野で非常に盛んであるが、モデル上で成立しても実際の世界にはあてはまらないこともあるので、最終的には理論をデータによって立証することが目指される。レビュー論文にはもちろん「問いかけ」のオリジナリティはないが、リサーチ・

クエスチョンを立てる上での関連研究のマッピングをする手助けをしてくれる貴重な貢献である。「こういう研究テーマでは、こういう研究がここまで進んでいますよ」ということを短い文章で教えてくれるわけである。

研究で使われるデータの種類

現在の社会科学系の研究の多くは何らかのデータを使った実証研究であるといってよい。先ほども述べたように、理論的に考えられる命題が現実に妥当するかどうかは分からないし、結局はデータによる実証を必要とするということを考えれば、研究の多くが実証研究になるのはある意味自然な成り行きである。

では、リサーチ・クエスチョンに経験的データによってアプローチすることが決まったとしよう。次の選択は、なかなか悩ましい。すなわち、「どういうデータを使えばいいのか」ということである。データには、大きく分けて次の3つのものがある。

（1）量的ミクロ・データ
（2）量的マクロ・データ
（3）質的ミクロ・データ

量的ミクロ・データとは、要するに個票データのことで、これは典型的には**表11-1**のように「一人一行」形式になっているデータのことである。

たとえば最初の行（ID=1）は、男性で年齢が35歳で最終学歴が高校で配偶者がいて…となる。このようなデータのことを、集計前のデータという意味で「生データ（raw data）」と呼ぶこともある。次の節でその理由を詳しく説明するが、この形式のデータは量的な研究の基礎となる重要なデータである。

個票形式のデータの多くは、社会調査によって採取されている。理系や、文科系でも一部の学問分野（心理学など）では、調査ではなく実験によってデータが採取されることも多いが、様々な理由から社会科学分野の実証研究では質問紙調査（いわゆるアンケート調査）のデータをもとにしたものがほとんどである。社会調査は主に統計学や社会学において体系的に研究されている。社会学系の大規模なクロスセクションの社会調査には、ほぼ毎年行われるJGSS（日

表11-1 個票データ

ID	性別	年齢	最終学歴	配偶者	…
1	男	35	高校	あり	…
2	女	45	短大	あり	…
3	男	29	大学	なし	…
…	…	…	…	…	…

本版総合社会調査)、数理社会学会の会員が主に関わっている SSM 調査（社会階層と社会移動全国調査)、そして家族社会学会が主体となって実施している NFRJ（全国家族調査）などがある。いずれも無作為抽出で標本サイズは数千人であり、概して信頼性の高いデータであると言える。

　量的マクロ・データはたいていの場合個票形式のデータを集計することによって作成される。たとえば失業率は政府による「労働力調査」の個票から算定される。

　次に質的なミクロ・データであるが、これは比較的少ない対象者について比較的深い聞き取り調査を行うなどして入手されるものである。もちろん質的なデータとは「定量化（数値化）できないデータ」のことであるから、インタビュー・データ以外にも他にたくさんの形式のものがあるが、本章では個人のミクロなあり方がテーマであるので、主にインタビュー・データを念頭に、後の章でその位置づけを行うことにする。

3. 量的ミクロ・データの重要性

なぜ個票データがありがたがられるのか？

　量的分析を主に行う研究者は、個票データをそれこそ「珍重」する。なぜかというと、バイアスをある程度取り除くことができるなどのメリットがあるからである。

　バイアス（偏り）とは、データを不完全に集計することで生じる間違った関連性のことである。例を使って説明しよう。次のクロス集計表（**表 11-2**）を見てほしい。

　これは架空の例だが、職業訓練を受けた失業者のその後の就業率を調べたデータである。オッズ比を計算すると 1.64 であり、職業訓練を受けた人は受けなかった人に比べて高い就業率のグループに入るオッズが 1.64 倍であることを示している。このデータだけを見て「職業訓練はその後の就業率を上昇させる効果がある」と結論してもよいだろうか？

　もちろんダメである。表 11-2 の対象者を学歴別にした**表 11-3** をみてほしい。非大卒グループでの同じオッズ比は 1、大卒グループでも 1 であり、学歴別で見

表 11-2 職業訓練の有無と就業率との関係

職業訓練	就業率低	就業率高		
なし	40	40	オッズ比	
あり	55	90	1.64	

表 11-3 学歴ごと、職業訓練の有無と就業率との関係

| 職業訓練 | 非大卒 | | 大卒 | | オッズ比 | |
	就業率低	就業率高	就業率低	就業率高	非大卒	大卒
なし	30	20	10	20	1	1
あり	15	10	40	80		

たときには職業訓練を受けていても受けていなくてもその後の就業率は同じであることが分かる。

　これは架空のデータであるが、ある 2 つの変数間のバイアスを取り除くことの重要性をわかりやすく示している。この場合、学歴変数が職業訓練の有無と就業率の両方に影響を持っていたので、学歴を見なかった場合、たまたま表 11-2 のようなニセの関連性が現れてしまった、ということである。具体的には、非大卒よりも大卒で職業訓練を受けている割合が大きく、また就業率も高かったので、このようなみかけ上の関連性が生まれた、ということである。

　一般に、ある変数が他の変数に与える影響を知りたいときには、この両者に影響する要因の影響を除去する必要がある。このような要因のことを交絡要因（confounding factor）という。交絡要因を完全に取り除くにためには無作為化実験を行う必要があるが、人間生活に関しては実験をすることが難しいことが多い。

　たとえば上記の例だと、職業訓練を受けるグループと受けないグループを研究者がランダムに割り振ることが可能ならば、学歴はもちろん意欲といった主観的な要因の影響についても基本的に除去できるかもしれない。しかし実際にこのような実験を行うことは、コストの問題や倫理の問題があって難しいため、研究者は理論的に想定できる重要な交絡要因を社会調査において同時に観察して、これを回帰モデルに投入するなどして、少なくともその交絡要因に関しては除去しようとするわけである。

個票データと集計データ

　個票データをもとにして、平均値やクロス表のかたちで提示されたデータのこ

とを集計データ（aggregate data）という。表 11-2 や表 11-3 も集計データである。政府が発表する失業率や賃金率のデータなども、集計データである。マクロ・データともいうが、必ずしもすべてのマクロ・データが個票データをもとに集計されたデータであるとは限らない。たとえば福祉国家の比較研究において重要になる制度変数は、集計データではない。雇用に関する規制の強さ、年金制度のしくみなどである。たとえば一国の社会保障制度がどのように変化してきたのかについての歴史的なデータのうち数量化しにくいものは、「質的なマクロ・データ」に分類できるかもしれない。

　個票データが集計データに対して持つメリットは、後者には深刻なバイアスがある可能性があるのに対して、個票データは同時に観察された交絡要因変数を活用することで、そういったバイアスをある程度取り除くことを可能にすることにある。実証研究の成果を政策に反映しようとするならば、特定施策の効果について、バイアスのない推定結果を提示することは決定的に重要である。もし交絡バイアスのために本来は効果のない制度に効果があるかのような分析結果が出て、これが参照されるとなると、社会的な損失が引き起こされてしまうのだから、当然であろう。

　しかし研究論文を見渡してみると、マクロ・データのみを利用した論文が実際にはかなり多い。一番大きな理由は、個票データがカバーできる対象の範囲の狭さである。たとえば結婚というミクロな行動に与える経済的要因の影響について知りたいとしよう。結婚に関しては実験は無理であるから、調査で採取した個票データを使って、個人の結婚確率をその人の経済的状況で回帰するなどして分析することになるだろう。しかしこの分析を数十年の長いタイムスパンで行おうとすれば、数十年にわたって調査データが存在することが必要になる。

　ところが通常は、そういった都合の良いデータは存在しないか、もしあっても分析可能なかたちでは公開されていないのである。そこで研究者は、数十年のタイムスパンでも比較的容易に入手できる集計済みのデータを利用して分析するのである。その際、集計データの分析に不可避的に付いて回るバイアスについては、目をつぶる事になる。

　同じことはデータの空間的なスパンについてもいえる。国際比較研究を行おうとしても、国際比較可能なかたちで公開されているミクロ・データはそれほど多くない。もちろん ISSP（International Social Survey Programme）や「世界価値観調

査（World Value Survey）」など、いくつかのミクロ・データが公開されている。しかしリサーチ・クエスチョンに合致する質問項目が既存の入手可能な調査に含まれているとは限らない[2]。こういった場合には、リサーチ・クエスチョンからデータを探すのではなく、データから分析可能なリサーチ・クエスチョンを探すという研究者も多くなるだろう。

ミクロ・データ分析の今後

　ミクロ・データを使うメリットの一つがバイアスの除去にあることはすでに述べた。そして、実験が難しい場合にはバイアスを完全に除去することが困難だ、ということも説明した。

　このような問題に対処する方法として代表的なもののひとつが、パネル・データの分析である。パネル・データとは、一時点の観察から得られるデータ（クロスセクション・データ）と違って、同一個体に対しての観察を継続して得られたデータのことである。通常は**表 11-4** のようなかたちをしている。

　ID をみると、同一個体について 2 回ずつ観察していることがわかる。性別は 1 回目の観察時と 2 回目の観察時で変化しない。ここでは配偶者の有無と性別分業態度の変数に注目してほしい。性別分業態度については、特定の性別分業態度だから（たとえば保守的だから）結婚できないという考え方と、結婚するから特定の性別分業態度になるのだ（たとえば結婚して専業主婦になったから保守的になった）、という考え方が理論仮説として両立するため、クロスセクション・データではバイアスのない分析をすることが難しい。このような場合でもパネル・データを使えば、因果関係を特定しやすくなる。

　パネル・データのもう一つの威力は、未知の交絡要因の多くを除去することができる、ということである。たとえば賃金が生産性にどの程度影響するのかについては、クロスセクション・データによって諸要因を統制しつつ賃金率と（何らかのかたちで別途測定した）生産性との関連性をみただけでは、バイアスが残って問題がある。もともと個人的能力が高い個人で賃金が高く、また生産性が高いという交絡が考えられるからである。学歴などの観察しやすい要因の影響はクロスセクションのミクロ・データでも除去できるが、個人の能力は測定しにくい側面

2　湊（2007）は、「東アジア」という観点からいくつかの国際比較社会調査の特性を検討している。

表 11-4 パネル・データの構造

ID	観察	性別	年齢	配偶者	性別分業態度	…
1	1	男	35	なし	保守的	…
1	2	男	36	あり	リベラル	
2	1	女	45	なし	リベラル	…
2	2	女	46	なし	リベラル	
3	1	男	29	あり	保守的	…
3	2	男	30	なし	保守的	
…	…	…	…	…	…	…

を含むので、どうしても交絡を除去した賃金の効果を得ることは難しい。

　ここでパネル・データであれば、同一個人内で、賃金が変化したときに生産性が上昇したのかどうかをみることができる。厳密に言えば、観察期間中に変化しない個人の属性の影響をすべて取り除いた上で、変化が変化を説明するかどうかを推定できるわけである。

　以上のようにパネル・データには非常に大きなメリットがあるため、ミクロ・データの収集は今後ますますパネル調査に軸足を移していくはずである。パネル・データ分析の理論と技法については、北村（2005）や樋口ほか編（2006）を参照してほしい。

　パネル・データ分析の他にも、バイアスを除去するための様々な技法が論文では使われている。理論的には想定できるものの観察しにくい交絡要因の影響を除去するための操作変数法、いわゆるサンプル・セレクション・バイアスに対処するためのヘックマン推定などは、計量経済学の分野では頻繁に使われている手法である。セレクション・バイアスとは、標本抽出の際に発生するバイアスのことであるが、これを補正する別の方法としては傾向スコア分析なども開発されている。

　こういった非古典的な分析のスキルを身につけるためには、それなりに体系的な学習が必要になるので、量的ミクロ・データの分析を研究のメインのアプローチ法として採用するつもりがあるのなら、研究の初期キャリアの一定期間を分析のトレーニングに当てる必要があるだろう。こういった手法のほとんどは計量経済学分野で開発・発達したものであるので、まずは浅野・中村（2009）など、計量経済学の基礎テキストにあたってもよいかもしれない。

表 11-5 社会学分野でしばしば利用される社会調査

調査名	「社会階層と社会移動」全国調査（SSM）	全国家族調査（NFRJ）	日本版総合社会調査（JGSS）	消費生活に関するパネル調査
調査対象	全国20-69歳の男女	全国28-77歳の男女	全国20-89歳の男女	全国24-29歳の女性（初回調査時）
調査形式	クロスセクション調査	クロスセクション調査	クロスセクション調査	パネル調査
調査年	1955年から10年ごと	1999年、2004年、2009年	2000年から、1～2年間隔	1993年より毎年

　最後にマイクロデータの短い紹介をしておこう。**表 11-5** は、社会学の分野でしばしばデータが活用されている社会調査の例である。ほとんどは手続きを踏めば入手可能である。

　また、東京大学社会科学研究所が運営している「SSJDA データアーカイブ」からは、多種多様な個票形式のデータを入手することができるようになっている[3]。

4. 質的ミクロ・データの位置づけ

質的研究の動向

　インタビュー・データなどの質的データをメインに活用している学問分野は、実はかなり限られている。人文学の分野では、人類学を除いてそもそもデータを利用しないことが多い。社会科学の分野でも経済学では量的データの使用がメインで、質的データの活用は皆無であるし、政治学でも少数派であろう。社会学でもアメリカやヨーロッパの主要ジャーナルでは質的研究は少ない。日本の社会学では例外的に質的研究が多いと言える。

　研究において量的データが支配的になることのひとつの理由は、研究者がデータに求める役割から説明できる。研究者がデータを集めるのは、仮説を立証するための証拠にしたいからである。データの証拠としての能力は、それをもってどれだけ読者を説得できるかどうかにかかっている。もちろん学問分野にもよるが、

---

3 佐藤ほか（2000）は、ミクロデータの計量分析においていまや主流となった「二次分析」、つまり既存のデータの分析についての総合的な指南書となっている。

リサーチ・クエスチョンの多くは量的に決着が付けられるようなタイプのものである。「職業訓練はその後の就業率を上昇させるか？」「夫婦の所得格差は家事分担の負担差に影響するか？」「女性の就業は出生率を低下させるか？」「左派政党の勢力は政府の社会保障支出を増大させるか？」といった問いに対して、量的データを使わずに説得力を伴った答えを出すことは難しいだろう。少数の対象者に対するインタビューをもとにしたデータでこういったリサーチ・クエスチョンに答えてみても、「それはたまたまあなたが接した人たちだけの話かもしれないですよね？」と反論されてしまう。

質的研究の意味

ではなぜ研究者は質的調査・研究を行うのだろうか？　これには様々な理由があるだろうから唯一の答えはない。哲学など、そもそもリサーチ・クエスチョンを立てない（立てにくい）ような学問分野もある。

有力な答えの一つは、要因探索にある。ミクロな人間行動に関する量的な調査の多くは、質問紙調査というかたちで行われる。質問紙調査の特徴は、多くの質問への回答がプリコードされていることである。プリコードされた質問とは、選択肢があらかじめ準備されていて回答者がそのうちひとつを選択するようなかたちの質問である。したがって、質問紙調査をするには、考えられる要因の候補をあらかじめ知っておく必要がある。

しかし人間の意識や行動は非常に複雑な意味連関の中に置かれているために、研究者が重要な要因についてあらかじめ想定することが難しいことも多い。上記の職業訓練の例で、諸問題をクリアして無作為化実験ができることになったとしよう。つまり、訓練グループと非訓練グループをランダムに割り振ることで、学歴や個人的な職業観などの、個人が予め保有している交絡要因を、未知のものを含めて統制できるようになったとしよう。そしてその上でも職業訓練の就業率上昇効果が観察されたとしよう。

さて、無作為化社会実験までも実施した上での結果なので、この結果を政策に生かして「就業率を上げるために職業訓練制度を充実させよう」と判断しても大丈夫だろうか？

実は、これでも慎重になるべき理由があるのだ。もしかすると職業訓練を受けた人は、職業訓練のために獲得したスキルのために職についたわけではなく、

「職業訓練を受けた時間を考えれば、働かなければもったいない」と考えて、受けていない人に比べて積極的に求職活動をしたのかもしれない。あるいは、職業訓練の中身ではなく、それを受けたという自信こそが求職活動の促進や面接試験での好成績につながっただけなのかもしれない。

こういった可能性は、もしそれが調査や分析において事前に想定されていない場合、調査結果の間違った活用につながってしまう。訓練の中身ではなく「もったいない」という心理や自信が効いていたのならば、コンサルティングなどもっとコストの低い政策に切り替えたほうがいいかもしれないからである。

社会保障制度の基礎の一つである所得の再分配についても、それが多くの人々の幸福につながるためには、人々の生活における意味連関に踏み込んで幸福の要因について探索する必要がある。しばしば福祉の現場で問題となる「生活保護のスティグマ化」（生活保護を受け取ること自体が恥辱や汚名のみなもととなってしまう事態）が生じるメカニズムは、再分配に貢献する側とそれを受ける側の両方の複雑な意味世界の絡み合いによって生じている可能性がある。

質問紙を利用した量的な社会調査でも、意識や態度に関するデータを集めることは多い。家族社会学の分野では「性別分業態度」について、典型的には次のような質問項目をもって測定する。すなわち、「男性は外で働き、女性は家庭を守るべきである」という言明について、回答者が「そう思う」「どちらかといえばそう思う」「どちらかといえばそう思わない」「そう思わない」という4つの選択肢から一つを選ぶのである。分析者は、「そう思う」「どちらかといえばそう思う」と回答した人は、「どちらかといえばそう思わない」「そう思わない」と回答した人よりも、性別分業についてより保守的な態度を持った人だ、と判断する。

実際に家事分担行動の分析などをしてみれば、確かに保守的な態度を持つ男性はそうではない男性よりも、妻と家事を分担し合う度合いが小さいことがわかるので、こういった質問項目には一定の意味があるとみるべきであろう。そうはいいつつも、上記の言明に「そう思う」と回答した男性のなかには、「家庭を守る」というのは家計の管理や子どもの教育について（男性よりも）適切な気配りをするべきだという意味であって、女性が家庭の外で働くことについては異論がないと考えている人が多数いるかもしれない。そうなれば、この質問は女性労働についての意見の反映としてはあまり使えないものとなる。

こういった複雑な意識・考え方については、質問紙調査という調査方法では実

質上聴取することが難しい。質的なインタビュー調査を繰り返すことで判断していくしかない。

一般に行動については、質問紙調査でも意識や態度よりは正確な情報を得ることができる。仕事をしているのかしていないのか、などの行動に関する情報は質問紙調査でも十分に採取できる。しかし行動のタイプによってはそうもいかないことがある。

たとえば家事分担の調査項目においては、しばしば「ここ一週間であなたは何度食事の準備をしましたか」といった質問が置かれている。この「準備」だが、人によっては食材をちょっとだけ加工するといった手間がかからない作業を含めているかもしれないし、別の人ははじめからおわりまでの準備作業のみをカウントしているかもしれない。これも同様に質問紙調査で入念に尋ねる訳にはいかない。複雑な調査票は調査拒否や不正確な記入をもたらし、逆効果となってしまうことが多々あるからだ。

このように、ミクロな行動についての調査においても、研究の目的からして行動の記述の精度を高める必要がある場合には、質的な観察や聞き取りが必要になるのである。

従来の量的調査において想定されていなかったような、人々が行動に込める意味や意識については、研究者は豊かな想像力を駆使して思いつくこともある程度はできるかもしれない。実際、質問を設計する際に専門家が最も必要とするのは、対象者の現実の生活の様子を思い描くための想像力である。しかし実際の当事者の人々の話に触れたり、行動を観察することでしか知ることができないことも多い。人びとのミクロ行動に対する適切な質的調査を怠れば、見当違いな量的調査や量的分析をしてしまうリスクも高まるといえる。

5. ミクロな行動や意識について「自在」に研究するために

分野別の実証研究の傾向

研究の世界を泳ぎ回って目的にたどり着く上で、見取り図（地図）は欠かせないものだ。その地図は、基本的には自分で研究論文を浴びるように読み、データにどっぷりつかり込むことで、自分のなかで作成していくしかない。

他方で、地図で示された到達点に辿り着くためには、泳ぐ力（研究スキル）も必要になる。欧米のほとんどの社会科学分野では量的データの分析スキルが「身につける最低限のスキル」となっているが、日本では必ずしもそうではない。その分、自分の所属する研究関心に合致した研究スキルが何なのかを意識する必要がある。

社会学、経済学、政治学、その他の関連領域を見渡してみると、社会科学系の多くの研究が何らかのデータに基づいたものであるという傾向は共通している。しかし分野によって、どのようなデータをどのように活用しているのかについては無視できない違いがある。

経済学ではミクロ・データにしろマクロ・データにしろかなり厳密なデータ分析が行われている。いずれも量的なデータであり、質的なデータが論文の中で使用されることはまずない。

社会学は内部で多様であるが、階層研究や家族社会学ではミクロ・データの分析が盛んである。日本では質的なインタビュー・データを活用した論文も多いが、アメリカやヨーロッパの著名ジャーナルではほとんどみかけなくなった。日本以外では、質的な研究を中心に据えた研究は以下で説明するモノグラフとして発表されることが多い。

政治学も内部の差があるが、選挙行動の研究では量的データの分析が多い。エスピン＝アンデルセンの「福祉国家の三類型」（Esping-Andersen 1990=2001）が有名な比較福祉政治の分野では、制度変数やマクロ変数を利用した分類のための多変量解析（クラスター分析）や、あるいはそういった分析手法を使わないでデータを記述的に用いる研究も多い。モノグラフ的研究には、ミクロな行動や意識に関する厳密な分析を伴っていないにもかかわらず、研究分野に大きな影響を与えるものがある。

モノグラフ的研究

研究業績の「価値」には、さまざまな側面がある。分野にもよるが、研究業界の中にいれば学術ジャーナルに掲載された査読付き論文に最高の価値が与えられるのがふつうである。これに対して、出版物は査読がついていない分価値を低く見積もられることが多い。ただし、この傾向は分野や地域によっても大きく異なる。大雑把に言えば、人文学よりも社会科学で、社会科学よりも自然科学でこの

傾向は顕著であり、また日本よりもアメリカやヨーロッパで顕著であろう。

　人文学の学問、あるいは社会学の一部でも、査読付きの論文よりも出版物を重視する研究者は多い。このことの一つの理由は、形式に縛られずにより自由に論述することが可能な著作においてこそ自らの研究成果を世に問いやすい、ということがあるからだろう。このような、フォーマライズ（形式化）の度合いが低い論考のことをここではモノグラフ的研究[4]と呼んでおく。

　社会科学で「古典」とされているような業績のほとんどは、査読付きジャーナルではなくモノグラフ的研究である。マックス・ウェーバーの『プロテスタンティズムの倫理と資本主義の精神』（Weber 1934=2010）、ピエール・ブルデューの『ディスタンクシオン』（Bourdieu 1979=1989）、エスピン＝アンデルセンの『福祉資本主義の三つの世界』などはその代表例だろう。日本人の社会科学研究者でも、各分野で著名であると考えられている学者の成果は、（心理学や経済学など比較的形式化の進んだ分野を除けば）モノグラフ的研究として発表されることが多い。山田昌弘の『パラサイト・シングルの時代』、苅谷剛彦の『階層化日本と教育危機』などは、もちろん経験的データを活用した研究成果であるが、比較的自由な論考となっている。

　質的データ、量的データ（主にマクロ・データ）、そして仮定を含む理論的な考察を自由に組み合わせて、相対的にゆるいテーマ設定のもとで書かれるこういったモノグラフ的研究のなかには、当該分野のその後の研究動向に大きなインパクトを与えるものも含まれる。

　学部や修士課程などの初期キャリアにある研究者が目にすることが多いのも、こういったモノグラフ的研究ではないだろうか。そしてこういったモノグラフ的研究では、ミクロ・データの厳密な量的分析が伴っていないことが多いために、「計量分析のスキルがなくても立派な研究者になれるのではないか」と思い込んでしまう学生・院生もいるかもしれない。だとすればそれは少し危険だ。

　まず、その後の研究動向に影響を与えたモノグラフ的研究のなかには、自らの査読付き論文をもとにそれを敷衍したようなタイプのものも多い。著作の中では

---

[4] モノグラフ（monograph）にはさまざまな意味があるため、本章での用法が必ずしも厳密なものではないことに留意してほしい。モノグラフとは、一般的には特定のテーマについて多角的に研究した著作といった意味であり、通常はひとりの著者によって書かれたものである。

でてこないかもしれないが、背後では厳密なミクロ・データの分析がなされていることもある。著者は基礎的なスキルを身につけており、専門的なジャーナルに論文を投稿しつつ、他方で一般人向けにモノグラフ的研究を発表しているのかもしれない。

研究業績として評価される査読付きジャーナルに掲載される論文は、特定のリサーチ・クエスチョンについて特定のデータと分析方法で書かれたものが多い。そのため若い研究者の業績が「単著や共著での書籍は多いが査読付き論文がない」というのでは、周囲から「研究者としての基本作法を身につけていないのではないか」とあらぬ疑いをかけられてしまい、アカデミックキャリアを蓄積するうえで不利になってしまうことさえ考えられる。

次に、卓越したミクロ・データ（質的なものも量的なものも）の分析を伴っていなくてもインパクトの大きいモノグラフを発表できる研究者は、理論的センスや洞察力、歴史や制度に関する知識が並外れているなど、総合的な力量を持ち合わせている場合が多い。自分の能力によほど自信があるなら別だが、キャリアの若い研究者が模範とすべきなのかどうかについては慎重に判断すべきだろう。

基礎体力としての研究方法の修得

比較的長期の訓練を必要とする特定の研究スキルは、やはり研究者の基礎的な体力である。数理モデルを駆使して意外な理論的発見をするスキル、量的データを分析して意外な関連性を発見するスキル、フィールドに入り込んで人々の精妙な意味世界を把握するスキル、各国の文献を読み込むことを通じて社会制度の流れを概観する能力など、最低限どれか一つ、できれば複数の、自分が得意とするスキルを身につけていくことを心がけてほしい。

参考文献
浅野晳・中村二朗, 2009,『計量経済学 ［第2版］』, 有斐閣.
Becker, Howard S., 1986, *Writing for Social Scientists: How to Start and Finish Your Thesis, Book, or Article.* Chicago: University of Chicago Press.
Bourdieu, Pierre, 1979, *La distinction: critique sociale du jugement,* Paris: Editions de Minuit. = 1989, 石井洋二郎訳『社会理論の基礎』, 藤原書店.
Esping-Andersen, Gosta, 1990, *The Three Worlds of Welfare Capitalism,* Cambridge: Polity Press. = 2001, 岡沢憲芙・宮本太郎訳『福祉資本主義の三つの世界』, ミネルヴァ書房.

北村行伸, 2005, 『パネルデータ分析』, 岩波書店.

樋口美雄・新保一成・太田清, 2006, 『入門パネルデータによる経済分析』, 日本評論社.

湊邦生, 2007, 「東アジアにおける国際比較社会調査とその課題：世界価値観調査、ISSP、アジア・バロメーター、東アジア価値観国際比較調査から EASS へ」『日本版 General Social Surveys 研究論文集［6］JGSS で見た日本人の意識と行動』, 3: 1–23.

佐藤博樹・池田謙一・石田浩, 2000, 『社会調査の公開データ：2 次分析への招待』, 東京大学出版会.

Weber, Max, 1934, *Die Protestantische Ethik und der Geist des Kapitalismus,* Tuebingen: J.C.B. Mohr. ＝ 2010, 中山元訳『プロテスタンティズムの倫理と資本主義の精神』, 日経 BP 社.

第12章　量的研究の論文構成

中田知生

1. 全体の構成

　ここでは、社会学における量的研究に関する論文の構成、すなわち、全体の構造や各章に何のためにどのような内容を書くべきかについて言及する。

　社会学における量的研究は、研究対象である社会や個人の態度や行動を客観的に観察し、また、測定できるという立場に立つ。これはいわゆる自然科学のアナロジーにより進められる研究である。したがって、その論文の本文部分の形式は、自然科学における科学的研究の構造に従っている。

　その形式は「IMRAD」と呼ばれるものである（小野 2001）。IMRAD構造は、「目的（Introduction）」の「I」、「方法（Methods）」の「M」、「分析結果（Results）」の「R」、そして（andの「A」）、「考察（Discussion）」の「D」の4つの頭文字をとって作られた単語である。この「IMRAD」という語により論文をこのような順序に従って書き綴るべきであることを示している。これらの4つの項目は、後述するように論文の冒頭に付けたり、また、学会報告のための申込のために作成したりする論文の抄録（abstract）などにも求められる内容である。

　「目的」においては、研究の目的はもちろん、テーマや仮説、また、現在行う研究がこれまでの研究の中でどこに位置づけられるかを明確にするために先行研究などの紹介を行う部分である。この部分で、この論文が何について書かれているのか、そしてそれを取り上げられる理由などを明確にする。

　「方法」は研究についての方法、特に、研究で用いる通常、社会調査で収集さ

れるデータの範囲、対象の属性と調査単位を明らかにし、そして、用いる変数の紹介を行う部分である。これにより、研究の再現可能性と、各データの妥当性と信頼性を示すことができる。

そして、「分析結果」では、文字通り、分析とその結果を明らかにし、最後の「考察」においては、この研究について更なる検討を加える必要がある部分、そして、その研究の補足や限界を示し、今後の課題を明らかにする部分である。

前述のとおり、この形式は元来、自然科学の研究で用いられる形式だが、それぞれの章の内容については、社会学の伝統的な考え方に基づいて考えていかなければならない。では、まず、ここからは本文の部分に当たるその4つの章の詳細について言及することにしよう。

2.「目的（Introduction）」

簡単に記述すると、この「目的（Introduction）」の章は、1）テーマの背景、重要性、興味深いところ、研究の仮説や範囲を提示することにより、読者が理解を深めることができるような文脈を作っていく。また、2）このテーマの先行研究とこの研究との差異を示すことによりこの論文の重要性を提示する部分である。

より具体的な内容としては、「研究の目的と背景」、「研究テーマの重要性」、「研究の範囲と仮説」を記述する部分である。

研究の目的と背景

まず、論文のもっとも最初の部分にできるだけ簡潔かつ明瞭にこの論文が何を研究したものかを記述する。特にこの部分では、研究のテーマとなるものの背景も合わせて提示することが必要である。

論文の最初の文章に、この論文の目的があることが望ましい。そして、特に現実社会における問題やこれまでの社会学理論における議論の中で、研究者が興味を抱くような研究の背景を読者に提示して、その論文のテーマや目的が研究として扱うに値するものであることを示していく。これにより、筆者に対してこの論文の意味やここでの論文でのポイント（議論していく内容）を理解させることができるだろう。

そのテーマの重要性

　次に書くべきことは、この研究がどの程度行う価値があるか、ということをさらに根拠付ける箇所である。それに関しては、いくつかの事項があるが、特に以下に示す「①先行研究の紹介」は重要な部分である。

　①先行研究の紹介

　上記の文章によって取り上げるテーマを示したところで、そのテーマ（あるいは、従属変数）がこれまでに研究者集団においてどのくらい、どのように、そしてなぜ取り上げられてきたのかについて記述することにより、更に読者の興味を引くことができるであろう。

　その中でその分野の研究をうまくレビューすること、すなわち、これまでの研究の内容そのものを記述することにより、あるいは、それらを比較することにより、そのテーマの研究の研究方法などのアプローチにおける特徴や研究のなかでの歴史と移り変わりや、あわせて、すべてを通してこれまでに何がわかっているか、そして何がわかっていないかなどを記述することができる。

　ただし、この部分には必ずしも見つけることができたすべての先行研究を羅列させる必要はない。次の項目などで自分の研究との差異を示すために必要なものや研究の歴史を紹介するために必要なものを厳選すべきである。

　②先行研究と自分の研究との差異

　そして、それらの先行研究とこれから行う研究についての差異について示すことは読者の興味をさらに増加させるために必要な部分である。そこで、先行研究と何について異なるか、たとえば、分析手法なのか、変数の尺度構成なのか、あるいは、データの収集方法なのか等々について記述する。

　先行研究との差異を示すことは、先行研究を批判的に捉えることでもある。批判的な論文の検討については、苅谷（2002）に詳しいが、そのようにして先行研究より何が新しい情報かを提示し、それとともに、自分の研究のアプローチを提示することでもある。

　③研究の理論的根拠

　最後に、この研究によって読者、あるいは研究者社会に対してどのような利益がもたらされるか、この研究の意味・意義のようなものを提示することも可能である。このような研究により何が明らかになるのか、特に社会学理論に対してどのような寄与があるのか。これまでの議論の中で何が明らかになるのか、もしく

は、これまでわからなかった何がこの論文を読むことによりわかるのか。それは、この論文に対する興味をいっそう深めることにより、読者がその論文を読む一つの要因となるであろう。

研究の範囲と仮説

それとともに、その研究で扱う範囲、すなわち、先行研究の何を踏襲して扱い、何を捨象するのかを示すことにより、議論の所在を明らかにすること、また、登場する概念の定義を与えることにより、論点を明確にすることも必要であろう。特に、概念の定義は、次章に出てくる変数の測定とも関わっており、分析に用いる変数の妥当性にも関わる重要な部分である。したがって、先行研究において用いられる定義とともに、それらを意識しながら記述すべき点である。

そして、量的研究のもっとも重要な点であるが、仮説、そして、その予想される結果を加える。いわゆる「研究」とは、新しい理論・法則を作ることである。仮説とは、先行研究を批判しながら構築する命題であるが、仮に立てておいた新しい理論である。基本的には、量的研究はこの仮説を検証することにより新しい理論を作っていくというプロセスを辿る。したがって、仮説は社会学における量的研究では非常に重要なものとなる。

もちろん、すべての研究が「仮説検証型」のものであるとは限らない。たとえば、「探索型」の研究ももちろん存在し、このような研究は仮説を構築するための研究であるという考え方もできる。しかし、できるだけこの仮説を立てて、それを検証するような研究を目指すべきである。

3.「方法（Methods）」

次に、「方法（Methods）」の部分は、1）データ収集の手続き、変数の構築方法を提示することにより、他の研究者による更なる研究が行われるときの再現可能性を担保すること、2）データの収集方法の適切性や変数の分布を示すことによりここで研究に用いるデータが分析する価値があることを証明するために置かれる。

この部分は、自然科学と大きな差異がある部分かもしれない。というのも、社

会学において用いられるデータ、それは多くの場合、社会調査データであるが、それは自然科学とは異なり正確に複製することが困難であるからである。同じ母集団からデータを収集するといっても、調査方法、たとえば、面接法か、留置法か、郵送法か、などの調査方法で回収できる調査票の数や調査対象者の属性が異なる。調査を行う人や組織が投入することができる労力や経済的資源が異なると、回収票数も異なる。また、調査票の設問の文言が少しだけでも違っていると、その回答も微妙に異なってくるかも知れない。しかし、少なくとも、反証可能性をできる限り担保するために、データや変数についてわかりやすく説明する必要がある。

そのような意味から、この部分では、「データの収集方法」、「用いた変数とその分布」、「リサーチデザイン」、そして、「用いたソフトウェアと統計モデル」について記述する必要があるだろう。

データの収集方法

まず、この研究で用いたデータの収集方法を提示する。データの収集方法について、まず、そのデータの母集団、サンプリングの方法、調査時期、調査方法としての調査票の配布と回収の方法、調査票の回収結果の情報が必要である。

まず、母集団に関する情報としては、データを収集した地域・空間、調査単位（個人なのか、集団・組織なのか）とその属性が必要である。たとえば、「札幌市厚別区に住む65歳以上の個人」というものである。サンプリングの方法としては、層化の有無、もしあれば何によって層化したか、実際のサンプリングの方法、たとえば「確率比例抽出法」、「副次抽出法」など、である。そのような標準的なランダムサンプリングの方法を採用した場合は、そのような方法の名称を記述するだけで良いが、たとえば、なんらかの標準的な方法ではないもの、また、なんらかの有意選択法などを用いた場合は、その方法を詳細に書くべきであろう。たとえば、「〇〇自治会のすべての世帯に対して調査票を配布したが、各世帯においては、誕生日法によって調査対象者の選定を行った。すなわち、調査員に対して、各世帯の次に誕生日がくる成員に対して調査に協力していただくようにお願いした。また、調査票には、以下のような記述によりそれを促した。」などである。

調査時期については、できるだけ詳細な情報を書くことが望ましいだろう。たとえば「2011年夏」という表現よりも「2011年8月から9月にかけて行った」

など、できれば明確な記述が必要である。もしかするとその母集団とした地域において、その時期に何らかの事件・事故が起き、それが調査対象者の態度や行動を変えるということもあり得る。読者の反証可能性を保証するためには、そのような細かい情報も必要である。

調査方法も、さまざまな方法があるが、調査票の配布と回収において異なる方法を採る場合があったり、また、調査単位のある層にのみ異なる調査方法を用いる、たとえば、高齢者のみ面接法を用い、他の調査対象者に対しては留置法を用いる、などという場合がある。これらについても、調査方法によるデータのバイアス発生の可能性があるために、詳細に記述すべきであろう。最後に、調査票の回収結果の情報として、配布票数、回収票数、そして、回収率を記述すれば十分だろう。

基本的には、ここまで横断的調査を基準として記述してきたが、近年しばしば収集されるようになった縦断的調査である繰り返し調査、パネル調査、そして複数の母集団に対して調査を行う比較調査など横断的調査とは異なる調査デザインによって収集されたデータは、その旨記してそれがはっきりとわかるような記述が必要である。

そして近年、調査の倫理に関わる問題がクローズアップされてきている。それとともに、調査を行う際に、大学やその他の公的機関の倫理委員会などの承認が必要になっている場合もある。また、それぞれの既存の学会においては研究に関する倫理要綱などを設けているところが多い。たとえば、福祉社会学会においては、2010年に「福祉社会学会倫理綱領」を作り、9項目からなる研究における倫理的な項目を定めている[1]。また、日本社会学会においても「日本社会学会倫理綱領」[2]、「日本社会学会倫理綱領にもとづく研究指針」[3]、そして「日本社会学会プライバシーポリシー」[4]を設け、特に後者の2つの文書では、研究の倫理的な方針について具体的に述べている。調査に関わる倫理的な事項としてそれぞれの学会の要綱に沿った研究を行っていることを記述することも論文を執筆する際の必要な条件としている学会などが存在するし、他にも、調査に関わって承認を得た機

1　http://www.jws-assoc.jp/rinrikoryo.pdf, Accessed 1 March, 2012
2　http://www.gakkai.ne.jp/jss/about/ethicalcodes.php, Accessed March 1, 2012
3　http://www.gakkai.ne.jp/jss/about/researchpolicy.php, Accessed March 1, 2012
4　http://www.gakkai.ne.jp/jss/about/privacypolicy.php, Accessed March 1, 2012

関や個人、また、倫理に関わって調査地域などを匿名にする理由なども記すこともあるだろう。

変数とその分布

次に明らかにしなければならないのは、分析に使用した変数である。

まず、変数としては、従属変数（あるいは、しばしば目的変数、外的基準、被説明変数などとも呼ばれる）、独立変数（あるいは、説明変数などとも呼ばれる。また、ここには外生変数、内生変数という分類もある）があり得る。まず、これら2種類の変数は区別してどのように用いられる変数かをはっきりさせる必要があるだろう。また、社会調査データの分析においては、疑似相関が発生しうる。したがって、コントロール（統制）すべき変数をしっかりと考える必要があり、そのような機能を持つ変数も必ずモデルに投入する必要がある。必要があれば、特に、積極的に独立変数として用いるつもりではなく、疑似相関を避けるためのコントロール変数として用いるべきものはそのように記述すべきである。

その変数の測定の仕方が、もしこれまであまり使われたことがないものであれば、その設問の文言を含めて書いた方が読者の再現可能性が担保される。

複数の項目から構成された尺度を用いた場合、また、さまざまな関数で合成された変数である場合など、それらを詳細に書く必要がある。特に、因子分析などで構成された潜在的な変数を用いた場合は、もとのそれぞれの設問と因子負荷量などを示して、ひとつの合成変数が作られた手続きを示すべきであろう。

これらの変数は、もともとある概念を測定するために用いられているものである。したがって、その変数がどのような概念を測定するために用いられるか、その整合性が保たれているかを示すことは内的妥当性を示す上で重要である。特に、先の「目的」の章では、概念の定義を定めるべきと書いたが、その定義とその概念の測定されたものとの関係に疑義が発生する可能性があるならば、それを説明することも必要である。

次に、それらの変数については、分布を示す必要がある。母集団と比較して偏ったものではないことを示すため、また、正規分布が仮定される分析などがあるために、それから著しく逸脱した分布ではないことを示すことなどがその理由である。この方法には、さまざまなものがある。たとえば、カテゴリカルな変数であれば単純集計表を載せてもよいし、また、量的変数であれば、平均と標準偏

差などを示してもよい。他にも、群散布図、箱ひげ図などの図で示す方法もある。分布が左右対称ではない場合は、中央値や四分位点などを用いた方が良い。ただし、分布を示すためだけに多くのスペースを割くべきではない。

また、先に述べた複数項目からなる尺度については、信頼性があることを示すために信頼性係数などを付け加えておく。これらには、スピアマン・ブラウンの公式，アルファ（a）係数などがあるが、統計パッケージを用いて分析する場合は簡単に得ることができるだろう。

リサーチデザイン

そして、必要に応じて分析についてのデザインを記述する。特に、実験計画法、あるいは介入研究のような比較分析においては、実験群に対する統制群の設定についてはその設定した理由、特に、統制群の調査対象者を実験群の対象者とペアリングなどをして抽出した場合は、対を形成する対象者をどのような手続きで選んだか、また、どのような属性を元にペアリングしたか、そしてそれらの理由などを記さなければならないだろう。

他にも、近年よく用いられているマルチレベル分析などの入れ子型になったいくつかのレベルの測度を設定するデザインなどがあり得る。それらについても、設定したレベルとその各レベルのカテゴリーの単位を説明すべきである。

ソフトウェアと統計的モデル

最後にこの章においては、他に、用いた統計ソフトウェアや分析モデルについても記述することが必要である。ソフトウェアについてはそのヴァージョンを、そして、SPSS、STATA、SASなどのよく用いられる統計パッケージを用いた場合は、用いたプロシジャ、コマンドなどを書いておく。また、分析モデルについては、重回帰分析や分散分析など読者の多くが知っていると思われるものについては、詳細を書く必要は無いと考える。しかし、それほど知られているとは思われない分析モデルについては、そのパラメータの推定式なども参考までに記述することが読者にとって親切であろう。

4.「分析結果 (Results)」

「分析結果 (Results)」は、1) 分析のモデルや手法を明らかにすることで分析そのものが適当に行われたことを示すこと、2) 分析結果を提示し、仮説の検証が適切な手続きで行われたことを示すためにおかれる章である。

先に示した仮説検証のために示される分析結果は、図や表を用いて提示すると読者は理解しやすいだろう。そして本文には、その結果についての説明を書くのであるが、図表のどの部分を参照して読むべきかを明らかにしながら書くことが読者の助けになる。

用いたそれぞれの分析手法について記述しなければならない統計量があるので、それについても注意しなければならない。たとえば、回帰分析であれば、偏回帰係数の他に、その有意性、モデルの当てはめの良さである決定係数（自由度調整済みのもの）、F値、分析に含まれた対象者数がそれに当てはまる。そして、分散分析であれば、分散分析表などを示せばよい。

分析結果を示すに当たり忘れてはならないのは、分析対象者の総数（ケース数）と分析から除外された対象者数を明らかにすることである。これは、前章において記述した収集されたデータにおける人数と分析の際の対象人数が同一か否かを確認しながら分析すること、そして、もしそこから抜けたのであればそれはなぜかを記すことが必要である。というのも、さまざまなパラメータの比較の際にそれが異なると本当に比較が可能かという疑問が生じる。確かに、社会調査データでは欠損値が必ず存在するがあまりにもそれが多いと、分析結果やその分析モデルを用いることに疑問を感じざるを得ないし、データ自体の信頼性も下がることになる。

図表の体裁については、日本社会学会の『社会学評論スタイルガイド』[5]の「5.5 図表」などを参照できるだろう。図表はそれぞれの通し番号をつける。表については、縦線は用いずに横線のみで作成し、タイトルは表の上に入れる。また、図については、そのタイトルを図の下に入れるということは常識になりつつあるだろう。

図表の大きさは、大きすぎないことが好ましい。近年、統計ソフトの性能が上

---

[5] http://www.gakkai.ne.jp/jss/bulletin/guide.php, Accessed March 1, 2012

がり、また、調査も大規模になると1ページに入りきれないほどの多くの変数を用いた分析を海外の学術雑誌などでよく見受ける。このようなことも分析結果を示すためには仕方が無いことかもしれない。

また、論文に掲載できる図表の数は規定がないことが多いが、たとえば、日本家族社会学会の「家族社会学研究執筆規定[6]」においては、図表は5点以内にすることが定められているなど、学会によって異なるので注意が必要である。ただし、混乱を避けるために、また「見た目」をよくする上でもあまりにも多い図表の掲載は避けた方が良いかもしれない。特に、分析結果以外の図表、すなわち、テーマに関するものの趨勢などを示すようなものは、多くを載せずに厳選すべきである。もちろん、そのようなことは出典を明らかにすることにより掲載は可能とされている。ただし、前述の『社会学評論スタイルガイド』にもあるように、著作権者の了解なしに図版をそのままコピーして転用することは避けなければならない。

5.「結果と考察（Discussion）」

「結果と考察（Discussion）」は、1）仮説の検証結果を示し、この研究で導き出された知見に対して解釈を加えること、2）この研究について議論の再検討を加えること、弱点を補足すること、そして、3）将来のこのテーマの研究に向けて、さらなる課題について言及することが書かれる部分である。

より具体的な項目としては、「結論」、「補足と限界」、「現実社会へのインプリケーション」、「更なる研究の課題」がこの章に入る。

結論

分析の結果から提出された結論を示す。まず、もちろん仮説の検証結果を示すことは重要である。すなわち、先に提示された仮説が採択されたのか、それとも棄却されたのかについて言及することである。もちろん、常に仮説が成立しないこともあり得るので、仮説がどのような条件の下で成立するかなども書き加える。さらに、検証した仮説以外に、この研究においてどのような知見を得たのか、に

---

[6] http://www.wdc-jp.com/jsfs/magazine/toukoukitei.pdf, accessed August 23, 2012

ついて記述する。これらの分析結果から提示された結論については、単なるそれらの分析結果のみを羅列するだけではなく、そのような結果が生まれた理由を解釈して加えることも重要である。それによって、分析結果の数字の中に、さまざまな現実社会や人間の行動や意識の上で起こっていることが埋め込まれているというリアリティが生まれるだろう。

そして、この分析結果は、他の研究者が行った結果と何が異なっていて、それはなぜなのかについて考えてみることも読者の興味を引く。「目的（Introduction）」の章には、同じ領域の先行研究として紹介した研究があった。この研究の基礎となったものである。この最後の部分に、それらの結果と再び比較してみて、この結果がどのような位置にあるのかを再確認する。これは、もし研究が首尾よく行ったものであるならば、他の研究との比較をすることにより、この研究の正当性を強調することにもつながるであろう。

補足と限界

次に書くべき事柄は、研究の全体について筆者がこの論文の弱点であると認識しているところについて更なる検討や補足説明をすることである。また、誤解が生まれやすいところがあれば、それについても説明を行う。分析の部分で疑義が生まれる可能性があれば、「分析結果」の章ですべきことであるために必ずしも望ましいことではないが、異なるモデル、異なる測度を用いて再分析をすることもあり得るかもしれない。

また、分析の補足だけではなく、その限界を示すのもこの章である。研究を行っているうちに、その弱点、あるいは、もっとこうしておけばよかったということは必ずある。社会調査のような労力的にも経済的にも大きな作業はなかなかやり直しがきかないものである。そのようなことは、分析上の限界として扱い、今後の課題として残しておく。たとえば、データ収集の限界として、サンプルがどのように偏ったのか、他に何か対策はなかったのか。分析の限界として、他の実証方法ではなく、現在の方法を用いたのはなぜか。他にどのような方法があるのか、レフリーや読者に批判を受ける前に、自分自身で自分自身を批判するのである。もちろん、限界をさらけ出すだけではなく、もしそれが克服できていたらどのような結果になっていたかを予想するということも必要である。ただし、このような限界がかなりの数に上るのであれば研究として失格であることは当然で

ある。

　読者に対して弱点をさらけ出すことは嫌だったり、恥ずかしかったりするかもしれない。しかも、自分の研究を客観的に捉えて批判的に考えることは難しいことである。しかし、このようなプロセスを通じ、筆者が研究と対峙している誠実な姿を示すことができる。

現実社会へのインプリケーション

　また、実践や政策などの現実社会に対して、この研究がどのような意味を持つのかということを述べることも読者には興味深い。社会学は現実を抽象化したモデルを扱い、理論を構築することも目指している。しかし、この学問領域が現実に対して寄与することは何かを考えることも、社会的な貢献という意味では必要である。特に、社会問題に関わるテーマについて研究をしているのであれば、その問題が解決する方向やどのような介入が必要かについても触れることも重要である。もちろん、政策について触れるというのは、財政などの資源の問題などさまざまなものがあり、単純なことではない。しかし、社会問題がどのような方向の働きかけで解決に導くことができるか程度のことは考えることができるだろう。

更なる研究の課題

　そして、最後に将来的なこの領域の研究の課題や方向を示す。ここでは、このようなテーマの研究に関して、今回の研究でやり残した部分だけではなく、今後、行うべき研究の方向を大局的に見てどのようなものなのかについて触れる。もちろん、将来の課題であるので、今すぐに行えるようなものでも構わない。それよりも、新しい斬新なアイディアなどここに盛り込むことができた方が読者の興味や想像力をかき立てるのではないだろうか。そして、それがこのテーマの研究において、どのような理論の追求や現実へのインプリケーションを考える上での寄与につながるかを書くと、非常に前向きかつ建設的な議論で論文を終えることができるだろう。

6. そのほかの部分

　以上、本文の構成として、基本的には4つの章からなることを記した。しかし、論文は本文だけでは成立しない。すなわち、多くの部分を占めるものではないが、それ以外の部分も実は重要である。それらは、(1) 表題（Title）、(2) 抄録（Abstract）、(3) 注釈（Notes）、(4) 謝辞（Acknowledgements）、(5) 参考文献（References）、(6) 付録（Appendix）である。これらの中にはあまり馴染みのないものも含まれているかも知れない。以下、それらについて簡単に触れておく。

表題（Title）

　表題は実は非常に重要な部分である。読者がまず目にする部分という意味では、タイトルは論文の顔であり、やはり読者の興味を引くものでなくてはならない。また、単に興味を引くと言うだけで、内容とは乖離した大げさなものであってもならない。

　まず、タイトルには、研究の仮説に含まれる概念、主たる原因と結果があるのであれば、それらの双方が含まれることが望ましい。また、データを収集した母集団や、研究の方法、また、それが目新しいものであれば、分析手法や分析モデルが含まれているならばますます読者の興味をそそるものになるであろう。ただし、そのようなことを考慮しつつ、もっとも簡潔な表題をつけることは最も重要で難しいことである。

　また、副題（サブタイトル）はない方が、簡潔で良いかも知れない。特に、しばしば主題と副題は冗長になりがちである。したがって、主題の異なる次元のものを副題を付け、それが相乗効果を生むのであれば良い表題が生まれるであろう。

抄録（Abstract）

　抄録もやはり表題とともに、論文の顔となる部分である。したがって、ポイントを押さえて読者の興味を引くものでなくてはならない。しかし、これはできるだけ客観的に書く、すなわち、本文を書くために示してきたような読者の興味をそそるためのテーマの重要性などよりも、研究そのものを伝えるために書くというものでなくてはならない。また、本文の内容を伝えた言葉・単語を用い、それ

を超えてはならない。

　内容としては、基本的には、本文と同様のIMRAD形式で記述する。論文の各章のポイントを掴み正確にかつ簡潔に伝える。特に、社会学の論文であれば、「目的（Introduction）」や「方法（Methods）」をかなり倹約して書かなければならなくなるかもしれない。しかし、それは我慢のしどころである。すなわち、研究において本当に伝えなければければならないのは、分析結果だからである。どのような抄録でも字数は限られている。そこに、研究のエッセンスを伝えることだけを考えて記述するのである。

注釈（Notes）

　注の付け方は、学会、学問領域、そして、雑誌などによってさまざまである。巻末にすべての注を載せるような様式もあれば、脚注に収める様式もある。中には、できるだけ注をつけることは避けるように注意書きがある雑誌も存在する。また、「社会学評論」のように括弧書きの割注で引用文献を表す様式もあれば、引用文献注として、巻末の注釈に引用文献の一つ一つを載せるような様式もある。ここでの結論は、したがって、自分が投稿しようとする雑誌などの「執筆要領」を参照することがそれを理解する早道である。

謝辞（Acknowledgements）

　この研究をするに当たり、議論などで援助してくれた人、データ収集などで協力を得た人、指導をしてくれた人に対して感謝の意を表す部分である。しばしば、査読のレフリーに対して感謝を表明することもある。また、資金援助をしてくれた組織・人に対して、また、データを提供してくれたデータアーカイブや個人に謝意を表することもある。

　ただし、いずれの場合でも、必ずしも謝辞をつけなければならないということではないが、ある補助金を受けた人は、研究論文においては必ず補助金を受けたことを記載することを義務付けられることなどもあるので、注意が必要である。

参考文献（References）

　参考文献リストに載せる文献については、アメリカ社会学会の『ASA Style Guide』（American Sociological Association 2010）においては、引用したもののみを

掲載することになっている。しかし、日本の多くの学会ではそのような規定は存在しないことが多く、引用した文献に限らない、すなわち論文執筆の参考にした文献をも載せることができることが多い。

様式は学会、研究領域によってさまざまであるが、たとえば、福祉社会学会の執筆要項[7]（ただし、基本的には日本社会学会の『社会学評論スタイルガイド』に準じることになっているが）があるが、『福祉社会学研究』に投稿する場合は、その記載の方法に従うことが必要である。論文を書く書かないは別として、研究者としてこのスタイルガイドなどは一読しておくことをお勧めする。

インターネット学術雑誌なども近年増加しているが、ネット上のサイトは消滅したり、また、URL が変わったりすることもあり得るため、最近では、「Accessed 年月日」というようにその目的にアクセスした日にちを入れることを要求することもある。ただし、現在の『社会学評論スタイルガイド』の規定にはまだそのようなものはない。

付録（Appendix）

あまり頻繁に使われない。しかし、分析モデルや調査の方法が複雑な場合、それを説明するために用いる。また、データや分析のためのプログラムが、本文に挿入すると膨大な量のために全体としてバランスを欠く際に、それを掲載する必要性が高い場合に付録の部分を利用して掲載することがある。

参考文献

American Sociological Association 2010 *American Sociological Association Style Guide, 4th Edition.* Washington DC: American Sociological Association.

苅谷剛彦, 2002,『知的複眼思考法　誰でも持っている創造力のスイッチ』, 講談社プラスアルファ文庫.

小野義正, 2001,『ポイントで学ぶ科学英語論文の書き方』, 丸善.

---

[7] http://www.jws-assoc.jp/shippitsuyoryo.html, Accessed March 1, 2012

第13章　質的研究の論文構成と研究戦略

井口高志

1. 目指すべき「平凡さ」

　論文を書く作業とは一般的にはデータ（数量で表現されたデータ／テキストデータ、自分で集めたデータ／二次データ…etc）を一定の「基準」に従って縮約して表現することである。論文の構成は、その表現において第一印象を決めるものだと言える。そのため、それをどのようにすればよいのかは、その文章の目的（誰に対してどのようなものとして提示するか）と、それに照らした際の効果との関連で考えられなくてはならない。本章は投稿論文を中心とした研究論文の書き方を想定した企画本の一章であるため、研究論文における構成に焦点を当てて考えていく。

　まずは「書く」ではなく「読む」ということから考えてみよう。研究というものがこれまでの蓄積された研究群を前提に少しだけの貢献を積み重ねていくという営みだとするならば、自ら論文を書く研究者になるということは、すなわち大量の論文の読み手となることでもある。こうした自分も含めた論文の読み手たちが、いわゆる「読者」であるが、この人たちはいったいどういった人たちであろうか。

　たとえば、私の場合、「先行研究」として大量の論文を読まなければならない時、「著者読みの論文（＝その著者であれば無条件に読むことを決めている論文)[1]」で

---

[1] 「著者読み」の対象となる名前は、いわゆるスター研究者だけを指しているのではない。一定期間の研究履歴をつむと、その人の名前が研究内容を指し示すインデックスとして機能す

ない限り、論文を頭から一字一句読んでいくことはあまりない。まずは、要約を読んだ上で、論文の見出しをざっと眺め、その論文がどういった内容かを把握し必要があると思えば熟読していく。多くの業界人に読んでもらうことが研究論文の第一の達成目標だとするならば、自分と同じく研究を行っている他者がざっと読みやすいような構成で書かれていることが「効率性」という観点から見たとき重要になってくるだろう。

　では、この「ざっと読みやすい構成」とはいかなるものだろうか。一般的には、質的／量的の区分以前に、どこに何が書かれているか、論文のパーツがどういった機能を果たしているかが端的に分かることと言えるだろう。このことは、他の論文とほぼ同じ「平凡さ」が必要だという風に言い換えることができる。今回の企画で主に想定されているのは、研究者となるため（あり続けるため）に執筆することが不可欠な「投稿論文」だが、こうした論文では、頭に日本語要約がおかれ、その後に、A4で12枚から15枚程度の紙数制限という大枠があり、そうした制限の中で読みやすい構成が求められる。ライティングの標準的なスタイルガイドなどでは、共通のフォーマットとして、①問題設定（目的、背景、先行研究のレビュー含む）、②方法、③分析（結果）、④考察・課題といった順番が示され、それぞれのパートで最低限盛り込むことは何か？といった解説が書かれている（ex. 石井 2010）。こうした順番に忠実に見出しが置かれて書かれている文章であるほど、多くの研究者を読者として想定した「論文らしい」論文と言うことができる[2]。より気の利いた教科書であれば、以上のような構成のもと、③分析（結果）から書いて、最後にその結果から逆算的に問題を設定するやり方がよい、といった実践的な書き方の「手順」が示されることになる（ex. 西條 2009: 102-103）。

るようになる。したがって、逆に言うと、まだ研究履歴のない若手の時期には、多くの人に読んでもらえるような形式の工夫が重要になってくるだろう。

2　研究という制度と関連して言うと、一つの論文を書くということは、全体として何らかの真理を探究するという理念的目標を共有した「論文群」の1ケースとなることを目指すということであろう。研究が堅く制度化されている例として、たとえば臨床応用との関連で整備されている医学系の研究があるだろう。社会科学に比べると集約化が進んでいる研究データベースに登録され、その中でPubMedなどの検索ツールを通じてシステマティックに論文検索が可能である。また、研究方法を一つの基準とした論文の種類や、それらの間の価値も決まっている。無作為化実験を行って因果関係を明らかにしたものが最も価値の高いものとされ、そうした論文を論文群の中の1ケースとした上で、それらの知見を複数集めてメタ的に分析することが最も信頼性の高いエビデンスの証明ということになる。

2. 残余としての「質的研究」

　しかし、社会学で「質的研究」と言われるような論文を書く段においては、以上のような一般的な構成のアドバイスを示されたとしても、具体的にどう書いてよいのか分からない、何かが解決したような気がしないという思いを経験する人も多いのではないだろうか（後述するように「質的研究」という括りが大雑把だとするならば、社会学の研究一般の問題としてそうした標準的マニュアルがうまく機能しないという特性が言えるのかもしれないが）。また、「質的研究」を行う人に限らないかも知れないが、「平凡さ」を旨とするような無味乾燥な文章に対して抵抗感を持つ人もいるかもしれない。

　そうした反応が起こりやすいのは、まず、単純な理由として、明らかに「質的研究」という方法や研究の特徴を示すカテゴリーに多くのものが含まれ過ぎているという問題がある。いくつかの社会調査の教科書にもあるように、質と量という二分法は「単純素朴な」二分法であり、実際の調査研究のプロセスを正確に反映したものではない（佐藤郁哉 2006:75）。また、佐藤健二が指摘するように、日本の戦後の社会学においては、量的研究（統計的研究）の残余（非統計的研究）として質的研究というカテゴリーが設定され、その規定の下での二項対立が強調され、位置づけに関する議論が行われてきた（佐藤健二 2011: chap.6）。

　大きな差異があるのにも関わらず一つの言葉で括られてしまうわけだからその中での意思疎通が難しくなる。たとえば、研究のプロセスを、①データ収集、②分析、③アウトプットの形式という三つの時点に分けて考えると、「質的」と分類されるものの中には、データ収集段階でインタビューか参与観察か、あるいは既に存在するテキストの収集かなどの点で違いがあり、分析段階においても、事例を断片化させて複数集めたカテゴリー・仮説の帰納的な生成なのか、その事例そのものに現れている相互作用場面の「秩序」などを記述しようとするのかで違いがある。また、アウトプットの形も、事例を縮約したカテゴリーを中心に示すものもあれば、語りの文脈と形式をあまり縮約せずに提示し、生々しさを表現するといったスタイルのものもある[3]。こうした各段階における内容の幅から考えると、「質的研究においては」と一般的には言えないはずであり、「流派」が分かれ

---

[3] 詳しくは佐藤郁哉（2006: 75-86）。

たり、標準化された形で書かれている論文群を基準としてその中で評価されることへの反発が出たりといったことが起こることは必然とも言えるだろう。

3.「反証可能性」要求への対応

　以上のように、括られているものの中身に大きな幅があることを前提とした上で、「質的研究」の成果を学術論文として表現する際によく課題となることに触れておこう。それは、大まかに言うと、「方法」の部分をどう記述するかということと、データの提示にどのくらいの分量を割いて記述していくかということにまとめられるのではないだろうか。これは、紙幅が厳密に決まっている投稿論文において大きな問題となる点である。

　学会誌などの媒体や学位論文においては、いわゆる信頼性（誰がやっても同じ結果となる）といった観点から質的研究は批判される。その際に、それを保証する「方法論」の記述とそれに合わせたデータの提示が求められる。こうした記述と提示は、掲載されているデータの選択とその解釈の「恣意性」の疑問に対するリプライという機能を有している。

　「質的研究」に括られるものの中には事例やデータを増やして一般化していくという帰納的な論理とは異なった問いの下でデータを扱う研究もあるが[4]、多くの研究は、少数の事例についての記述や、いくつかの事例からボトムアップ式にカテゴリーや仮説の生成・発見を目指したものであろう。

　こうした研究に対して指摘されるのが、第一にはそこで取り上げられているデータの恣意性、すなわち、データ全体の中から自分の議論に都合のよいものだけをとりあげることへの疑念である[5]。

　こうした問題に対する論理的に最善のリプライとして考えられるのは、収集し

---

[4] たとえばエスノメソドロジーという方法にのっとった研究では事例を数えるのではなく、「数えることができる」前提となる、ある事例に現れている人々の実践のあり方を見ることを主眼としている（前田他編 2007）。

[5] 計量研究においては、ランダムサンプリングという抽出法と確率論を用いて、誤差確率を提示することで、その結果に関する言明（解釈）の妥当性を読者に判断可能な形で提示している。それとのアナロジーで言うと、そうした誤差やずれの程度の判断基準を一意的に示すものがないということである。

た資料を開示するという方法である（資料批判の可能性の担保）[6]。基本的には同じものを見たり聞いたりしたときでも、文字という「データ」への変換の際に人によって違うものとなることはもちろんあるわけであるが、集めたデータのほぼ全容が分かることで、それらの内のどれだけを使用したのかとか、どの点を見逃しているのか、といったことが著者以外にも検証可能となる。

　だが、当然、これは学位論文や著書などでは可能であっても、投稿論文では不可能である。では投稿論文ではどういった方法がとられるのだろうか。たとえば、短い論文において「方法」としてよく言及される、グランデッドセオリーアプローチ（GTA）がある。GTAが行っている作業を大まかに言うと、対象者を個体として含む母集団（全体）という発想で考えるのではなく、一定の期間で集めたデータの中から生まれてくるカテゴリーや仮説に対して、さらにその内容を拡充させるのに十分なだけのデータを集めるという発想である。その「拡充」の際に反証的なデータや違ったバリエーションのデータを豊富化させていくという作業を行うことになる。こうした作業を繰り返す中で、もう新しいパターンが出てこない「理論的飽和」という段階で打ち止めとする。「理論的飽和」については、数学的に表現されるような一意的な基準を示し得るわけではなく、また必ずしもそこを目指す必要はないという立場もあるが、単純に言うと、反証的なデータも含めてカテゴリーを作っていく作業を意識的に組み込むことで「恣意性」という印象を小さくしようという操作だと言えよう。一般的に高く評価されている事例研究やモノグラフ研究においては、暗黙にこうした形で豊富なデータを用いて記述がなされていると思われる。

　しかし、以上の方法によって手元にあるデータ中の使用データの位置づけについては示しえても、手元に得ているデータ全体そのものが十分な量と適切性を持っているのかという点については示しえない。この点に関しては、情報をどのように得たのかということを記すことで、後から読んだ者がその情報の特性を判断・評価しうるようにしておくことが現実的には最善の手段となるだろう。端的に言えば「恣意性」に居直るということでもあるが、その「居直り」を理解してもらえるかどうかは、その対象と問題設定にかかっている。つまり、そうした形でしかデータが得られないということや、そうした形で得るデータに現段階では

---

[6] たとえば、博士論文を基にした中根（2006）では、巻末にインタビューデータが掲載されている。

大きな意味があるという点がよく分かれば、採用したデータ収集方法の意義が分かるということである。ここで重要になってくるのが、先行研究から導かれる問題設定と採用した方法との必然的なつながり、である。論文の執筆の仕方として、問題設定のパートを、分析を書いた後に調整して書くべしというアドバイスがあるが（西條 2009）、それは論文執筆の技法という意味だけではなく、質的研究における方法の記述ということがそもそも問いとの関連の中で書かれるべき性格のものだからである。

　また文字データの解釈の「恣意性」という問題も指摘される点である。ここでいう解釈は原理的に言えば、相互作用や語りを、五感を通して獲得・記録してテキストに変換するというデータ収集の部分も含むわけであるが[7]、狭義には、データ中の文章のまとまりに対するタグ付けや概念化などの抽象化作業を指していると言える。この段階で言う恣意性は、「他の人が見れば違った解釈ができるのではないか」という問題であるが、これに関しても原理的には元データが示されていることによる反証可能性の確保といったやり方が考えられる。たとえば、GTA（修正版 GT 法）をベースとした林（2010）は、生成された概念名、定義、もととなる一次データがセットで記された分析シートが添付されて、そうした作業が可能となっている。しかし、単体の論文においては紙幅的にそうしたことは不可能である。そうした問題に対して、たとえば、GTA では、研究の方法の中にスーパーバイザーとの概念の検討というプロセスを必須として組み込み、その手続きを経たことを本文中に記述することで信頼性を制度的に保とうとするといった方法がとられていると解することができる。

　以上のように、恣意性問題に対するさまざまな工夫があるとしても、統計的な指標のようにデータの偏りの度合いを判断するような一意的な基準はなく、また、質的研究に括られる人たちの中での力点の違い、信頼性を保つやり方の形式度の違いなどから、形式的な「構成」においてばらつきはより大きくなるだろう。また、現実的な査読のプロセスなどにおける評価に関して不一致となる局面も多く

---

[7]　こうしたデータ獲得する過程におけるデータの質は、そこからデータを得る人たちや社会集団との相互作用の中でチェックされるものだと言える。すなわち、対象者にとって納得しうるものかということであり、そこには正確さだけでなく、倫理性という基準も含まれている。そうした意味で、質的研究の論文における研究倫理に関する記述は、同意を得たかどうかといった機械的な記述だけでなく、やり取りの性質や調査者の立ち位置なども書かれることが原理的には望ましいと言えるだろう。

なりうると言えるのではないだろうか。そのために、質的研究の書き方や構成といったことが特段に問題化されているとも言えるだろう。

4.「面白さ」「リアリティ」という基準

　以上で見たように、基本的に、質的研究においては統計的研究の論理と比べると恣意性や偏りを評価する基準がうまく設定できないために、その基準をどう確保するかという点でさまざまな記述上の工夫が考えられてきた。学会誌などへの投稿の際の一般的なアドバイスとしては、そうした記述をしっかりとすべしと言うことになるわけだが、事はそうした説教的なアドバイスでとどまる問題ではない。問題となるのは、投稿論文の紙幅の制約の中で、そうした恣意性回避のための十分な記述量と、「面白さ」「リアリティ」と表現されるような質的研究の研究者の少なくない部分が魅力だと思っている部分の記述量とのトレードオフ関係が生まれるということである。これが「構成」に悩むことにつながっていく。

　前節で述べたように、データの「恣意性」の回避のためには、問題設定・問いと採用した方法との関連付けの記述や、反証となるようなデータを盛りこむこと、あるいは GTA のように生成された概念を中心に記述を進めていくというやり方をとることになっていく。しかし、古くはシカゴ学派、日本における労働組織の調査などの社会学のモノグラフ研究に見られるように、よくわからない社会組織における新しい事実の発見や、よく知っているかに思われることの中での意外性の発見も社会学の研究の魅力や評価基準となってきたように思われる。または、ある社会現象を経験してきた人たちの経験のプロセスを詳細に記述したいといった意図からこうした研究方法を採用したという者もいるだろう。

　こうした志向と上述のような方法論への意識は必ずしも両立しないものではない。だが、紙幅の限られた投稿論文においては、方法論に紙幅を使うことと記述の部分をリッチにすることとの両立が難しくなってきうる。また、その延長上に、結果として投稿論文においては「面白い」論文が掲載されないということが囁かれたり、そうした「限界」から、「投稿論文」から撤退し、主な執筆の場を共著本や単著などに置いているという者もいるように思われる。そうした傾向自体に対する批判はあると思われるが、社会学においてそうした点が重視され、投稿論

文とは別の媒体に重要な研究が掲載されているかもしれないということについては、ひとつの事実として前提に置いておく必要があるだろう。

　生活史研究などにおいてよく使われる言葉に「作品」という言葉がある。また人類学的な参与観察などを中心とした研究の報告書としての「エスノグラフィー」という言葉もある。これらは15枚程度の「論文」というよりも、最終的な成果物としては、ライフヒストリーの聞き取り調査やフィールドワークなどの成果をそれなりの分量で厚く記述したものを指している。このように「質的研究」においては、一冊の本程度の分量のアウトプットを出すことが最終的な目標とされている場合もある。こうした形でのアウトプットを目指すとなるとき、前節までで書いてきたような学術論文の形式にするためには、エスノグラフィー全体において生成される仮説からひとつか二つに絞って書くなどの「書き分け」が必要となる（箕浦 1999: 74-75）。それがうまくできればよいが、そうした縮約作業が二度手間となることもあるだろう[8]。また、いったん全体が完成してから縮約する作業と、一つ一つのかっちりとした論文を書いてから最後にそれをまとめるという作業では、その難しさの質が異なってくるであろう。

5. 執筆者の置かれた状況と「構成」

　学問共同体全体にとって投稿論文からの「撤退」の持つ効果がどうかという問題はさておくと、上で見た「二度手間」をかけるかかけないかを選択できる人はまだよい。前節で見たトレードオフの問題は、投稿論文を書く必要に迫られている人の置かれている制度的条件と関わらせて考えると、より深刻な課題となる。学術的な投稿論文は、さまざまな段階にある研究者が書く可能性を持つわけであるが、現状では、「書かなくてはならない」切実な立場に立たされているのは博士論文の執筆過程にある若手の研究者である。実際の投稿論文の掲載者を見ても、中堅以上の研究者のものは少ない。研究を続けていくために、いわゆる「若手」の研究者は、短期間のうちに業績を上げなくてはならない圧力が強まる中で、投

---

[8] また、エスノグラフィーにおいては、調査を行った対象者も読者として含まれるため、方法論の部分を充実させた文章よりもデータを拡充した形で書きたくなるという志向も生まれやすいように思われる。

稿論文を複数執筆しながら、学位論文という「大作」を書かなくてはならない状況に置かれているのである[9]。

博士論文の書き方に関しては、所属する研究機関の文化や個人の特性、テーマの特性によって個別であると思われるが、私個人は、個々の投稿論文一つ一つがインタビューに基づいて得たデータを分析するチャプターとなって、それに前半部の問題設定やレビューの部分、最後の結論部を書き下ろしで加えるという形で5年くらいかけて書いていった。こうしたスパンでデータを集め、その間ある時点でそこまでに集めたデータに基づいて分析して発表をして行くわけだが、データ収集・分析・問いの設定が比重を変えながら同時平行に進んでいくことになるため、最後に一つの「作品」とする際に、事例の分析の微調整や全体を統合するような方法の部分を書く必要が出てくる。この段階で書くことになる方法は、その個々の論文で書いたものとは別水準のものであり、また、個々の論文で書いた事例は最終的な全体を統合する発想をもととして位置づけを変えることになる。

以上はオーソドックスな作業であると思われるのだが、最終的な学位論文執筆過程で感じたことは、あまり紙幅を気にすることなく事例分析の章を組み立てることができる楽さであった。投稿論文執筆過程を、そのまま博士論文のチャプターを書いていく作業に効率よく直結させていくとしたら、データを提示する部分に関しては、自由度が比較的高く、枚数にも余裕がある媒体の方が書きやすいと言えるのかもしれない。逆に考えると、タイトな投稿論文を書くということは、それだけで大変な作業であり、最終的に全体を一つのものとする作業の手間とあいまってその負担は非常に大きいのではないかということである。

6.「研究戦略」を学ぶこと

多くの研究方法に関する文献は、ある方法の解説やひとつの論文においてどういう書き方をするかという点について書かれている。しかし、論文を書くという

---

[9] たとえば、筆者の職場の大学院では、博士論文の執筆条件として査読論文2本以上という条件が設定されている。こうした条件規定がなくとも、アカデミズムの制度内で研究を続けていくための「必要条件」として、投稿論文の本数と学位論文の執筆が強く意識されるようになっていると言えるだろう。

営為が先述した意味で、制度的に枠付けられたある一定の期間幅を持った研究プロセスの中でなされる営みだとすれば、方法や書き方はそのプロセスの中での最適性という観点から選択・採用される必要があるだろう。前節では、より卑近な学位論文を書くという制度下でどういった書き方を選択していくかという観点から簡単に述べた。

さらに方法や書き方は、「研究戦略」との関連で考えていくべきことでもある。猪飼周平は、社会科学の方法論は「採られた方法のリストを提示することではなく、メタレベルの方法である研究戦略と、それに適合するように選択・コーディネートされた研究方法群をひとまとまりの全体として提示する」（猪飼 2011: 2）ことが重要だと述べている。どうした戦略が適切であったのかは「事後的に検証される」ものであるとしても、今日、こうした戦略を意識しながら論文の書き方を定めていくことはより重要になってきていると考えられる。一つはこれまで述べてきたように、投稿論文を書き、学位論文を書くといった複数の作業をこなさざるを得ない環境に置かれていて、行き当たりばったりに「山師」的に研究を続けていく余裕がなくなってきているためである。もう一つは、社会学という学問の性格が、解き明かしたい事象にアタックするところから始まるためである。問題の性質に依存して考えていくため、ある方法や形にこだわるというよりは、猪飼が示すように、適切に問題設定の枠組みを広げて、それと関連した適切な方法を選んでいくことが重要になる。

そうした研究戦略との関わりで方法を考えるとすると、研究者の問題設定の進化プロセスといったところが実は見て学ぶべき部分ということになるだろう。猪飼は自身の研究を語るときに「方法」としては語ることができず「研究戦略」を体験として語ることでしか提示できないと述べている。そういった意味では、個々の論文における書き方や構成を勉強するということはもちろん重要であるが、より実質的な学習としては、それなりの形で一つの研究をまとめた人の研究プロセスを追って見るということになるのではないだろうか。たとえば、論文の執筆順や、著書に収録された際のもとの論文からの構成や提示の仕方の変化などを再構成してみることが参考になるかもしれないし、身近な研究者からそれを直接に聞く機会があれば、よりよいであろう[10]。

---

[10] これは、今まで「院生文化」の中で伝承的になされていたのかもしれないが、現在、そうした文化の存在を自明の前提にできなくなってきていることに注意しなくてはならないであ

参考文献

林葉子, 2010,『夫婦間介護における適応過程』, 日本評論社.
井口高志, 2007,『認知症家族介護を生きる――新しい認知症ケア時代の臨床社会学』, 東信堂.
猪飼周平, 2011,「方法としての『病院の世紀の理論』」『保健医療社会学論集』22（1）, 1-12.
石井クンツ昌子, 2010,『社会科学系のための英語研究論文の書き方――執筆から発表・投稿までの基礎知識』.
樫田美雄, 2012,「論文投稿学・序論――投稿誌の選定から査読対応までの支援学の試み」,『保健医療社会学論集』, 23（1）, 3-15.
前田泰樹・水川喜文・岡田光弘編, 2007,『エスノメソドロジー――人びとの実践から学ぶ』, 新曜社.
箕浦康子, 1999,『フィールドワークの技法と実際――マイクロ・エスノグラフィー入門』, ミネルヴァ書房.
中根成寿, 2006,『知的障害者家族の臨床社会学――社会と家族でケアを分有するために』, 明石書店.
西條剛央, 2009,『研究以前のモンダイ――看護研究で迷わないための超入門講座』, 医学書院.
佐藤郁哉, 2006,『フィールドワーク――書を持って街へ出よう　増訂版』, 新曜社.
佐藤健二, 2011,『社会調査史のリテラシー――方法を読む社会学的想像力』, 弘文堂.

第 14 章　論文執筆の舞台裏：
質的研究の場合

石川良子

1. はじめに

　本章のテーマは質的調査をもとにした論文の書き方である[1]。ただし、以下では「どうすれば論文を書けるのか」を解説しているわけではない。そのように読める箇所もあるかとは思うが、基本的には「どうやって論文を書いているのか」を振り返り、私自身の経験を書き留めたに過ぎない[2]。だが、執筆プロセスを言語化するのは思った以上に難しく、うまく文章にならなかったところも多い。これは論文を執筆することが、自転車に乗ったり楽器を演奏したりするのと同じように、かなり身体化された行為だからなのだと思う。
　この難しさは、料理を教える／習うときの難しさにも喩えられる。料理を作り慣れている人にとって、初心者にレシピを教えるのはかなり厄介なことである。

---

[1]　質的調査における「質的」とは「非統計的」の別名であって、多種多様な方法が一括りにされているに過ぎないとの指摘がある（佐藤 1996）。これを踏まえて本章では、フィールドワークやインタビューなどにより被調査者と直接関わりながらデータを収集し、かれらの経験を描くことを主な目的とする調査研究に限定する。

[2]　したがって、私がどういう研究をしてきたのか簡単に説明しておく必要があるだろう。私は修士課程から一貫して「ひきこもり」の研究を行なっている。自助グループや支援団体に当事者として関わっている人々を中心にインタビューし、かれら自身にとって「ひきこもり」とは一体どのような経験なのか、そこからの回復をどのように捉えることができるのか、ライフストーリー研究の見地から明らかにすることを主要な課題としてきた。具体的な研究成果としては拙著（石川 2007）をご覧いただきたい。

たとえば「塩・コショウ少々で味を調える」という指示ひとつとっても、初心者からすると「少々」がどれくらいの量なのか分からないが、それを訊かれても「少々って言ったら少々であって……」と言葉に詰まってしまう。しかも、同じように作ったつもりでも味は毎回変わるものなので、そのつど舌で確かめて「少々」を決めるしかない。このとき頼りになるのは、それまでの経験によって培われた感覚である。きちんと説明できるのはせいぜい材料と大まかな手順くらいで、そこに若干のコツを付け足すことができれば上出来だろう。
　だからと言って、事細かくレシピを説明することができ、なおかつその通りに作れたとしても、必ず美味しく仕上がるわけではないから余計に困ってしまう。結局のところ料理を覚えるためには、見よう見まねでやっては失敗し、嫌がられながらも味見してもらい、ふたたび作ってみるということを繰り返すしかない。また、美味しいものを作るためには美味しいものを食べることも大切である。そうこうしているうちに、レシピ通りでないにしても、そこそこバランスのとれた味に仕上げられるようになっているだろう。
　論文の書き方についても同じように言える。大まかな手順を説明することはできるかもしれないが、それはあくまで個々の書き手の経験に根差したものであり、その手順に従ったからといって最後まで書き上げられるわけではない。ましてや「いい論文」が書けるという保証など全くない。とはいえ、他人の執筆プロセスをのぞいてみるのは全く無意味なことでもないだろう。そこから何がしかの手がかりが得られるかもしれない。しかし、論文の書き方に王道はないということを肝に銘じておかないと、どんなに優れた手引きがあったとしても、かえって執筆作業の妨げになってしまう可能性がある。
　どれほど出来の悪いものであろうとも、とにかく最後まで書き通してみること、そして批判してもらうこと。様々な論文を読んで、気に入ったものがあれば真似してみること。そういった積み重ねが何より大事なのであり、それを通して自分なりの書き方を見つけていくしかない。

2. 執筆に取り掛かる

　論文の執筆過程を図示するならば、おおよそ図14-1のようになる。矢印の方

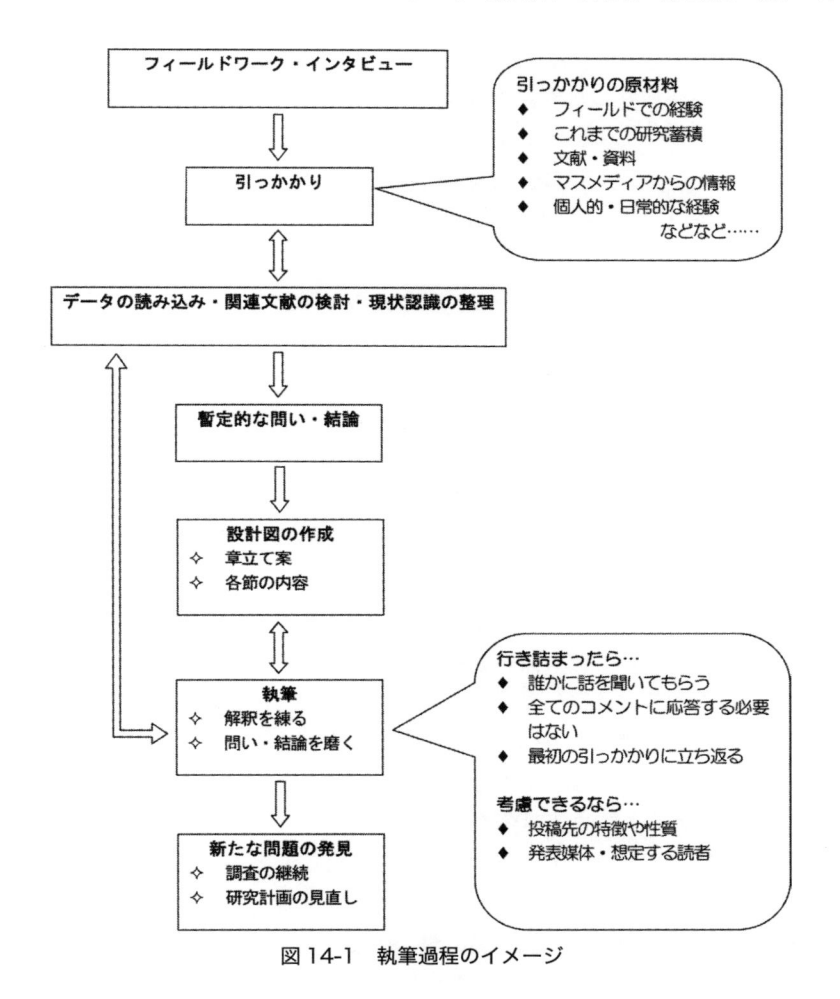

第 14 章　論文執筆の舞台裏：質的研究の場合　179

```
フィールドワーク・インタビュー
            ↓
         引っかかり  ←――  引っかかりの原材料
            ↕              ◆ フィールドでの経験
                           ◆ これまでの研究蓄積
                           ◆ 文献・資料
                           ◆ マスメディアからの情報
                           ◆ 個人的・日常的な経験
                                    などなど……

  データの読み込み・関連文献の検討・現状認識の整理
            ↓
         暫定的な問い・結論
            ↓
         設計図の作成
         ◇ 章立て案
         ◇ 各節の内容
            ↓
           執筆           ←――  行き詰まったら…
         ◇ 解釈を練る           ◆ 誰かに話を聞いてもらう
         ◇ 問い・結論を磨く      ◆ 全てのコメントに応答する必要
                                 はない
                               ◆ 最初の引っかかりに立ち返る

                         考慮できるなら…
                           ◆ 投稿先の特徴や性質
            ↓              ◆ 発表媒体・想定する読者
         新たな問題の発見
         ◇ 調査の継続
         ◇ 研究計画の見直し
```

図 14-1　執筆過程のイメージ

向を見てもらえれば分かるとおり、その過程は決して直線的ではない。現実はもっと混沌としているが、とりあえずは行きつ戻りつ徐々に進んでいくイメージを持ってもらえれば十分である。

直感を言語化する

　論文を書こうとするなら、まずは何を書くのか決めなければならない。ところが、なかなかテーマを決められなくて困ってしまうことがある。地道に調査を続

けていればおのずと材料は増えていくわけで、書けることが何もないなどということはあり得ない。しかし、大量のトランスクリプト（インタビューの録音データを逐語的に書き起こしたもの）とフィールドノートを目の前にすると、これをどうやって20,000字にまとめればよいのか途方に暮れてしまう。

こういうときは、自分の中で引っかかっている"何か"を見つけることから始める。なぜだか分からないけれど気になって仕方がないもの、面白いと感じるもの、違和感や抵抗感を覚えるもの等々を自分の中に探っていく。どんなに些細なことでもかまわない。たとえば、フィールドで見聞きした何気ない一言や振る舞い、インタビューでの調査協力者の語りや表情、調査者である自分の反応や感情経験などである。もちろん、フィールドノートやトランスクリプトを読み込む作業も欠かせない[3]。調査協力者がこれまで歩んできた道のりを大まかに把握するとともに、繰り返し出てくるフレーズやエピソード、その人独特の言い回し、とくに感情を込めて語っている部分、逆に積極的に語ろうとしなかった部分などを拾っていく。

また、調査協力者自身にとって重要であるように思われる箇所だけでなく、調査者である自分にとって印象深い箇所も忘れずにチェックする。このとき「こんなことに引っかかるのは自分だけだ」とか「こんなのは個人的なこだわりに過ぎない」といったことは、なるべく気にしないようにする。研究する私も社会化された存在なのだから、私個人の経験（感情や感覚を含む）もまた社会を読み解くための大きな手がかりになるはずだ。

このようにして引っかかる"何か"を見つけたら、どうしてそれに引っかかるのかを掘り下げていく。フィールドノートやトランスクリプト、文献などに裏づけを探しつつ、自らのもつ常識や価値観、社会状況に対する認識、調査テーマに関する情報や知識、調査協力者との関係性、学問的前提と理論枠組みなどを丁寧に吟味するのである。この作業は非常に重要だ。なぜなら、直感的な引っかかりを単なる思い込みに終わらせず、論文に結実させられるかどうかは、その直感にどれだけ言葉を与えられるかにかかっているからである。言うなれば論文の執筆とは、自分の直感を誰より自分自身にとって納得がいくように、次いで第三者にも伝わるように言語化し、示唆を引き出すプロセスにほかならない。

---

3 語りの解釈について分かりやすく解説したものとして、桜井・小林（2005）を挙げておく。とくに第3章を参照。

基本構成に沿って文章化する

　直感がある程度まとまった言葉になり、それを裏づける資料やデータが整ってきたらアウトラインを作る。基本的な論文構成に沿って章立てを考え、各節の内容を箇条書きにするのである（図14-2を参照）。実際に書いてみてうまくいかなければそのつど修正すればいいので、このときは大雑把でかまわない。

　論文とは、ある形式にのっとった文章のことである。その点で窮屈なところも確かにあるが、ここに提示したようなアウトラインを単なる形式とみなすのは得策ではない。たとえば、どうして序論で先行研究をまとめる必要があるのか。それは、これまでに明らかにされている（いない）ことや不十分な点を整理して、自分のやりたいことやその意義を明確にするためである。そして、先行研究のレビューを通して追求すべき問いと課題をはっきりさせたら、それをクリアするために一体どういう調査を行なったのか（調査概要）、収集したデータをどういう視点でまとめたのか（理論枠組み）を書いていく。このように、自分の考えたことや調査で分かったことを読者にも伝わるように表現するうえで、論文の基本的な形式はとても合理的なものだと言える（よって、直感を言語化していくときにもガイドラインとして役立つ）。

　さて、どのくらい考えがまとまったら執筆作業に入ればいいのだろうか。完全に考えが固まらなければ書けない、などと思い込んでしまうと書きだすのは難しくなる。というのも、文章を書いているときは、頭の中にあるものがそのまま外

Ⅰ　序論
○問いの設定；関心の所在はどこか。この論文で何を明らかにするのか
○社会的・学問的背景；それを明らかにすることが必要とされる背景
○先行研究；これまでの研究で明らかにされていること／されていないこと
○理論枠組み；どういう視点からデータを切り取るのか
○調査概要；実施期間、協力者へのアクセス経路、取り上げた事例の特徴など

Ⅱ　本論
○分析・解釈；問いに即してデータを再構成する
○考察；何を明らかにできるのか。どのような示唆を引き出せるのか

Ⅲ　結論
○まとめ；ここまでの内容を要約し、この論文が何に寄与するものか述べる
○今後の課題；何を明らかにできなかったのか。新たに見えてきた問題は何か

図14-2　論文のアウトライン

に出てくるわけではないからだ。まさに書いているその過程で思考は組み立てられていく。そのため考えが固まっているように感じていても、全く文章にならないということがよくある。だから、ある程度の見通しが立ったら書き始めてしまうくらいの思い切りが必要だ。

　また、アウトラインに従って序論から順序よく書き進めることに、あまりこだわらないようにする。経験的には、順番に書こうとしても問いを立てるところでつまずくことが多い。問いがなければ論文は成り立たないが、だからこそ問いを立てることは非常に難しい。そこで序論を後回しにして本論のほうから書いていくと、案外スムーズにいったりする。問いと知見はセットになっているので、何が分かったのか（＝知見）がはっきりしてくれば、おのずと何が分からなかったのか（＝問い）も明らかになってくるのである。

　私の場合、執筆過程はざっと次のようなループを描く。ひとまず社会的背景や調査概要など比較的書きやすいところを書き、ごくごく大まかに問いを立てたら本論に着手する。考えは書きながら深まっていくものなので、執筆作業を通して解釈は練られ、知見が明確になってくる。そうしたら序論に立ち返って問いを検討し、問いが定まってきたら先行研究と理論枠組みもまとめていく。そして再び本論に戻り、さらに解釈と考察を練り上げていく。こうして序論と本論を行ったり来たりして7〜8割くらい出来上がってきたら、いったん結論をまとめてみる。そして、再び序論と本論に戻って全体の構成と内容を調整し、これを繰り返しながら完成度を高めていくのである。

　どの時点で書くのをやめにすればいいのか、ということにも触れておこう。単純に考えれば締切りというタイムリミットがある。ところが、投稿論文の場合は雑誌ごとに期限が定められてはいるものの、いつ提出するのかは基本的に自由だ。そのため満足いくものが書き上げられるまでは、と際限なしに投稿を見送ることができてしまう。しかし、心底納得のいくものなど、そう書けるものではない。というよりも、上述のように書くことは考えることなので、書けば書くほどに新たな課題が出てきて目下の文章が不十分なものに見えてくる。だが、これではきりがない。そこで執筆に取りかかるときと同じく、終わらせるときにも思い切りが必要になる。より実感に即して言えば、あきらめが肝心だ。議論に不十分なところがあったとしても、それは今後の課題としておく。何を明らかにできて、何を明らかにできなかったのか。これを把握できたなら、それがやめどきである。

3. 執筆に行き詰まったら

　論文の執筆はいつも順調に進むわけではない。執筆しているときのことを思い返してみると、文章を書いている時間よりも、書けなくて悩んでいる時間のほうが長いような気がする。執筆作業が暗礁に乗り上げたときには、そもそも何を書きたかったのか、どうしても譲れない部分はどこか、といったこと（要するに、いちばん初めの直感）に立ち戻るようにしている。こういうとき話を聞いてくれたり、草稿に目を通してくれたりする研究仲間の存在は大変心強い。ただ、全てのコメントに対応しようとすると逆に混乱を増すことになりかねないので、そこは注意が必要だ[4]。ほかには投稿を予定している雑誌の特色や想定される読者なども、論点を絞り議論の方向性を修正するうえで手がかりの1つになり得る。

　しかし、それよりも自分の書きたいことや伝えたいことを煎じ詰めることのほうが大切だ。また、データから言えることを決しておろそかにしてはならない。フィールドノートやトランスクリプトを何度でも見返し、そこから何が言えるのか突き詰め、それを最大限に活かすためにはどういう問いの立て方がいいのか、どういう議論の道筋がいいのか、どういう研究の流れに位置づけるのがいいのか、といったことを考え抜く。せっかく調査したのだからデータがなくても言えることをわざわざ書くことはない、というのは言い過ぎかもしれない。だが、ともかくも調査研究の生命線はデータをどれだけ活かせるか、にあることは常に念頭に置いておきたい。

　また、文章の粗にばかり目がいって自己嫌悪に陥ってしまい、書けなくなることがよくある。しかし、執筆過程でどんなにお粗末な文章を書いたとしても、それが不特定多数の読者の目に触れることは一切ない。したがって、はじめからうまく書こうなどと思わず、書き直すことを前提にして、とにかく終わりまで書いてみる。それから推敲を重ねて完成度を高めていけばいいのだ。当たり前のことではあるけれども、書いたものがなければ修正のしようもない。

---

4 また、相談する相手も選んだほうがいい。ベッカーは「善意で草稿を読んでくれる人」を探し出すように教えている（Becker 2007=2012: 31）。本書は執筆を阻む様々な心理的障壁について書かれており身につまされるが、他方では書けない苦しさを対象化できるので気が楽になる。

それでも書けないようなときは、潔く執筆を中断するのも1つの手だ。いったん時間を置くことで、なぜ書けなくなっているのか分析できるだけの冷静さを取り戻せるからである。あるいは寝かせているうちに考えが熟成され、より洗練された問題設定や章立てを思いつくとか、自分の直感をよりよく表現することを可能にする理論や概念に出会えることもある。また、調査テーマをめぐる社会的・時代的状況や、研究の進捗状況とうまく噛み合っていないために、自らのつかまえた直感を「問題」として提示できないこともある。そういう場合は、卵が孵るのをじっと待つ親鳥のように、問題意識を温めつつ時機を伺う。何事においてもそうであるように、論文にとってもタイミングは重要である。
　ところで、どちらかといえば書くことが何も浮かばないときよりも、書きたいことがあり過ぎるときのほうが執筆作業は難航するように思う。とくに時間をかけて準備をしたときやテーマに対する思い入れが強いときには、手持ちのカードを全て使わないと気が済まなくなる。しかし、そこをぐっと堪えて問題を絞り込み、余計な箇所を切り捨てる勇気を持ちたい。もったいないように感じるかもしれないが、何でもかんでも詰め込んで散漫な仕上がりになるほうが余程もったいない。その捨てた箇所も今回は盛り込めなかったというだけなので、また別の機会に論じればいい（と自分に言い聞かせても、実際にはなかなかあきらめがつかないものだが）。

4. データを活かす

　先ほども述べたように、調査研究の生命線はデータをどれほど活かすことができるか、というところにある。データを存分に活かすには、何より調査協力者の経験への理解を深めることが必要である。そのためにはトランスクリプトやフィールドノートを徹底して読み込むことはもちろん、そこに記録されていることの意味を分からせてくれるような理論的視点を磨くことも欠かせない。
　加えて、もう1つ忘れてはならないことがある。それは、どのようにデータを提示するのか、ということだ。質的調査による論文の面白さはデータの魅力それ自体に負うところも大きいが、その魅力を生かすも殺すも書き手次第だと言える。新鮮な食材はそのままでも美味しいが、調理の仕方によって素材の良さを

いっそう引き立てることもできれば、かえって台無しにしてしまうことがあるのと一緒だ。そこで、データの引用・提示の仕方に関して気をつけている2、3のことを述べたい。

　言うまでもなくデータの扱い方は研究の目的・趣旨によって変わってくるが、インタビューに関しては次のことを強調したい。それは、データをたくさん引用することが必ずしもデータを活かすことにはならない、ということだ。語りそのものが生き生きとしていて迫力に満ちていると、どうしてもトランスクリプトからの引用を増やしたくなる。通常は字数制限が設けられているので手当たり次第に引用するわけにはいかないが、むやみやたらに引用しても1つ1つの印象が弱まり、結果的に論文全体が平板になってしまう。

　そこで、まとまった分量の語りを一続きに引用するのは、議論の要になるところだけに留める。膨大なトランスクリプトから引用箇所を絞り込み、それをうまく本文に組み入れることは非常に難しいが、まずはざっくり切り取って論旨や全体のバランスを見ながら分量や配置を調整していく。また、長めに引用するのは無理でも、キーワードや独特の言い回しはカギカッコで括って地の文に埋め込むようにする。こうすれば調査協力者自身のニュアンスをある程度残すことができる。かなり要約しないと制限字数内に収まらなくなるが、調査協力者の語りを自分の言葉でまとめ過ぎてもいけない。ボリュームを抑えつつ調査協力者の語り口を最大限に活かすための工夫が必要である。

　そして、もう1つ大事なのが注釈である。トランスクリプトから引用する部分を厳選し、本文中の最も効果的なところに配置できたとしても、それだけでは全くもって不十分だ。その語りがどのような脈絡で語られたのか、なかでもポイントになるのはどこか、どういう点で示唆に富んでいるのか、といったことを説明する。そうしなければ、提示した語りの重要性や面白さを読者に理解してもらうことはできない。1つ1つの語りを丁寧に掘り下げ、表面をなぞっただけでは見えてこないような何かを見せられるかどうか。言ってみれば、語りを語らせることができるかどうか。ここで書き手としての力量が問われるのである。

5. おわりに——フィールドに対する責任

　論文を書くのは易しいことでもなければ、楽なことでもない。睡眠時間を削り、体力と気力を消耗させ、何でこんな思いをしてまで書かねばならないのかと、毎回泣きたくなる[5]。こういうとき大きな駆動力になるのが、調査に協力してくれた人たちに対してお返ししたい、という気持ちだ。お返しと言っても、とうてい問題解決に直接貢献するといったところには届かない。自分がフィールドで何を学び、それをどう受け止めたのか文章にまとめること。これが最低限のお返しである。

　その一方で、フィールドとの関係は最大のプレッシャーにもなる。自分の書いたものがトラブルを引き起こし、最悪の場合は調査を続けられなくなることもあり得る。データを丹念に読み込み、人々の経験を努めて丁寧に描き出すことで、最悪の事態は避けられると信じたい。しかし、研究上の関心と現場の関心とが完全に重なることはほとんどなく、よってフィールドとの間に軋轢が生じる可能性は常につきまとう。だからと言って、何も書かないわけにもいかない。調査する－されるという関係において責任を果たすということは、調査の成果をきちんと形にすることだからだ。関係に対して責任を持てるかどうかということは、もはや調査倫理の域には留まらない問題である。しかし、それは決して過剰な要求ではないだろう。なぜなら、比較的長期にわたって調査協力者と直接的に関わる質的調査にとって、その基盤が人間関係にあることは間違いないからである。

　もう一度繰り返すが、論文を書くのは易しいことでもなければ、楽なことでもない。だが、それにもかかわらず論文を書くことは楽しいと思っているのだから、本当に不思議だ。自分の考えや思いにピタッとはまる言葉を見つけたときのあの快感は病みつきになるし、自分の書いたものを真剣に読んでくれた人に出会ったときのあの喜びは何にも代えがたい。それがフィールドの人なら尚更だ。苦しさに勝るもの、それを求めて論文を書き続けるのである。

---

[5] ずいぶん前に次の一文を読んで、文章を書くのは苦しくて当たり前なのだと納得した。「読むという働きは、聞くという働きなどに比べれば、多量のエネルギーを必要とする。しかし、書くという働きに必要なエネルギーは、読むという働きに必要なエネルギーを遥かに凌駕する」（清水 1959: 6）。

参考文献

Becker, H. S., 2007, *Writing for Social Scientists, 2nd edition.* Chicago: The University of Chicago press. =2012, 小川芳範訳,『ベッカー先生の論文教室』, 慶應義塾大学出版会.

石川良子, 2007,『ひきこもりの〈ゴール〉――「就労」でもなく「対人関係」でもなく』, 青弓社.

佐藤健二, 1996,「量的／質的方法の対立的理解について――『質的データ』から『データの質』へ」『日本都市社会学会年報』14, 5-15.

桜井厚・小林多寿子, 2005,『ライフストーリー・インタビュー――質的研究入門』, せりか書房.

清水幾太郎, 1959,『論文の書き方』, 岩波新書.

第 15 章　問いを限定することの大切さ

亀山俊朗

1. 『福祉社会学研究』誌の特色と投稿までの経緯

『福祉社会学研究』誌の特色

　私は、福祉社会学会の機関誌『福祉社会学研究』第 3 号（2006 年）に、投稿論文「シティズンシップの変容と福祉社会の構想」を掲載していただいた。
　『福祉社会学研究』は 2003 年の福祉社会学会設立に伴い、その学会誌として 2004 年に創刊された。以降年一回刊行されている。
　投稿論文のテーマとしては、介護や医療などの対人援助の現場に根ざした調査や考察が多くを占める。そうした分野では、以下のような標題の論文が第 9 号（2012 年）までに掲載されている。

　　医療の中の介護労働――"寝たきり老人"対策としての「付添」の制度化と
　　　問題化を手掛かりに
　　ホームヘルプ労働の教育制度と相互行為場面についての考察――実践の中で
　　　「熟練者になる」ことを学習する
　　女性の介護――ライフコース視点からの考察
　　介護というコミュニケーション
　　介護労働とユニット志向ケア導入プロセス
　　介護職の「専門性」に対する認識と評価
　　初期認知症高齢者の語り合いにおける相互作用過程

医療の論理が認知症ケアにもたらすもの——あるデイサービスの試みを事例にした探索的研究
障害者の自己決定とボランティア／NPOによる支援
障害者水泳における当事者ニーズの定義の困難性と指導員のポジショナリティ
障害者自立支援法の下での「支え合い」
精神障害者と仕事
生活をまわす／生活を拡げる
保育者－保護者間のコミュニケーションと信頼
ひろば型子育て支援における「当事者性」と「専門性」——対称性を確保するための非対称な工夫
「第一次お産革命」の再検討
ボランティア文化の変容に対応したボランティア支援の在り方
福祉ネットワークの形成条件——愛知県知多半島を中心とした福祉NPOのネットワークを事例として

　これらの主題は、「福祉」社会学に対する一般的なイメージと、それほど齟齬がないだろう。
　こうした諸論文以外にも、理論的・規範的な考察を中心とするものとして、下記の論文が掲載された。

社会福祉が成立する範疇に関する分析枠組の構築——価値観と生活問題への対応の視点を中心に
R. ピンカーの市民権論
表情を交わし合う相互行為
社会的公正へ向けた選別的普遍主義——見失われた社会保障理念の再構築
地域福祉実践の規模論的理解

　また海外も視野に入れた制度論や社会政策論として、以下のような論文が掲載されてもいる。

移行期中欧の社会保障制度の特長と意義
ニューヨーク市のワークフェア政策——就労「支援」プログラムが受給者にもたらす効果
精神保健政策の変容

投稿までの経緯

　こうした投稿論文の傾向を持つ『福祉社会学研究』誌の中で、「シティズンシップの変容と福祉社会の構想」という論文は、標題に「福祉社会」という語を含むものの、内容は社会理論の分析を中心とするもので、やや異色といえるかもしれない。

　しかし、私にとってこの論文を『福祉社会学研究』誌に投稿することは、その後の研究活動を考えても重要な意味を持っていた。私は投稿後2008年に「シティズンシップの変容——グローバル化における衰退と再構成」という論文で学位を取得し、シティズンシップをテーマとする共編著（木前・亀山・時安 2011, 木前・時安・亀山 2012）にも参加しているが、このテーマの論文を投稿し、その後研究を続けるようになるまでには、曲折があった。シティズンシップ研究の領域は非常に広く、にもかかわらず日本では海外に比べ認知された分野とはなっていない。2004年に創刊された『福祉社会学研究』という新しい器があったからこそ、私はこのテーマを形にしていくことができたと言える。

　シティズンシップ研究は、海外、とくに英語圏ではすでに確立された領域であり、専門書が毎年相当数発刊され、*Citizenship Studies* という専門誌も1990年代から定期刊行されている。しかし、日本では政治学、教育学、社会福祉学などの領域の一部の専門家が論じているに過ぎない。日本の社会学においてもシティズンシップ研究の蓄積はあるが、その関心はこれまで主に外国人の権利や、EU市民権に向けられていた。もちろん、福祉研究の基礎的概念として、シティズンシップ（市民権）は T. H. マーシャルの名とともに知られていたが、日本の福祉研究においては一種の規範的な権利概念として扱われる場合が多かったと思われる。

　私は、修士論文（社会学専攻）では市民社会論をテーマとした。博士後期課程では市民社会を支える制度としてベーシック・インカムなどの新しい社会政策に関心を持ったものの、なかなか独自の切り口を見いだせずにいた。そのうち、多くの論文で、ベーシック・インカムを得る資格要件としてシティズンシップがあ

げられていることに気がついた。当時私は、シティズンシップについては通り一遍の知識しか持ち合わせておらず、国籍（ナショナリティ）との区別もよくわからない状態だった。なぜ、ナショナリティではなくシティズンシップを資格要件としなければならないのか、という素朴な疑問が出発点だった。

　日本語のシティズンシップ研究を読んでみると、EUの成立により、従来の国籍とEU市民権との間にずれが生じているため、シティズンシップに注目が集まっている、といったことが書かれている。なるほど確かにそうだろうが、とするとシティズンシップは従来の「国籍」を新たに代替する（たとえて言えばEU国籍のような）ものなのだろうか。

　ここに至りようやく、私は現代的古典の一つとされるT. H. マーシャルの『シティズンシップと社会的階級』（Marshall and Bottomore 1992）を、翻訳ででははあるがはじめて（！）通読した。そこでは、シティズンシップは、あるコミュニティの成員が持つ地位身分であり、その地位身分をもつものは権利と義務において平等である、と書かれている。

　従来シティズンシップに「市民権」という訳語が与えられていたことからもわかるように、私たちはそれを権利概念として理解してきた。しかし、この訳語はシティズンシップという地位身分に付随する権利のみをあらわすものであり、シティズンシップ総体をあらわす訳語としてふさわしいとはいえない。「市民権」と訳すと、「シティズンシップという地位身分に伴う権利」のみに注目することになる。そのことは、市民権やシティズンシップを標題に掲げた日本の社会学や政治学の論文の多くが、外国人の権利問題（EUでの権利問題を含む）を論じていたことからもわかる。

　シティズンシップの地位身分とは国民の地位身分であると広く合意されていれば、地位身分とは何かについて深く検討する必要はない。国民の地位身分（国籍）を持てない外国人の権利問題や、あるいは国籍があっても十分に権利を保障されないものたちの権利問題が中心になって当然である。

　しかし、グローバル化の時代と称される現代、国民の地位身分自体が著しく流動化しているのだとしたら、シティズンシップは権利概念としてよりも、地位身分の概念として再認識される必要がある。実際、ベーシック・インカム論をはじめとした英語圏の社会理論や社会政策論の文脈では、シティズンシップは単に権利の問題としてではなく、その前提となる地位身分や、資格付与 entitlement の

概念として論じられている。つまり、権利の前提となる、言わば「権利を持つ権利」（Benhabib 2004=2006）が問題にされているのだ。

　そしてシティズンシップという視点を通じて、国内・国外・国際という従来の区分けもまた見直される。国民と国民以外とが峻別されているのであれば、前者は国内問題として、後者は国外ないしは国際問題として扱えばよい。実際、日本の社会学の多くは、そのような国内・国外・国際という区分けを前提として研究をすすめてきただろう。しかし、現代の社会問題はそうした区分けのもとでは分析しきれない。シティズンシップ概念はそれらを一貫して分析するための有効な道具となるだろう。

　こうした問題意識のもと、私はシティズンシップ論を勉強しはじめたのだが、このテーマの論文をどこに投稿すべきか、しばらく判断がつかずにいた。そもそも市民社会論をテーマにしていたころから、日本社会学会などの総合的な学会で発表しても毎回振り分けられる部会が異なるという状態で、いったいこのテーマがどのジャンルに属するのかがわからなかったのだ。当時の日本の社会学界では、EU市民権には注目が集まっていたが、国内の社会政策とグローバル化を関連づけてシティズンシップを論じたものは、あまり見当たらなかった。社会福祉学では一種の規範概念としてシティズンシップを扱っているようで、社会学を専攻する私は、そうした議論の文脈にうまく自論をあてはめる自信もなかった。

　シティズンシップにかんする研究と並行して、私はフリーターやニートと呼ばれる若者の調査研究をすすめていた（太郎丸編 2006）。その際、フリーターなどの問題はシティズンシップの社会的権利の衰退の、日本的なあらわれであるといった趣旨の主張をしたが、この見解は理解されにくかった。シティズンシップ（市民権）は実証的・政策的には外国人の権利や多文化主義などと、理論的には規範的・政治哲学的な権利論と関連するものというイメージが強かったのだろう。

　教育学や教育社会学において、若者のシティズンシップに言及する論者はいたが、それは「若者の自立」を含意するもののようであり、英語圏の社会学の主流における議論とはかなり肌合いが異なっていた。いまや隔世の観があるが、2000年代のはじめごろは、フリーター問題は若者の意欲や資質が低下した結果であり、教育問題であるという認識が一般的だった。ワーキングプアや貧困の問題はまだ多くの人びとの関心の埒外にあった。若者のシティズンシップにしても、英語圏の社会学であればそれはまず社会的権利の問題としてとらえられ、それを

前提としながら参加や市民性について議論されるのだが、日本においては若者を社会に参加させるための教育的・道徳的標語として受け止められているようだった。

そうした日本の文脈に、シティズンシップ研究をどのように導入したらよいのか。具体的には、投稿誌をどこにすべきか。

幸い、2004年に福祉社会学会誌である『福祉社会学研究』が創刊されたため、この問は解決した。福祉を研究対象とする社会学研究誌であるならば、英語圏の社会学の基礎概念であるシティズンシップの検討は、受け入れられやすいだろう。また、英語圏でのシティズンシップ研究はポスト福祉国家におけるシティズンシップのありようをしきりに論じているので、「福祉社会」研究としての意義も主張できる。そこで、「シティズンシップの変容と福祉社会の構想」というテーマの論文を、『福祉社会学研究』誌に投稿することにした。

2. 投稿論文の構成と内容

投稿論文「シティズンシップの変容と福祉社会の構想」の節構成は、下記のとおりである。

1. なぜ「シティズンシップ」か
2. 近代的シティズンシップとその限界
3. ポストモダン化・グローバル化とシティズンシップ
4. 福祉社会とシティズンシップ

第1節は、問題設定を目的としている。日本語で福祉を論じる際、人権（基本的人権）はしばしば用いられるが、シティズンシップ（市民権）はあまり用いられない。そもそも、人権とシティズンシップの違いも、日本ではあまり意識されていない。戦後の日本のような相当に閉鎖的な国家においては、普遍的な自然権という含意のある人権と、限られたメンバーのシティズンシップを同一視しても問題なかっただろう。しかし近年の、国内での社会保障や福祉のあり方が見直されようとしている状況と、国家間の経済格差の拡大や移民の増加、民族紛争の再

燃といった事態は不可分であり、こうした現状を分析するには普遍的な人権概念だけでなく、特定のメンバーシップにかかわるシティズンシップに焦点をあてる必要がある。福祉社会の構想は、福祉の基盤が国家だけでなく多元化されつつあることに関連しているのであり、その検討のためにはシティズンシップの変容もまた考察されなければならない。

　第2節では、しかし、福祉社会の構想を検討する前に、福祉国家的なシティズンシップとその批判が確認される。T. H. マーシャルは、20世紀の福祉国家において、市民的・政治的・社会的要素が揃った国民の地位身分としての近代的で自由主義的なシティズンシップが成立したと考えた。しかし、そのシティズンシップ概念は大きく二つの批判にさらされている。一つは、ポストモダン化・グローバル化によりシティズンシップの境界が多様化し、その内実も多元化したという批判である。いま一つは、市民共和主義的な立場からのもので、自由主義的シティズンシップは義務や参加を軽視しており、市民を受動的にしているというものである。

　第3節では、第一の批判、すなわちポストモダン化・グローバル化を重視する立場の検討を行った。ポストモダン化やグローバル化は、国民国家の境界を流動化させるとともに、単一と考えられがちだった国民国家の文化を多元化する。そうしたもとで、単一のネーションや確固たる国境を前提としたマーシャルの概念は時代遅れになったと批判者は言う。しかし、マーシャルは歴史的には国民国家以外のシティズンシップの境界が存在していたことを指摘している。そして、過去に都市国家やギルドのような小コミュニティにおいて保障されていた社会的権利が、より広い範囲（近代国家）における市民的権利の発達によって衰退していったことを示したその議論は、福祉国家の社会的権利が衰退しグローバルな市場が成立しつつある現代にも示唆的であることを明らかにした。

　第4節では、第二の批判、すなわち近代的・自由主義的シティズンシップは権利を過度に重視するため市民をクライアント化し、能動的な参加を奪っているという見解を検討した。こうした主張は、自立や参加を重視するがゆえに、国家の枠にとらわれない福祉社会の構想と親和的である。公共的なコミュニケーションへの参加を重視する市民共和主義的な主張は、福祉を市民の自助グループにより実現するという社会政策的な文脈に接続される。その典型が、ブレア新労働党が唱道した「第三の道」路線であり、そこではシティズンシップ概念は社会的権

利の平等から参加の保証へと重点を移しつつある。その際、自由主義的シティズンシップが持っていた平等概念としてのインパクトが損なわれる可能性を指摘しうる。

　こうした内容を持つ「シティズンシップの変容と福祉社会の構想」は、2005年9月に『福祉社会学研究』に投稿された。

3. 査読の経過と結果

第1回査読結果

　この投稿に対して、2005年10月30日付で福祉社会学会編集委員長から査読結果の通知をいただいている。
　福祉社会学会では査読者は二名で、評価段階は以下の通りであった。

- A： 掲載可能
- B： 部分的な修正をすれば掲載の可能性がある
- C： 大幅な修正をすれば掲載の可能性がある
- D： 掲載不可
- X： 題材・内容が本誌の掲載論文としてふさわしくない

　第1回の査読では、拙稿にたいして査読者お二方とも評価は「B（部分的な修正をすれば掲載の可能性がある）」であった。
　とくに修正の必要があると項目として、第1査読者は、「先行研究・既存学説の扱い」「記述の論理展開」「結果・論点・考察」を、第2査読者は、「記述の論理展開」「結果・論点・考察」の項目をあげた。
　第1査読者は、シティズンシップをポストモダン化、グローバル化といった新たな時代状況に応じてとらえ直す試みとしては評価しながらも、とくに「参加」概念の曖昧さを指摘した。投稿論文はシティズンシップの「参加」が重視されているという趣旨なのだが、それがいかなるものなのかがはっきりしない（市民参加の諸組織による社会サービスの提供などの具体例をあげたほうがよいだろう、との助言も添えられていた）。また、「参加」と不平等の関係や、「参加」や平等を論

じる各論者間の関係がはっきりしないことも指摘されていた。

　第 2 査読者はそのコメントにおいて、福祉社会への可能性を導こうとする意欲的な論文であると評価しながらも、論点がばらばらに提示されているという印象が否めず、ポストモダン化とグローバル化、福祉社会といった鍵概念がどのように布置されているのかわかりにくいとしていた。とくに、ポストモダン化とグローバル化が何を指すのかが不明確であるし、それらと福祉社会論との関係がはっきりしない。また、そもそも標題にある「福祉社会の構想」が明示されているとはいえない、との指摘があった。

　編集委員長からは、11 月 28 日までにこうした査読者の指摘をもとに修正した原稿を提出するよう指示があった。

査読を踏まえた修正

　改稿においては、論述をシンプルにし、議論の流れをわかりやすくすることを心がけた。研究歴の浅いものは、どうしても勉強したことをできるだけ多く書き込もうとする。その結果論旨が濁り、概念や論者間の関係の曖昧さ、各論点のつながりのわかりにくさという難点が生じていると考えたからだ。

　こうした認識のもと、査読者の指摘を踏まえ、以下のような改稿を行った。

　第一に、第 1 稿ではシティズンシップに変容をもたらす時代状況として、ポストモダン化とグローバル化を別個の概念として取り上げ、各々の特徴を論じていた。が、両者の含意するものが重複することから、第 2 査読者が指摘するような概念規定の曖昧さが生じていると考えた。そこで、ポストモダン化とグローバル化をあわせて、意味や経験の断片化、差異化、分散化、脱中心化といった傾向をしめす一つの概念としてとらえる見解（Isin & Wood 1999）を新たに採用した。とくに注目したのが、ポストモダン化とグローバル化という大きな流れが、これまでの国民国家と結びついてきた近代的なシティズンシップに、これまでより上の境界、ないしは下の境界線を課そうとしているという議論である（Isin & Wood 1999: 155）。前者の例として、グローバルな市場や欧州連合など、後者の例としてローカルな政府（分権化された地方自治体）や自助グループをあげた。この見解の採用と事例の提示により、ポストモダン化とグローバル化の示すところをある程度具体的にするとともに、シティズンシップへのその影響を統一的にわかりやすく示すことを試みた。また、国家（福祉国家）だけでなく、市民の自助

グループやNPOなどでの福祉実現を重視する型の福祉社会の構想は、「下の境界線」を引こうとするものであると位置づけ、ポストモダン化・グローバル化と福祉社会論の関係を一貫した視点で明らかにすることができた。

第二に、「参加」の問題である。第1査読者が指摘するように、第1稿ではハーバーマスらの政治的「参加」と、ギデンズら社会学・社会政策論者が重視するコミュニティでの自助活動への「参加」が整理されないままに並列されるきらいがあった。そのため、参加を重視する福祉社会の構想とは何を指すのかが曖昧になっていた。そこで「第三の道」路線をこの論文が考える現代的な福祉社会構想の一典型と位置づけた上で、この路線は、福祉国家が市民を非政治化・クライアント化するので公共的なコミュニケーションへの参加を促進しなければならないという政治理論を踏まえながら、それをコミュニティでの自助的活動への参加促進という社会政策に接続するという概念戦略をとった、という見取り図を描いた。

以上の内容をコメントへのリプライとしてまとめ、修正原稿とともに編集委員会に返送した。

第2回査読結果

この修正原稿にかんする再査読結果について、2005年12月28日付で編集委員長から通知をいただいた。第1査読者は「B（部分的な修正をすれば掲載可（再査読不要））」、第2査読者は「A（掲載可）」という評価であった。この回の査読者からの修正要求は軽微であったので、それに沿った改稿を施し、掲載原稿として提出した。原稿は2006年7月発刊の『福祉社会学研究』第3号に掲載された。

4. 投稿を振り返って

今回、投稿論文と査読者のコメントを再読して感じたのは、論文で扱う領域が広すぎたことである。問を限定しきれていないともいえる。その結果、相互の関連が必ずしも明確でない論点を詰め込むことになっていた。

論文の書き方にかんする名著として知られるU.エコの『論文作法』が強調するように、研究領域を適切に限定し、その範囲をつぶさに調べることができれば、

ある程度の水準の論文を書くことは、それほど難しくはないのかもしれない。「範囲を狭めるほど、仕事はよくなり、基盤がしっかりする」(Eco 1982=1991: 17)。しかし初学者には、かえってこの範囲の限定、すなわちある種の断念が困難である。

とくに私は、学部卒業後 10 年以上大学を離れており、その間は自分の漠然とした関心や疑問にもとづいて読書することしかしてこなかった。社会人が余暇で個人的な勉強を進めるのであれば、それでもかまわないだろう。しかし、当然のことながら学術研究はそうした態度では成り立たない。社会学の場合、良くも悪くも研究室などであらかじめ研究テーマが限定されない場合も多いので、研究歴の浅いものは大きな、あるいは漠然とした主題を設定してしまう可能性が高くなる。

私の修士論文は市民社会論というはなはだ茫漠としたテーマであったし、シティズンシップ研究という課題も非常に大きい。幸い福祉社会学会誌に投稿することにより枠を設定することができたが、それでもシティズンシップと福祉国家・福祉社会の関係というテーマは大きすぎた。論点は当然ながら多岐にわたり、それが査読の際にも指摘されたように、散漫な論述につながってしまったと考えられる。たとえば、イギリス・メージャー政権の特定の政策領域におけるシティズンシップ概念を政府文書にもとづき分析する、といったテーマを、その意義とともにうまく設定できるとしたら、専門誌への投稿論文としてはよりふさわしかっただろう。

ところが私は、冒頭に述べたように「シティズンシップの変容」という、ある意味で修士論文以上に茫漠とした主題の学位論文を書くことになる。ただ、その各章には、たとえばシティズンシップと社会的排除をテーマに二つの概念の異同を論ずる、あるいは近年の諸政策で想定されているシティズンシップのコミュニティを抽出して比較する、といった限定が、不十分ながら施されている。こうした限定の重要性は、私が福祉社会学会誌への投稿で学んだもっとも重要なことであったと思われる。

若い頃から秀才として知られた私の師の一人は、修士論文のテーマを決めかねている私にこう言った。「社会学の論文を書くのなんて簡単だ。自分が答えの出せる問を考えればいいだけなんだから」。まさにその通りなのだろう。しかし、秀才ならぬ身にはその限定の判断、ないしは思い切りがなかなかできない。ある

分野の専門誌を投稿先として選ぶことは、この限定を大いに助けるだろう。

参考文献
Benhabib, Seyla, 2004, *The rights of others,* Cambridge: Cambridge University Press.（=2006, 向山恭一訳,『他者の権利』法政大学出版局.）
Eco, Umberto, 1982, *Come si fa una tesi di laurea,* 6th ed., Milano: Bompiani.（= 1991, 谷口勇訳,『論文作法』而立書房.）
Isin, Engin F. and Patricia K. Wood, 1999, *Citizenship and Identity,* London: Sage Publications.
木前利秋・亀山俊朗・時安邦治編, 2011,『変容するシティズンシップ』白澤社.
木前利秋・時安邦治・亀山俊朗編, 2012,『葛藤するシティズンシップ』白澤社.
Marshall, T.H., and Tom Bottomore, 1992, *Citizenship and Social Class, London*: Pluto Press.（= 1993, 岩崎信彦・中村健吾訳『シティズンシップと社会的階級』法律文化社.）
太郎丸博編, 2006,『フリーターとニートの社会学』世界思想社.

第16章 論文投稿から掲載決定まで：
査読過程を中心に

河野　真

1. はじめに

　本章ではまず、社会政策学会誌の論文掲載決定の仕組みについて説明する。次に論文投稿や採択の近年の状況について解説し、筆者自身の投稿体験を紹介する。一篇の論文投稿をめぐり、審査員（査読専門委員）や編集委員会と投稿者の間でどのようなやり取りが繰り広げられるのかを、できるだけ詳細に記述することを心掛けたいと思う。最後に、査読者の視点から研究論文を作成する上で留意すべき点について、とりわけ重要であると考えられる事項に絞り指摘しておきたい。論文作成側と審査側双方の視点を交えて論文投稿の舞台裏を披露することで、これから研究成果を積極的に公表していくであろう読者に、僅かながらでも有益な情報を提供できれば幸いである。

2. 論文掲載評価

　本節では社会政策学会誌への研究論文掲載評価について述べるが、その前にまず投稿資格や原稿の種別等に関する投稿規程について説明しておくことにする。社会政策学会誌への投稿が認められるのは、学会員資格を有する者（共同執筆の場合は代表執筆者が学会委員であること）である。投稿原稿は、①労使関係・労働経済、②社会保障・社会福祉、③労働史・労働運動史、④ジェンダー・女性、⑤

生活・家族、⑥その他、の何れか（もしくは複数）の専門分野に属するもので、日本語で執筆されたものとされている。投稿原稿の種別は、研究論文、研究ノート、研究動向紹介、政策動向紹介、史資料解題に分けられ、研究論文及び研究ノートについては査読専門員による審査が実施される。本章では以下、研究論文に関して記述することにする。

　社会政策学会誌への研究論文掲載評価は、次に示すような4段階に分けられている。(A) 学術的に優れており、掲載を可とする。(B1) 小幅な手直しが必要であり、指摘した箇所が修正されれば、再査読を経ずにそのまま掲載可とする。(B2) 大幅な手直しが必要であり、再査読を経て改善が確認されれば掲載可とする。再査読においてさらに改善のための修正を求めることがある。(C) 掲載不可とする。

　審査員（査読専門委員）は2名で編成される。社会政策学会では約80名の査読専門委員を擁しており、10名ほどで編成される編集委員会が投稿論文の分野に応じて当該領域の査読者を選び、審査が実施されるのである。

　審査結果と論文の採否決定の関係については、次の通り。2名の審査員両者の評価がA＋Aの場合は当該論文は即採用となるが、A＋B1、B1＋B1の場合は修正後掲載が可となる。A＋B2、B1＋B2、B2＋B2のように評価にB2が含まれる場合は、論文の修正後再査読を経て採用されるか、再々査読の後、採用か不採用が決まるのである。第一次審査で審査員両名がC評価を下した場合は不採用となるが、C評価が一名のみの場合は第三査読者が指名され、上記と同様の再査読後のプロセスを経ることとなる。

　総合的評価に加え、社会政策学会誌では項目別評価として、①明確な研究目的、②研究目的に適合した研究方法、③先行研究の十分な検討、④論理の一貫性、⑤結論の妥当性、⑥新しい知見の存在、⑦表現の明確性・妥当性、⑧表題の適切性、⑨執筆要綱に適合した表記・図表の体裁、⑩研究倫理上の問題・人権等への配慮、⑪引用の適切性・引用文献等の明記といった11項目について (A) 適切、(B) 修正・明確化の必要あり、(C) 不適切の評価が付される。

　以上が社会政策学会誌への投稿基準や掲載評価、審査体制の概要であるが、これらについては他の学術誌もほぼ同様の仕組みを有していると考えてよい。

3. 論文投稿審査の状況

　次に、論文投稿や採択の状況について見ておこう。まず、2007年7月末から2008年10月末（投稿締切6回分相当）までの状況については、投稿受理27本中（研究ノート2本を含む）、掲載決定が13、不採択12、投稿取り下げ2となっており、採否がほぼ拮抗していることが分かる。その後の状況を2011年4月末までたどってみると（同10回分相当）、投稿受理が62本（研究ノート1本を含む）、既に掲載が決定しているものが16本、不採択決定を受けたもの27、投稿取下げ2、審査中のものが11本となっている。

　近年の動向について言えば、投稿数は増えているものの不採択となるケースも増加傾向にある。審査が厳格化されたというよりはむしろ、大学院生の投稿が増加していることが、こうした傾向を生む一因となっているようである。

　若手研究者が学会誌掲載に向け果敢に挑戦すること自体は、社会政策学会や学術界全体にとっても好ましいことである。しかしながら、そうした投稿論文の中には掲載可とするには程遠い水準のものも散見されるという。事前になされるべき指導教官等投稿者の所属する研究機関の指導が不十分なまま投稿され、審査員が採否の判断を行うというチェック機能に加え、投稿論文の水準を引き上げるための指導的役割までを担っているケースもあるという。

　審査員（査読専門委員）の本来業務は、投稿論文の採否を判断することにある。しかしながら実際には、こうした支援・指導的役割に多くの労力が振り向けられているのだ。査読者が編集委員会へ提出する審査報告書には、執筆者へのコメントはアドヴァイスを含みできるだけ具体的に記述することが求められていることからも、編集委員会自体がそうした意向を持っていることは明らかである。

　執筆者の立場に立てば、様々な角度から丁寧な指摘を受けることは論文の修正作業を行う上で有意義であることは間違いない。提供されたコメントは投稿論文が採用されるためのガイドラインであるのみならず、論文の学術的な水準を高めるうえで大いに役立つからである。

　次節では筆者自身の近年の投稿体験の中で、最も査読者の手を煩わせたケースを紹介する。社会政策学会誌の審査の実態を若手研究者の読者にも追体験していただき、投稿に向けて留意すべきポイントや採用される要件等について理解を深

めるための一助になればと考えている。

4. 投稿体験

　本節で事例として用いる論文の題目は、「高齢者長期ケア改革の動向―介護保険導入と制度改革のインパクト―」である。投稿当初は「高齢者ケアミックスの現状と展望―介護保険導入以降の制度改革の分析を中心に―」としていたが、査読専門委員からのアドヴァイスもあり修正過程で論文名を変更した。本稿は2009年2月16日に受理され、2009年11月1日付で掲載が決定し、第2巻第1号（2010年6月25日）に掲載されることになった。本稿は、介護保険導入期までの高齢者ケア改革のメカニズムを考察した2004年発表の「高齢者ケアのウェルフェアミックス：介護・医療システムの再編成」（『社会政策学会誌』第11号）での結論を踏まえ、高齢者ケア改革のメカニズムにもたらされたその後の変化や背景を解明することを課題としたものであった。

　ここで上記二本の論文の関連と出版に至るまでの経緯について、もう少し詳しく記しておこう。まず2004年論文は、2003年に開催された社会政策学会第106大会での報告がベースになっている。ウェルフェアミックス・アプローチを分析枠組として、日本における高齢者介護・医療サービスの現状と改革動向をマクロ的な視点から検討し、その本質と問題の所在を明らかにすることを試みたものであった。なお、本稿は自由投稿論文ではなく、学会報告の中から審査を経て数本が選定され、学会からの依頼により論文化し学会誌に掲載されたという経緯がある。

　他方2010年論文は、2006年に開催された日本社会福祉学会第54大会での報告を基に論文として再編成し、社会政策学会誌へ投稿し通常の査読プロセスを経た後、掲載が決定されたものである。2010年論文は2004年論文と同様の主題を掲げながら、介護保険導入以降の時期に焦点を当てて高齢者ケアミックスの状況を検証するとともに、2005年の介護保険制度改正のインプリケーションについて今後の見通しも踏まえながら考察することを課題とした。つまり、2004年論文から引き続き「高齢者長期ケアミックス」を取り上げ、制度改正の動向やその背後にある政策意図の変遷をたどることによって、日本型ウェルフェアミック

スの本質と変容に迫ることを目指したのである。

　筆者にとって、高齢者長期ケアを事例として日本における残余的な福祉ミックスの動態を分析し、当該領域の政策形成に関する政治・経済・社会・文化的背景に検討を加えることは90年代以降一貫した研究テーマの一つであった。介護保険導入期前後までの状況については、2004年論文を始めいくつかの論考の中で検討し、筆者なりの評価を終えていたが、それ以降高齢者長期ケアをめぐる状況には、少なくとも表面的には大きな変化がもたらされた。介護ニーズは急速に増大し、それに対応するべくサービス供給システムにもさまざまな変更が施されつつある。また、政策形成を行う政治システムにも政権交代という大きなうねりが生じた。それまで残余的であった高齢者長期ケアシステムには、本質的な意味においても変化しつつあるのか、それとも表層的なものに過ぎないのか。2010年論文はこれらを解明することを動機に執筆し、そこでの結論は、長期ケアシステムをそれまで構成してきた基本的なアプローチは、それぞれ新たなアプローチにより補強されており、環境変化へ対応するため近年様々な制度改革が実施されてはいるが、政策の指向性は維持されているというものであった。

　話題を元に戻そう。2010年論文に対する第一回目の評価は投稿から3ヵ月半後の2009年6月1日付で下された。編集委員会は投稿論文を受理した後、先にも触れたように2名の審査員を選定し査読依頼を行う。そのため投稿から第1回目の審査結果が下されるまでは通常数ヶ月の期間を要することになるが、これは他の学術雑誌でも同様である。

　さて、2010年論文への評価であるが、審査結果はB1とB2であった。2名の査読者間で評価が割れたため、総合評価はB2の「大幅な手直しが必要であり、再査読を経て改善が確認されれば掲載可とする。再査読においてさらに改善のための修正を求めることがある」というものであった。以下評価の概要について記しておこう。

　B1評価を頂いた査読者からは、学会誌に掲載するに相応しい水準に達していると判定されたが、論文の完成度を高めるための指摘を数点にわたり受けることになった。指摘の多くは、記述内容や論点に関するものよりはむしろ、論文を構成する上での方法論に関するものであった。例えば「はじめに」の記述に、先行研究や関連研究との対峙的記述を加えるべきことや、本稿が日本における高齢者ケアミックスの変容は介護保険制度の変化を観察することで解析できるという仮

説に立って構成されていることを冒頭に示しておくべきであるといったこと。また、「おわりに」の総括の中で、本文中に論証されていない記述が根拠資料の提示なしに登場することや、論文のタイトルが解明しようとすることと比して力強さに欠け抑制的過ぎるといったことなどであった。項目別評価については、11項目中B評価（修正・明確化の必要あり）が六つあったもののC評価（不適切）はなかった。

　B2の評価を頂いた査読者からは、本稿の主題が介護保険導入後の高齢者ケア改革にあるにもかかわらず制度改革の考察が不足していることや、介護と医療の関係が未整理であること等を理由に「論文」として掲載するには大幅な手直しが必要であるとの厳しい指摘を受けた。この他、10箇所以上の記述について修正を指示されたのである。項目別評価についても論文の内容に関わる事項については、C評価が多くを占め、厳しい結果となった。

　原稿の再提出に当たっては、それぞれの査読専門委員に対するリプライと修正箇所を明記した文書（形式自由）を添付する必要がある。そこで以下では、査読者コメントに対する筆者のリプライについて概要を示しておこう。

　まずB1評価の査読者からのコメントのうち、「はじめに」に対する二つの指摘はそのまま受け入れ修正を施した。「はじめに」には当初、本稿の前編としての2004年論文の概要記述に紙幅の多くを割いていたのであるがこれを改め、先行研究のレビューや仮説の提示といった論文の序論が備えておくべき体裁を指摘に基づき整えたわけである。「おわりに」に対するコメントには査読者の誤解に基づくと思われるものに対してはリプライの中でそのことに触れ、説明不足と判断したものには注記を加えるなどの改良を施した。論文のタイトルについても指摘を受け入れ、論文の狙いをより明確に表すものに変更した。

　次にB2評価の査読者からの指摘については、以下のようにリプライを行った。まず、接近方法や制度改革に対する考察が不足しているとの批判については、本稿が2004年論文で得られた結果を前提として構成されているにもかかわらず、2004年論文の「続編」であることを明記していなかったことに拠るところが大きいと判断し、そのことを「はじめに」で記載することにした。

　2010年論文単独でも論理が完結するよう、2004年論文のエッセンスを特に「はじめに」の部分で散りばめて論文を構成するというのが当初の執筆方針であったのであるが、先の査読者からも指摘を受けたように、こうした方法には無

理があったようである。執筆者自身の中では合理的であると判断した手法が、客観的には破綻している典型的な例として紹介しておきたい。

　この他不適切箇所として指摘を受けた意見のうち、2004年論文で既に言及済みのものや論証を終えているものについてはその旨を注で触れることにし、それ以外については査読者の指摘に基づき修正作業を行った。

　こうして修正作業を終えた投稿論文は、査読者2名へのリプライとともに編集委員会宛送付され、審査（再査読）結果は2009年8月21日付で通知された。ところが通知された結果は、またしてもB2であった。先の審査でB2評価を下した査読者から再び大幅な手直しを命じられたわけである。査読コメントの骨子は、論点が未整理であり、学術論文としての問題提起・知見がまだ不明瞭であるとのことであった。

　それまでの投稿経験の中でも大幅修正（B2）評価を受けたことはしばしばあったが、修正作業の後再び同様の評価を下されたことがなかったため、このときばかりはやや面食らった覚えがある。

　しかしながら冷静に査読者コメントを読み解けば、主たる問題点として指摘を受けているのは論文の構成についてであり、節構成を見直すことや、議論の展開の仕方を読者にとって読みやすくする工夫を加えることが求められていることがわかった。それゆえこの度の修正については、具体的な記載内容に対する若干の修正意見や確認事項に対する対応を除けば、主として論文の構成の見直しや論理展開をわかりやすくすることなどが主たる作業となったのである。

　再修正した論文は、査読者に対するリプライと修正箇所を明記した文書を添付し、定められた修正期間（3週間）内に編集委員会宛に送付した。結果、11月1日付で掲載決定の通知を受け、執筆要領に関して出された編集委員会からのコメントに基づく修正作業を行った後、最終原稿を提出したのである（期限は約2週間後）。

　推敲を重ね、出版に耐えうると自信を持って投稿した自らの作品に対して、厳しい評価が下されることは嬉しいものではないが、こうした評価へ対応することは論文の精度を高める上で、極めて重要なプロセスでもあることをここでは強調しておきたい。

　査読者からの指摘は全て受け入れなければならない訳では勿論なく、反論の機会も与えられる。仮に執筆者として譲れない部分への指摘や、査読者の意見が誤

解に基づくものであった場合は反論すべきであろう。しかしながらこうした指摘であっても、表記の曖昧さや論理構築の甘さによって、著者の意図が読者に誤って伝わるリスクの芽を摘むことに役立つことを忘れてはならない。査読のプロセスは当該分野の識者のコメントが提供される場であるだけではなく、第三者の視点から自らの作品を客観的に見直す機会ともなるのである。

　筆者が経験したように、査読者から多岐にわたる詳細な指摘を受けることは、事実に対する誤認や不適切な表記を改めるといったことにとどまらず、論理構築や説得力といった学術論文の本質的な部分の稚拙さに気づくまたとないチャンスとなる。ある程度の年月をかけて築き上げられた課題解決への接近方法や、それを表現するための論文の執筆スタイルの欠点には自らは気づきにくく、変え難いものでもあるが、これらを改める上での視座が提供される場が論文審査の過程の中にある。担当する学術誌の水準を担保するという業務とならび、研究水準向上に向けたガイドとしての役割を査読者は担っているのかもしれない。

　さてここまで、筆者自身の投稿体験について述べてきた訳であるが、次節ではこれとは逆に審査する側の立場から、論文投稿に向けてのアドヴァイスを中心に記述することにする。社会政策学会誌及びその他の学術雑誌の査読専門委員としての経験を踏まえ、掲載の可否はどのような観点から何を根拠に行われるのかといった判断基準について、審査者の視点から述べることにする。

5. 審査者の視点から

　査読者は、誤記の修正や形式上の要件、事実誤認、記述の矛盾点や説明不足、倫理的問題点等についても投稿要領に基づき必要に応じて投稿者へ指摘を行うのであるが、ここでは論文掲載の是非を判断する基準として、特に重要であると思われる事項に絞り触れておきたい。

　第一に、論文がオリジナリティや学術的価値を有することは何より重要になろう。言うまでもないことであるが、審査対象の論文に新しい知見が見出されるか否かは、最初のハードルとなる。

　こうした知見は、限られた紙幅の中で説得力のある検討結果から導き出されるべきであるが、論文が取り扱うテーマによっては困難を伴う場合もある。例えば

これまで査読を行った論文の中には、あまり知られていない外国の制度を取り扱い、当該制度の紹介や状況説明に紙幅の多くを費やしているものがあった。新しい知見という観点からはこうした情報も貴重であるが、それに主眼が置かれている場合、研究ノートや政策動向紹介としての掲載を勧められる場合もある。研究論文であるためには情報提供の域を超え、深い考察がなされていなければならない。制限字数の中で、効率的に検討を進めるための設計や課題の設定を慎重に行うことが求められるのである。

次に、議論の進め方について触れておきたい。論文にとって結論の妥当性が重要であることは当然であるが、そこへ至るまでの論理の一貫性もまた枢要なチェックポイントとなる。ところが論理の揺らぎや飛躍はよく見られ、これまでの査読経験の中でもしばしば指摘を行ってきた。執筆者自身の中では問題提起から結論に至る筋道は明瞭で、論理構成もしっかりとしているにもかかわらず、第三者からは解りづらく矛盾しているように見えることがある。上記投稿体験の中でも紹介したように、筆者自身もこの点についてはこれまで、査読者から指摘を受けたことがある。学術論文として出版され批評対象となる前に、第三者的・客観的な視点が提供されるという意味でも査読プロセスは重要になるのである。

次に、既存の理論を用いて説明枠組を構成することに対する意見を述べておきたい。投稿論文の中には一つあるいは複数の理論や概念を用いて論考の枠組を構成しているものがある。こうしたアプローチを採る場合注意しなければならないのは、当該理論／概念が多義的であり、先行研究の中でも異なる捉え方がされている場合である。

これまでの査読を行った投稿論文の中には、説明や論証抜きに特定の観点から当該理論／概念を捉え、それを基盤として論理構成をしているものが少なからずあったが、これは大きな弱点となる。対峙的な観点からそれを捉えれば、論文の基盤部分が崩れてしまうからである。

投稿者が援用しようとする理論／概念についてそれらに複数の理解の仕方があるのであれば、これまでの論争を踏まえ、自らの把握の仕方が正しいことを丁寧な先行研究に基づき説明することが枠組を設定する段階で求められるのである。先行研究のレビューは、論文の主題に関わる領域について行うことは無論、説明枠組に用いる既存理論や概念についても必要になる場合がある。

さて、ここまで述べてきたような事項について投稿論文が採用基準を満たして

いないと判断された場合、査読者はその旨投稿者へコメントするのであるが、再提出された原稿の中には修正を極力避けほぼ無修正のものや、査読者からの指摘を受けた当該箇所を単純に削除もしくは記述内容を大幅に薄めるという修正を施し再提出される場合もあった。

前者のようなケースに関して言えば、査読者の判断は常に必ず正しいとは限らず、査読プロセスの中での意見交換や投稿者による反論の結果、修正の必要がなくなることも考えられよう。しかしながら、説得力のある十分な説明抜きに無修正で原稿を再提出すれば同じ指摘を受け、再び修正を求められることは自明である。仮に指摘を受けた場所が「誤り」ではなかったにせよ、「分かりにくい」ことは確かであるので、査読者からのそうした指摘は、論文の弱点を補強するチャンスであると積極的に捉えるべきであろう。

後者についてはこれとは逆のケースで、戦うことなく敗北を認める事例である。問題点そのものを消してしまえばその部分への指摘は確かに無効になる。しかしながらそうすることで新たな欠点が生み出される場合もある。特にそれが論文の核心に関わるようなものや重要な論点である場合は、論文全体の価値を大きく毀損することになるからである。指摘をもし正しいものであると受け入れる場合は、それが仮に大きな労力を要するものであっても修正作業を回避するべきではない。

6. おわりに

本章では、社会政策学会誌への投稿体験に査読専門委員としての経験も交え、論文投稿経験が無いかまだ浅い若手研究者を念頭に置き、意見を述べてきた。本論の中では、査読の意義や投稿にあたっての留意点について特に焦点を当て論じてきた。

その中でも繰り返し強調したように、投稿者にとっての査読の意義は、採用に向けてのガイドラインが示される場であるとともに、自らの論理構築や表現力の未熟さを改善し、より成熟した研究者として洞察力に磨きをかける機会ともなることである。指導教官の下を離れ独立した研究者としての道を歩み始めると、こうした場面にめぐり合うことは決して多くはない。研究会や学会での報告は同様

の体験ができる数少ない場ではあり、自身の報告に対する批評やフロアとの意見交換が有意義であることは間違いない。しかしながら、論文投稿の審査は覆面査読者によって行われることや、学会報告等でのフロアコメントとは異なり、事前に相当の時間を費やし検討が加えられているため、時には辛辣であってもより本質的で修辞抜きの指摘を受けることができるのである。新進の研究者には、こうした機会を積極的に活用されることを望みたい。

　さて最後に蛇足ではあるが、本論で触れることはできなかったが、論文執筆上筆者が心掛けていることや役立つと考えていることを、二点のみ紹介しておきたい。まず一つは、論文作成上の技法についてである。筆者がまだ若い駆け出しの研究者であった時、論文を作成する上で指導を受けた教授から Critical Edge や Spark が不足していることをしばしば指摘された。前者は「批評や評論の鋭さ・迫力」、後者は「ひらめき・輝き」に近いニュアンスである。学術論文は娯楽のための著作ではないので、こうした技法に囚われる必要はない。しかし特に強調したい部分で時折こうした Critical Edge や Spark を効かせることで、論点が明確になり、説得力も増すように思われる。現在でも論文執筆にあたり注意していることの一つである。

　二点目は、母国語以外の言語で論文を執筆することの意義についてである。外国語での論文作成は、第一義的には海外への情報発信という意味において重要であるが、論理構成を行う上でも良い訓練になる。筆者の場合は英語以外の外国語は使用できないが、英語で論文を作成する場合においても、使用できる語彙は日本語と比較して極端に少なくなる。表現方法も単純になり、結論も最短距離で導き出さざるを得ないが、こうした経験がより明快で強固な論理構築を行う上で役立つのである。日本語であれば抽象的な表現や言い回しを変えるなど修辞法を用いることができるが、所詮これらは文章の飾りであり、重要であるのは明確な結論と論理の一貫性である。不自由な条件下で課題に取り組んだ経験は、より自由で容易な環境でも役立つ。外国語での論文執筆には、こうした副次的な効果があると考えている。

第17章 量的研究における理論と計量モデルの対応関係の追求

鎮目真人

1. はじめに

　本章では、筆者が2000年に学術誌に投稿した論文(「公的年金支出の決定要因―制度論アプローチによる計量分析―」『季刊社会保障研究』国立社会保障・人口問題研究所、37巻1号、pp.85-99)について、量的研究の方法論を踏まえながら、査読者からどのようなコメントが寄せられ、それに対してどのように応えたのかということを明らかにしたい。

　現時点で投稿論文が刊行されてから相当な時間が経過しているが、投稿を通じて得られた経験は、量的研究をその後展開していく上での出発点として筆者にとっては大変有益なものであった。

　投稿論文は新制度論を軸に年金制度の支出を規定する要因について考察したものである。そこでの中心的な作業仮説は、年金制度の支出をもたらすと考えられるアクターの行動は、制度類型によって規定され、結果として、年金支出の増減の程度は制度類型ごとに異なるというものである。具体的には、社会民主主義レジームと保守主義レジームの年金支出は左派政党(主として社会民主主義系政党)や高齢者といった制度支出増加を求めるアクターによって増やされるが、自由主義レジームではそれらの影響力が弱く、支出の増大がなされるとは限らないという作業仮説を設定し、1966年から1985年までの17カ国を対象に、従属変数を年金支出の対GDP比について1階の階差をとった値(年金支出/GDP_t - 年金支出/GDP_{t-1})、独立変数を左派政党の議席占有率、高齢者比率(65以上人口の対人

口比) などにした部分調整モデルとエラー修正モデルを推計した (Time-Series Cross-Section 分析)。推計の結果、上記の作業仮説をほぼ支持する結果が得られた。

投稿に対しては、修正の上掲載という審査結果が出され、1回目の査読では2名の査読者 (以下では A、B と記述) から修正に関するコメントがなされ、2回目の査読では1名の査読者から修正の要望が寄せられた。以下では、理論や作業仮説の構築から分析結果の読み取りに至る過程において、査読者からのコメントに対して行った修正内容を、量的研究の方法論に留意しつつ、みていきたい。

2. 理論と作業仮説の適切性

量的研究では、理論と作業仮説 (working hypothesis) もしくは操作仮説 (operational hypothesis) との対応関係が重要である。作業仮説とは、理論で示される抽象的な概念を観察可能な具体的な対応物や表現を用いて言い直すことであり (Bohrnstedt, Knoke 1988=1990:5)、実際のデータによる実証分析は作業仮説に基づいて行うことになる。そのため、「理論命題を言い換えて、研究対象である特定の社会状況の実際の観察と連関する形に直す」(Bohrnstedt, Knoke.1988=1990:6) という理論から作業仮説への変換が適切に行われていなければ、理論にもとづいた実証分析を行う際の出発点で躓くことになる。

理論から作業仮説を導くためには、そもそも分析の対象である当該理論の概念整理が作業仮説を導出することができるほどまでに充分になされているのか、理論から作業仮説を導き出す際のロジックに飛躍がないものであるかどうかが重要である。この点に関わる修正点は以下の通りである。

政策フィードバックアプローチ (ロックイン効果) とその作業仮説をめぐって

投稿論文では、当初、制度は固定的であり、様々な変動要因があっても動かないという政策フィードバックアプローチ (ロックイン効果) に関する理論をもとに、可変性と多様性という概念を新たに提起した。可変性については、作業仮説として、年金制度の財源が税か保険どちらにウェイトが置かれているのかという点に着目し、財源が保険中心であれば、拠出と給付の対応関係が明確であり、拠出に対して確定した受給額を政治的な要因などにより増減したり、代替的な制度

に移し替えることは困難でありロックイン効果は大きいとした。他方、税が中心であれば、そのような制約は相対的に緩くてロックイン効果は小さいとした。多様性については、作業仮説として、年金に対する公的支出（対GDP比）がどの程度であるのかについて留意し、公的な年金の割合が小さければ、民間保険や家族内での所得移転といった他の手段も所得保障上大きな役割を担っていると考えられ、従って所得保障のあり方が多様であり、政治的要因などによって制度に変更が加えられる余地が大きく、ロックイン効果は小さいと想定した。逆に、公的年金の割合が大きければ、それが主要な所得保障として定着し、政治的に制度に変更が加えられる余地は大きいとした。

これに対して査読者Aから、「政策フィードバックアプローチについての作業仮説が提示されているが、制度の可変性や多様性の大きさとロックイン効果の大きさとが同一視されている。ロックイン効果は、初期費用・学習効果・強調効果・適合的期待によって規定されるものだというのであれば、可変性とか多様性とかは別の要因によって決まるとしなければならない。よって、結局ここでは、ロックイン効果についての仮説ではなく、多様性・可変性についての仮説が立てられていることになるが、これは政策フィードバックアプローチの作業仮説と言えるのか？」というコメントが寄せられた。

これに対して、筆者は確かにクレメンスとクック（Clemens, Cook 1999）による制度論的にみた制度変化の要因（可変性、多様性、制度の内的矛盾）とロックイン効果との関係把握に問題があり、ロックイン効果と可変性・多様性とを同一視していたことに気づいた。そのため、新たにロックイン効果が機能する要件（初期費用・学習効果・協調効果・適合的期待）と年金制度との関係を明らかにして作業仮説を組み替えた。具体的には、ロックイン効果を生み出す協調効果や適合的期待に関する作業仮説として、年金制度の給付水準の高さやカヴァレッジの広さ（公的年金に対して既得権を持つ者も増え、協調効果や適合的期待等がもたらされる）、年金制度財政が保険原理で運営されているか否か（保険原理で運営されていれば、保険料拠出者の給付に関する期待権を政府が侵すことは難しいため、制度の持続性に関する不確実性が減じ、適合的期待がもたらされる）ということを設定し、実証分析を行うこととした。

同様の指摘は、査読者Bからも「理論枠組みと実際の分析との間に乖離があり、議論の展開が不十分である」「制度論の一つの類型論アプローチと政策フィード

バックアプローチの中のロックイン効果に注目した作業仮説との関連性が不明確である」といった内容で出された。このうち、後者の類型論アプローチと政策フィードバックアプローチ（ロックイン効果）との関連性については、ホールとテイラーによる先行研究をもとに（Hall, Taylor 1996）、歴史的制度論のなかに、類型論と政策フィードバックアプローチを位置づけ、両者の関係性を明らかにした。具体的には、歴史的制度主義論の主張である経路依存性（行為者の目標達成のための行動が歴史的・経験的に会得した手続きや慣例的な手段に依存し、歴史的につくられた制度の下で、行為者にとって行動の指針となるモラルや認識枠組みも形成され、その目的や選好自体も制度によって作られること）について触れ、類型論は歴史的に作られた制度であり、その類型ごとにアクターの行動が変わるため、政策フィードバックのあり方も類型ごとに変わるという形で両者を結びつけた。

権力資源動員論とその作業仮説をめぐって

筆者は論文では、年金支出に対する左派政党の影響は類型毎に異なり、左派勢力の年金支出に対する影響が大きいものから順に列挙すると、保守主義レジーム、社会民主主義レジーム、自由主義レジーム、になると考えられるとした。そして、その根拠として、社会民主主義、保守主義レジームでは、年金制度における報酬比例年金のウェイトが高いため、被保険者である労働者のエージェントたる左派政党は、年金支出の増大に寄与するものと考えられ、他方、自由主義レジームにおける年金制度は、基礎年金単一か、適用除外がみとめられた給付水準の低い報酬比例年金、もしくは両者を組み合わせた形態をとっており、私的年金のウェイトが高いため、左派政党は公的年金の支出を増大させるよりも、私的年金に対する税制上の優遇措置や一次的分配の平等化という戦略を優先することが考えられるとし、ニュージーランドやオーストリアにおける労働党政権での実績について述べた。

これに対して査読者Aから「福祉国家の類型論アプローチの作業仮説で、年金支出の増減は制度類型ごとに異なり、保守主義＞社会民主主義＞自由主義となる理由が必ずしも明らかでない。左派勢力の公的年金支出への影響力が上記のような順になるという仮説を出しているが、a）なぜ職域分立型報酬比例年金はその傾向が強いか、b）私的年金のウェイトが多いとき、なぜ左派勢力は公的年金増に貢献しないのかなど、不明な部分がある。ニュージーランドの例を挙げるだ

けでなく、理論的に作業仮説を導いてほしい」というコメントが寄せられた。

筆者は、当初、理論に基づかずにアドホックに作業仮説を導いていたが、コメントを踏まえて理論的根拠を提示した。具体的には、エスピン－アンデルセンの理論（市場による私的な福祉が進展している自由主義レジームでは、労働組合の要求の範囲が職域福祉に限定されがちであること）やキャッスルズによる理論（自由主義レジームでは、労働運動や左派政党の要求は、普遍的な給付の充実というよりは、選別的給付の充実や一次的再分配の強化を図ることに置かれている）を盛り込んだ（Esping-Andersen 1992, Castles 1985=1991）。

3. データと説明変数の選択

作業仮説が理論と整合的な形で導かれた後で問題になるのは、作業仮説を実証的に分析する際に、どのようなデータと説明変数を用いるかということである。

理論・作業仮説とデータの対応関係

作業仮説を検証する際には、作業仮説と適合的なデータを用いるべきであり、作業仮説に基づく研究デザインを無視して、代わりにデータの問題を統計的に修正することによって妥当な推論を得ようとすることには問題がある（King, Keohane, Verba 2004=2008: 206）。研究の出発点は、「データの発掘」ではなく、理論指向的なモデルでなければならず、あるいは少なくとも理論指向的なモデルへの関心でなければならない（King, Keohane, Verba 2004=2008: 208）。

また、データの選び方として「最も避けなければならない過ちは、検証しようとしている仮説に合致するようなかたちで独立変数と従属変数が変化するような観察を選ぶこと」である点にも留意すべきである（King, Keohane, Verba 1994=2004: 171）。

この点に関わる問題点の指摘は従属変数をめぐってなされた。従属変数は、当初、$\ln$（年金支出 t / GDP_t）$-\ln$（年金支出 t-5 / GDP_{t-5}）という値を用いていた。その理由は先行研究を踏襲してのことであった。これに対して、査読者Aから「年金支出対 GDP 比から5年前のそれを引き、それの自然対数をとっているが、比が変わっていなければ、0になる。この変数の特徴は対 GDP 比が減少してい

る場合、急激にマイナス方向に大きな値をとることだと思われるが、このような比の減少に敏感な変数を用いることには何か意味があるのだろうか。自然対数をとらなくてもいいようにおもう」といった疑問が出された。この指摘をうけて、漸進的な制度変化を適切に反映させる必要があると考え、自然対数に変換しないデータ（1階の階差をとったΔ年金支出（＝年金支出 t／GDP_t − 年金支出 t-1／GDP_{t-1}）に修正した。

理論・作業仮説と説明変数の選択

　実証分析で用いる変数の選択は基本的に理論から適切に導かれるべきである。思いつきで様々な説明変数を使って実証分析を行うことは可能だが、理論に基づいた作業仮説を土台にしなければ、そもそも、どの説明変数を分析に含めればよいのかを決めることはできないし（King, Keohane, Verba 1994=2004:208, Collier, Seawright, Munck 2004=2008: 46）、適切な説明変数の形態も定まらない。

　説明変数が分析対象となる作業仮説から理論的に導かれたものでなければならないということは言うまでもないことだが、投稿論文においても理論との関係から説明変数の形態に関して問題点が指摘された。権力資源動員論にもとづけば、年金支出の説明要因として、左派政党の影響力が問題になるが、投稿時点では、その変数として、戦後直後から分析年次（t）までの左派政党の累積的な議席占有率を用いていた。それに対して、査読者Ａから「政治的な説明変数として、（左派）政党の累積的な議席占有率としているが、これは、ある国についてみれば、年次について単調増加になり、最近であればあるほど大きな値をとることになるが、ここでの趣旨からいえば、ここ数年間（たとえば5年間）の左派政党の平均議席占有率のようなものの方がいいのではないか？つまり、年金支出の対GDP比が変わりにくくなる要因を調べるためには、左派政党の最近の議席占有率のような、変わりやすい要因を使うべきではないのか？」とのコメントが寄せられた。累積的議席占有率を用いたのは、政権に就いていた期間や各国における政治的特徴や傾向による影響などを考慮に入れることができると考えたためであったが、政策フィードバックアプローチ（ロックイン効果）に基づいた作業仮説（年金支出の変わりにくさ）を検証するためには、変わりやすい変数を説明変数に用いた方が適切であると考え、指摘どおり、分析年次までの5年間の議席占有率に変更した。

4. 理論・作業仮説、データ、計量モデルの定式化

上でみてきたことは、理論を出発点にそれが作業仮説やデータとどのように結びついているかが実証分析では重要であるという点である。しかし、理論を重視するあまり、理論至上主義の陥穽にはまる恐れもある。

伝統的な社会科学における計量方法とその問題
蓑谷によれば、計量経済学においては、伝統的に理論モデルの定式化は以下のような点を考慮に入れて行われてきた（蓑谷 1996: 188）。
① 仮説・演繹法（仮説→結論⇔観察結果）。
② モデルの定式化は理論のみの先験的情報に基づく。
③ 内生変数、外生変数の区分は理論によって先験的にきめられている。

これは、計量経済学だけでなく、社会科学の多くの学問分野における理論モデルの定式化にも当てはまる事項である。しかし、こうしたプロセスにおいては、モデルの「確証」を得るために、アドホックな補助仮説さえ導入して、関数形や推定方法を変えたり、ダミー変数を入れるなどして、「理論モデルから得られる理論的事実と経験的事実が矛盾を示している時でさえ、理論モデルにしがみつく」ような事態が生じ（蓑谷 1996:199）、膨大なアウトプットの中から最終の理論を確証するのに有用な「成功」した分析結果を得ることに固執することになる恐れがある（蓑谷 1996:198）。社会科学の場合は、通常、回帰分析などを行う際に、理論的に関数形まで特定化できることは稀であり、理論から一意的に統計モデルが選択できることもほとんどないといっていいように思われる（理論モデルから「経験的計量経済モデル」への道は直線的には続いてない（蓑谷 1996:198））。そのため、理論にとって都合のよい結果を得るのに汲々とするという陥穽にはまる恐れがある。

計量モデル定式化の方法
こうした状況に対処するためには、広汎な種々の適切な方法に関して頑健な結果を受け入れることが重要である（蓑谷 1996:213）。モデルとは常に不完全であり、そうしたモデルをデータに当てはめるという繰り返しのプロセスを体系的な

アプローチで行うことが必要である。その方法としては、最も単純で誤りのなさそうなモデルから出発し、次第に変数を加えることで「脆弱性検定」や「感度解析」を行ったり、逆に最も洗練されたモデルからはじめ、そのモデルで説明能力のないことが証明された部分を削除するということが考えられる（Collier, Henry, Seawright 2004=2008: 268-271）。また、関数形や代替モデルに関する統計的検定などを行うことも考えられる。例えば、様々な代替的モデルのうち、あるモデルが他のモデルを包括している（あるモデルで他のモデルの結果や特性を説明できる）なら、そのモデルの方が望ましいということがいえるだろう（蓑谷 1996:393-394）。

さらに、計量モデルの構築の際には、観察データをモデルに合わせるのではなく、モデルの定式化の際にデータの発生メカニズムを考慮に入れるべきであるといえよう（図17-1のデータと計量モデルとを結ぶ波線）。例えば、経済データは経済理論が示しているような長期均衡関係のもとで発生しているわけでなく、調整過程の途上にある一時的で不均衡な過程で発生しているという点をモデルの定式化において考慮する必要がある（蓑谷 1996:222）。

投稿当初、計量モデルは、従属変数を ln（年金支出$_t$／GDP$_t$）− ln（年金支出$_{t-5}$／GDP$_{t-5}$）とし、独立変数として、ラグ付き内生変数、左派政党の累積議席占有率や社会保障制度の財源に占める税の割合などを用いた通常の重回帰式であったが（ラグ付き内生変数を回帰式に投入したのは、先行研究に従って、系列相関を取り除くといっただけの意味合い）、査読者Bから「従属変数はあくまで変化としているが、この『変化』を説明するにあたって『変化の概念』が説明変数の中に考慮されていないように思われる。ラグ付き内生変数が挿入されているものの、それ以外の変数は t-5 時から t 時点間の平均としている。平均のみではなく説明変数も『変化』として位置づけてはどうか」というコメントが寄せられた。コメ

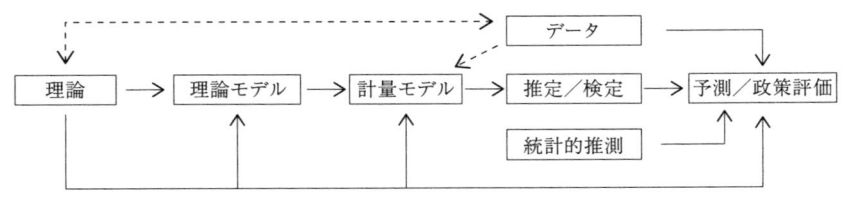

出所）蓑谷（1996）、220頁を一部改

図17-1　計量分析のアプローチ

第17章 量的研究における理論と計量モデルの対応関係の追求　219

ントを受けて、年金制度は比較的長期に渡って給付が行われる制度であり、その制度変化は漸次的にあらわれるという点を考慮して、計量モデル自体を部分調整モデル（年金支出$_t$－年金支出$_{t-1}$＝θ（年金支出$^*_t$－年金支出$_{t-1}$）、ただし、θは調整速度で（$0<\theta<1$）、当期に改革によって実現される支出は改革が目指す支出水準と一期前の支出水準の差の一部分（θ）にすぎないというもの）に改めた。さらに、独立変数による従属変数に対する効果の推計として、独立変数の短期的（5年間）な変化による効果と長期的（分析結果によれば15年）な変化による効果とに分解して推計することのできるエラー修正モデルも加えた。

5. 分析結果の読み取り

　分析の後には、結果の読み取り方法が誤っていないか、論理的な飛躍がないかどうか、仮説とは異なる結果が得られた場合に、その理由に関する考察が充分になされる必要がある。

　一般論として、データを分析した後に理論は修正されるべきではなく、既存のデータに適合しない理論を急場しのぎで修正することはさけるべきであるとされる。特に、理論を限定的に修正すること（条件を付け加えること）は問題であり、修正するとすれば、理論がより広範囲の状況を説明できるように非限定的に修正（条件をはずし、説明の対象範囲を拡張するような修正）をすることが必要になる（King, Keohane, Verba 1994＝2004:24-25）。

　分析結果では、当初、社会民主主義レジームの年金支出に対する左派政党の支出増大に対する影響力は、ほぼゼロに近い水準で大きくないが、保守主義レジームの年金支出では左派政党の影響力を示すパラメータが一貫してプラスで有意になっていると指摘したうえで、保守主義レジームにおける報酬比例年金を中心とした年金制度は他と比べて左派勢力の影響を受けやすいという作業仮説が支持されたと述べた。ただし、自由主義レジームの年金制度については、左派政党の影響力はゼロかマイナスで有意であり、左派勢力の影響の程度と方向が他のレジームと明確に異なることが分かったと述べた。これに対して、査読者Aから「非標準化回帰係数について、絶対値で大きいとか小さいとか言うことには意味がないのではないか。単位の取り方で、桁は変わってしまうわけで、むしろ統計的に

有意であるということを重視すべきである」という指摘と「分析全体の評価として、左翼議席の議席比率は、年金対 GDP 比を増やすというのが大前提であり、その効果が、レジーム、可変性、多様性によって、大きくなったり小さくなったりする、というのが作業仮説であった。ところが、分析の結果は、左翼政党の議席比率が増加すると、年金対 GDP 比が減少してしまうことがあることを示したのであり、本論文の作業仮説の大前提を崩す結果となっている。したがって、結果を読み取るにあたって、そのような予測とは異なった結果が生じていることを認識した上で、なぜそういうことが生じたかについても十分な考察が必要である」というコメントが付された。

　これについては、コメントを受けて考察部分を加筆した。具体的には、作業仮説において、自由主義レジームでは労働組合や社会民主主義系政党の公的年金支出に対する影響力が弱いということであったから、これが支持されるとすれば、社会民主主義レジームや保守主義レジームにおける左派政党の影響力は年金支出に対してプラスの効果を持ち、自由主義レジームではそうした効果が確認できないはずであると説明した。そして、部分調整モデルによる分析では、パラメータの大きさは問題にせず、社会民主主義レジームと保守主義レジームでの左派政党の年金支出に対する影響力は概ねプラスで有意であったが自由主義レジームについては有意にならなかったとし、自由主義レジームにおける社会民主主義系政党の年金支出に対する影響力は他のレジームと比べて相対的に小さいという作業仮説（年金制度のタイプによって制度の変化が異なるという政策フィードバックアプローチとロックイン効果に関する作業仮説）を支持する結果が得られたと述べた。

　さらに、修正後に提出した論文に関しては、年金支出の対 GDP 比と左派政党の議席占有率、高齢者比率との交互作用項がマイナスで有意であり（左派政党や高齢者比率が年金支出に与える影響は年金支出水準自体が大きくなるとマイナスに働く）、社会民主主義系政党の消長や高齢者比率の増減による年金支出への影響は、年金給付額やカヴァレッジがある水準にあるまでは、作業仮説で想定したようにロックイン効果が働く結果弱まると解釈でき、制度が普遍化して中間層を包含しつつ多くの国民に年金が支えられると、その支出水準が安定化すると記述した部分に対して再査読の要求がなされた。査読者（AかBか不明）から出されたのは「この解釈には無理があり、これらの相互作用項がマイナスという予期しない結果を素直に受けるべきである」というコメントであった。これについては、年金

給付や受給者が一定水準を超えると、社会民主主義系政党や高齢者比率による年金支出に対する影響がマイナスになるということは作業仮説では想定していなかった結果であると受けとめ、その理由について考察を加えた（年金水準が高いと経済危機等の際に制度の維持を目的にして左派政権によってでさえも給付が削減される可能性があるといった内容）。

6. おわりに――投稿を通じて得られたもの

量的研究では作業仮説検証のために、既出の図のように理論を出発点として、作業仮説の導出、データの収集、変数の特定、計量モデルの定式化とパラメータの推定方法の設定、結果の解釈等の一連の作業をこなさなければならない。投稿を通じて得られる知見は、上で述べたような、それぞれのステップにおける誤りや考察の不十分さである。分析の結果、当初に思い描いていたような結果が得られなかった時には、新たな理論構築と計量分析への頭の切り替えが必要になってくる。

一連の作業の中で特に重要なのは、やはり理論構築と作業仮説の設定である。構築された理論に新たな発見がなく、作業仮説に新味がなければ、計量的手法がいくら洗練されていても内容的には優れた論考にはならないだろう。逆に、理論と作業仮説が面白いものであれば、計量的手法に多少の難があっても、査読者とのやり取りを通じて修正され、最終的にブレークスルー的な意味を持つ論文に仕上がる可能性があるのではないかと思う。既存の理論を倒すのは1つの実証分析ではなく、新たな理論である（蓑谷 1996:202）。

参考文献

Bohrnstedt, George W., Knoke, David, 1988, *Statistics for social data analysis*（2nd ed.）, Itasca, Ill. : F.E. Peacock Publishers.（= 1990, 海野道郎, 中村隆監訳,『社会統計学：社会調査のためのデータ分析入門』, ハーベスト社.）.

Castles, Francis, 1985, The *Working Class and Welfare:Reflection on the Political Development of the Welfare State in Australia and New Zealand, 1890-1980.* Allen & Unwin.（=1991, 岩本敏夫, 埋橋孝文, 北明美, 玉井金五, 服部良子訳,『オーストラリア・ニュージーランド　福祉国家論』, 啓文社.）.

Clemens, E.S., Cook., J.M, 1999, "Politics and Institutionalism:Explainig Durability and Change.", *Annual Review of Sociology,* 25, 441-466.

Collier, David, Brady, Henry, Seawright, Jason E, 2004, "Sources of Leverage in Causal Inference: Toward an Alternative View of Methodology," In Brady, Henry E. and David Collier, eds. *Rethinking Social Inquiry.* Lanham, Rowan & Littlefield: Chapter 13, pp. 229-66.（=2008, ヴィッド・コリアー, ヘンリー・ブレイディ, ジェイソン・シーライト「因果的推論における説得力の源泉—DSIとは異なる方法論の構築に向けて—」ヘンリー・ブレイディ, デヴィッド・コリアー編, 泉川泰博, 宮下明聡訳,『社会科学の方法論争：多様な分析道具と共通の基準』, 勁草書房.).

Collier, David, Seawright, Jason, Munck, Gerardo, 2004, "The Quest for Standards: King, Keohane, and Verba's Designing Social Inquiry" In Brady, Henry E. and David Collier, eds. *Rethinking Social Inquiry.* Lanham, Rowan & Littlefield: Chapter 2, pp21-50,（=2008, デヴィッド・コリアー, ジェイソン・シーライト, ジェラルド・ムンク「基準の追求—『社会科学のリサーチ・デザイン』の検証—」ヘンリー・ブレイディ, デヴィッド・コリアー編, 泉川泰博, 宮下明聡訳『社会科学の方法論争：多様な分析道具と共通の基準』, 勁草書房.).

Esping-Andersen, G, 1992, "The Emerging Realignment between Labour Movements and Welfare Sates.", In *The Future of Labour Movements.* by Marino Regini eds.Sage, 133-149.

Hall, Peter A., Taylor, Rosemary C.R, 1996, "Political Science and the Three New Institutionalisms.", *Political Studies.*, XLIV, 936-957.

King, Gary, Keohane, Robert o. and Verba, Sidney, 2004, "The Importance of Research Design" In Brady, Henry E. and David Collier, eds. *Rethinking Social Inquiry.* Lanham, Rowan & Littlefield: Chapter 11, pp181-192.（=2008, ゲアリー・キング, ローバート・コヘイン, シドニー ヴァーバ「研究デザインの重要性」ヘンリー・ブレイディ, デヴィッド・コリアー編, 泉川泰博, 宮下明聡訳『社会科学の方法論争：多様な分析道具と共通の基準』, 勁草書房.).

King, Gary, Keohane, Robert o. and Verba, Sidney, 1994, *Designing social inquiry : scientific inference in qualitative research,* Princeton, N.J. : Princeton University Press（= 2004, G・キング, R・O・コヘイン, S・ヴァーバ著, 真渕勝監訳『社会科学のリサーチ・デザイン：定性的研究における科学的推論』, 勁草書房.).

蓑谷千凰彦, 1996,『計量経済学の理論と応用』, 日本評論社.

第 18 章　論文投稿のケーススタディ

木下　衆

1. はじめに

　筆者が所属する日本保健医療社会学会は、「学際性」の高い学会の一つといえるだろう。学会報告の要旨集を読んでも、報告者の所属は社会学系、社会福祉学系、看護学系などとさまざまである。池田光穂は、第 37 回日本保健医療社会学会大会大会長講演で、同学会の研究対象の一つを「看護、介護、福祉を包摂する広義の保健医療領域におけるコミュニケーション」すなわち「ヘルスコミュニケーション」とし、次のように述べている。

> 　文化人類学者のジョークに、フィールドワーカーは対象とする人びとに似てくるというものがある。複雑なヘルスコミュニケーションの現場でフィールドワークする研究者もまた、その研究対象に似て多専門領域性（multi-disciplinary）をもった人にならざるをえないであろう。実際、この領域の研究は複数の学問領域の研究者が関わる共同研究が不可欠であり、そこから出るアウトカムもまた、その理解には学際的（inter-disciplinary）あるいはトランス学域（trans-disciplinary）な能力を有する学問的資質が求められるだろう。（池田 2011: 6）

　この池田の議論を踏まえれば、研究の「学際性」はいくつかの側面から整理できる。それは、研究対象が複数の専門領域にまたがるテーマであることでもあり、調査方法が複数の専門領域にまたがっていることでもあり、あるいは、その研究成果が複数の専門領域の知見に立脚していることでもある。それは決して、いわゆる「共同研究」だけを指していない。

以上の理解の上で、本章で筆者が主張したいのは、この「学際性」はあくまで個々の研究者の実践によって生まれるものだということである。それぞれの研究の「学際性」は、何もせずとも自然に生まれるものではない。そうではなく、方法論や研究対象といった多様な側面に関し、自分の研究がそれ以外のいかなる研究と隣接しているのか、個々の研究者が主体的に設定することによって初めて身につくものであると、本章では論じる。

　そこで次節以降、ある研究がいかなる実践を通じて投稿論文にまでまとまったのか、私自身の体験を例に議論を展開していきたい。筆者はこれまで、認知症を患う高齢者を在宅介護する家族（以降、「介護家族」とする）に対し、さまざまな調査を行ってきた。本章では、筆者が修士論文の一部を日本保健医療社会学会大会での報告用にまとめ、さらにそれを論文として学会誌『保健医療社会学論集』（以降、『論集』と略記）に投稿するまでの過程を記述していく。その過程には確かに「学際性」が見られると考えているが、筆者が強調したいのは、それはあくまで、どのような機会に報告し、また誰にコメントを求めるのかといった学的探究上の実践と不可分であるという点にある。

　つまり本章で試みるのは、論文投稿のエスノグラフィーである。

2. 学会報告から論文投稿まで

　本節では、筆者が修士論文のうちのある章を学会報告用にまとめ直し、さらにそれをもとに投稿論文を執筆するまでの一連の流れを、時系列に沿って記述する。その過程で筆者は、学会報告を含めて6回の口頭発表を行い、また論文執筆中は特に3人の知人から、重点的にアドバイスを受けることになる。

修士論文から学会報告へ

　筆者は、介護家族の自助グループ（家族会）での調査を中心に、2009年度京都大学修士論文『家族による「介護」の構築』を執筆した。これは序章と終章を含めて9章構成になっており、その内でも中心的な議論は、第4章「特権的知識のクレイム」、第7章「『二者関係への閉塞』のメカニズム」で展開されていた。2010年4月、筆者は、修士論文の第4章と第7章をもとに、二つの学会報告

用原稿を作成する。本章ではその内、第7章をもとに作成し、第36回日本保健医療社会学会大会（以降、「第36回大会」と略記）での報告に用いた原稿について記述する[1]。

第36回大会用の原稿には、「家族介護における『二者関係への閉塞』のメカニズム——認知症患者と家族のコミュニケーションの一断面」とタイトルをつけた。内容は、認知症介護を研究する井口高志（2007）の議論を、筆者が行った介護家族の自助グループ「家族会」での参与観察記録や、メンバーへのインタビューデータから批判的に検討するものであった。井口（2007）は、第7章「『人間性』の発見はいかにして可能か？」の中で、認知症介護は介護家族と認知症患者とをしばしば「二者関係への閉塞」に追い込む特徴を持ち、またその過程で、患者の「人間性」が喪失したかのように介護家族に理解される局面があることを指摘した。これに対し筆者は、社会構築主義のジェイバー・グブリアム（1986）やエスノメソドロジーのジェフ・クルター（1979＝1998）らの議論を参照しつつ、介護家族は患者の反応を不断に読み取らざるを得ず、またその過程で認知症患者は、「人間性」を喪失した存在というよりもむしろ、（「笑顔」は「優しさ」を意味するといった）慣習的理解を共有した存在として想定されていると論じた。

筆者はこの内容を、学会大会前に二つの機会を得て報告した。第一に、社会構築主義の日本への紹介者である中河伸俊が当時開講していた、京都大学大学院でのゼミである（2010年4月27日）。中河は同大の専任教員ではなかったが、当時は特任教授として、社会学専修で隔週のゼミを開講していた。筆者は、議論のベースを社会構築主義の観点に置いていたため、中河ゼミで報告することで、方法論的な観点から議論を再点検した。しかし、同じ方法論に則る教員の指導のみを受けていては、議論がタコツボ化し、分析の落ち度に気付かない可能性があると危惧していた。そこで第二に、都市社会学研究者が中心になって運営する、「都市下層問題研究会」という私的な研究会で報告の機会を得た（2010年5月1日）。同研究会は、大阪市立大学大学院・社会学専修のOBが中心になっており、貧困や差別といった都市問題を中心に報告がされていた。筆者はこの研究会で、

---

[1] なお、修士論文の第4章は、関西社会学会第61回大会での報告「家族による『介護』の構築——認知症／家族介護研究への構築主義アプローチの適用」（2010年5月）のもとになっている。

いわば他流試合を申し込むことにより、方法論や研究領域が全く異なる社会学研究者からどのような疑問や感想を寄せられるのか、参考にしようとした。結果的に、中河ゼミ及び都市下層問題研究会では、参加者より好意的なコメントが寄せられた。筆者は、方法論を共有している研究者からも、また筆者とは全く違った研究に取り組んでいる研究者からも評価を受けたことで自信を得て、第36回大会での報告に挑んだ。

　第36回大会当日（2010年5月16日）も、フロアからは全般的に好意的なコメントが寄せられた。当日は複数の参加者から、その段階での分析の妥当性を認めた上で、例えば感情労働論といった隣接した議論との関係、あるいは家族介護だけでなく専門職による介護と対比するといった、より大きな文脈を視野に今後の分析を展開してはどうかと、アドバイスを受けた。

　学会報告を成功裏に終えられたことで筆者は自信を得て、投稿論文執筆へと取り掛かる。

エスノメソドロジストからの批判

　投稿論文を執筆するにあたって、筆者はさらにもう一度、口頭発表の機会を得た。樫田美雄が徳島大学大学院で開催した、私的な研究会である（2010年6月17日）。筆者は、この研究会での報告を非常に重要視していた。第一に、この研究会が、学会で受けたコメントを拙稿に反映させる最初の機会だったからである。学会報告から1か月というタイミングは、学会でのコメントをもとに分析を洗練させる上で、筆者にとって理想的に思われた。第二に、より重要なのは、樫田が近年、エスノメソドロジーの観点から認知症介護の研究を行っていたためである。既に述べたとおり、筆者は社会構築主義の方法論に則って研究をすすめていたが、筆者が参照したグブリアム（1986）あるいはゼミの教官であった中河は、エスノメソドロジーの影響を強く受けていた。つまり樫田は、方法論においてもまた研究対象においても筆者と近い存在であり、その樫田からどのようなコメントが得られるかは、投稿論文を執筆する上で極めて重要だと考えられたのである。

　しかしこの研究会で、筆者は樫田より、「エスノメソドロジーの立場から」極めて厳しいコメントを受ける。指摘された問題点は、大きく分けて二点あった。第一に、データと分析がかみ合っていないという点。筆者は井口のいう「二者関係への閉塞」すなわち、「（介護家族）の側がいだく感情が、そのまま相手に反映

されていると認識される経験」を分析の中心に据えた（井口 2007: 260）。そして データとして、「家族会」での参与観察記録や、インタビューデータを用いた。 これに対し樫田は、次のように指摘した。井口は、介護家族と高齢者の相互行為 に焦点を絞っている。では筆者は、誰のまたどのような場面での経験に焦点を絞 りたいのか？それは、「家族会」というグループの中での経験なのか、あるいは 介護家族と高齢者の相互行為なのか、どこに焦点を絞りたいのか不明瞭だと、指 摘を受けた。第二に、より重要なのが、この研究が社会学的研究としていかなる 生産性があるのかという点である。先述のように、筆者は井口（2007）の議論を 批判的に検討することからスタートして、報告を組み立てた。これに対し樫田は、 次のように指摘した。仮にこの報告が論文にまとまったとしても、それは井口の 議論を精緻化したことにしかならない。では、そのように先行研究を精緻化する ことが、経験的調査を積み重ねた目的なのか？そこに筆者の独自性はあるのか？

　重要なのは、この二点の指摘がエスノメソドロジストの立場としてなされた点 にある。エスノメソドロジーは方法論として、データを相互行為の文脈に沿って 理解し、可能な限り詳細に分析することに、その独自性と生産性を見出してきた。 そして筆者は、方法論としてその意義に注目してきた。だからこそ、樫田から寄 せられた批判の意味は大きかった。筆者はこの時点で、議論を先行研究の批判か ら出発させるのではなく、新たな分析枠組みの下で展開する必要に迫られた。

新たな分析枠組みの模索

　そこで筆者が、社会構築主義の観点から分析する上で、手本となる先行研究と して注目したのは、ロバート・エマーソンとシェルドン・メッシンジャーによる 「トラブルのミクロポリティクス」論文（Emerson & Messinger 1977）であった。 エマーソンは、1960年代から活躍する社会構築主義の論客であり、彼の議論は エスノメソドロジーの強い影響を受けていることで知られている。また筆者は、 第36回大会用原稿の中でも彼らの論文を引用しており、分析枠組みとしてこの 論文に依拠することは、適当だと思われた。

　エマーソンらはこの論文の中で、人びとの抱える「トラブル」を徹底的に相互 行為上の問題として論じる。彼らは「トラブル」を、誰かが「何かがおかしいと いう表明」をし、その状況に対し何らかの「修復（remedy）」がなされる過程と して分析する。その過程でどんな専門職が関与するか、あるいはどんな専門的知

識が参照されるかによって、人びとの経験理解の仕方は異なりうる。だからこそ私たちは、相談の過程でそもそも自分が何に困っているのか（つまりどういう「トラブル」に直面しているか）を再定義したり、振る舞いや認識を改めたりする場合があるのだ。エマーソンらはこのように、人びとの問題経験を（医学的な診断といった）相互行為の流れに沿い、そこで参照される専門知や利害関係とのかかわりの中で理解することを提唱したのである（Emerson & Messinger 1977）。

　筆者はこの「トラブルのミクロポリティクス」論文から、次のような着想を得る。筆者が参与観察した家族会内でも、メンバーが何らかの介護の困りごと（「トラブル」）を相談した際、「相手（＝要介護者）は認知症なのだから（Xした方が良い）」と、他のメンバーから特徴的な応答がされる場面があった。このように、家族会内で「トラブル」が相談された際、要介護者に「認知症」というカテゴリーを当てはめて助言がされる場面を追っていくことで、家族会内でどのような「認知症」理解が共有されているかについて、社会学的な分析が可能なのではないか。またその過程を追うことで、家族会メンバーの経験理解の仕方の変化や、振る舞いの変化が追えるのではないか。――この分析枠組みの変更は、樫田から受けた二点のコメント（データに即した分析の徹底と、先行研究の批判にとどまらないオリジナルな議論の展開の必要）に沿った形になるものと、筆者は考えた。またこの方向性での修正は、第36回大会の報告内容で力点を置いた箇所（すなわち、介護家族が要介護者を「笑顔といった感情はわかる」と、ある種の慣習的理解を共有した存在として理解していること）を十分に生かしたものになると予想できた。

分析の修正と、社会福祉学研究者との対話

　そこで筆者は、さらに二つの口頭発表の機会を得ることで、分析の修正を図ることにした。第一に、中河ゼミに参加する友人と開催した、私的な勉強会である（2010年6月22日）。この会では、主に「トラブルのミクロポリティクス」論文の紹介を中心に据え、その内容と筆者の議論の方向性が適合的かどうか、方法論的な観点からコメントをえることに努めた。第二に、より重要視していたのが、同志社大学大学院の社会福祉学科と、私が所属している京大社会学専修が共同で実施している研究会「サロン・ド・京都」（以降「サロン」と略記）での報告であった（2010年6月24日）。

　サロンでの報告を重視していたのは、それが分析の大幅な修正後、初めての報

告機会であったこともあるが、何より、参加者の半数が社会福祉学の関係者であったからである。筆者のこれまでの報告機会は、いずれも社会学関係者を中心にしたものであった。それに対し、社会福祉学という隣接領域から見た時、筆者の研究成果がどのような評価を受けるか、大いに関心を寄せていた。サロン当日の議論は多岐にわたるが、主な論点は一点に集約される。すなわち、社会福祉学の立場からすれば「より良い実践」に結びつく研究が「良い研究」であるとされるわけだが、筆者の報告は今後の高齢者介護の実践とどう接続するのか、という問題である。筆者の研究は、例えば「提言」や「制度の改善」を目指すのか、そうでなければ、筆者の社会学はいったい何でもってその価値を図られるのか、という問いである。

　これに対し筆者は、次のように答えた。少なくとも（エスノメソドロジーの影響を受けた）社会構築主義にとって、その知的生産の意義は、データの文脈依存性を最大限に尊重し、人びとの実践を記述できているかで図られる。つまり筆者の分析に関して言えば、「インタビューデータや参与観察記録から記述できる範囲で、家族会という空間の中で、メンバーが『認知症』というカテゴリーを使って行っていること」を適切に論じられているかが、問題となる。もちろん筆者の分析結果を参照し、介護家族が「より良い実践」を目指すことは可能だろう。しかし筆者にとって、それは問題ではない。筆者にとっての「良い研究」は、「実践をより良く記述できたもの」に他ならない[2]。

　このサロンでの議論は、筆者にとって新鮮なものになった。これまで記してきた通り、筆者の修正はいずれも、社会学の方法論的な観点から要請されてきたものであった。これに対しサロンでは、その知的生産と現場での実践との関係について、議論を向けられたのである。そして筆者は、自身の知的生産の目指すところを、（例えば「提言」ではなく、）「データの文脈依存性を最大限に生かした記述」であると宣言した。これにより筆者は、投稿論文で自身が目指す方向性を確認した。

---

2 樫田（2006）も、社会調査における倫理問題を論じる中で次のように論じている。エスノメソドロジー（あるいはその影響を受けた構築主義）にとって、守るべき「公益」とは、文書上のやり取りや抽象的なラポール形成に還元されない。それはむしろ、データの文脈依存性を最大限に尊重しながら知的生産をすることである。つまり樫田は、何らかの「提言」や「制度の改善」に直接つなげずとも、社会学者にはきちんと調査と分析をすることを通じてのみ寄与できる「公益」があるのだと論じたのである。

投稿論文を執筆する──障害学関係者との対話

　以上の口頭発表を終え、筆者は投稿論文執筆に取り掛かった。その段階では、家族会内で「認知症」というカテゴリーが、「理屈は分からないが、感情は分かる」存在として特徴づけられていること、そしてそれが「要介護者のいうことを否定しない／笑顔を向ける」といった介護者の行動の指針につながっていることなどを、分析結果として示していた。しかし筆者は、さらに何かデータから言えることがあると感じていた。

　そこで筆者は、障害学を研究する二人の友人にコメントを求めた。一人は軽度の身体障害者の経験を中心に、もう一人は視覚障害者の経験を中心に調査をすすめている研究者である。彼らに助言を求めたのは、次の理由による。「身体障害者」と「認知症患者」は、どちらも何らかの「ケア」を必要とするカテゴリーである点は共通している。しかし、そのような共通点を抱えているからこそかえって、この二つのカテゴリー間で異なる事情を際立たせることができるのではないか？筆者はこれまで、方法論の観点から自身の研究を点検してきたが、そのように調査対象の観点から比較することで、また新しい論点が生まれることを期待したのである。

　そして筆者は、彼女らに薦められた文献を読み、また原稿をチェックしてもらう中で、次の点を新たな論点として抽出する。すなわち、「認知症患者が何かトラブルを起こしても、家族会の中では、彼らの振る舞いに悪意を想定しない」という点である。家族会での相談場面ではしばしば、「相手は認知症なのだから、悪気があってそういうことをしているのではない」という形式のアドバイスに出会う。つまり、認知症患者に「悪意」を想定するのは不適切とされ、家族会内で認知症患者はいわば無垢化された存在として語られている。これに対し先述の知人は、次のように指摘した。障害学あるいは障害者運動は、そのように障害者を無垢化する眼差しを拒否し、批判してきた。とすれば、それは「認知症」介護独特の、新しい論点になるのではないか、と。

　筆者はこの新しい論点の意義を確認するために、ある自治体で障害者施設の職員として働く知人に、助言を求めた。彼女はそこで、主に知的障害者の介助にあたっていた。知人はあくまで個人的意見としつつ、筆者の原稿にあるような要介護者を無垢化する理解は、自分たちの職場には見られないものだとコメントを寄せた。「認知症」を人間の知的な能力の障害ととらえるなら、それは同じ障害と

いっても、身体障害よりむしろ知的障害に近いものとして理解できる。彼女のコメントは、にもかかわらず知的障害と認知症で向けられる眼差しが違う可能性を、感じさせた。

筆者は、分析の焦点を家族会内の相談場面に絞ることで、「認知症」というカテゴリーが家族会メンバーにもたらす規範を明らかにしようと試みた。これは先行研究にない、独自の視点となる。先にみた、樫田による批判に戻ろう。樫田は、第一に分析の焦点をどのような相互行為場面に絞るのか、第二にその分析の知的生産のポイントを、問うていた。この新たな議論は、樫田による批判に正面から応えるものだと、筆者は考えた。

このような経過を辿り、筆者は『論集』への投稿論文を仕上げた。その内容は、当初の井口（2007）の批判的検討を大きく超え、家族会内での「認知症」というカテゴリーの使用法に注目したものになっていた。会の中で「トラブル」が報告された際、メンバーはときに「認知症」というカテゴリーを参照することで、「要介護者のいうことを否定しない／笑顔を向ける」といった介護者の行動の指針を手にする。その背景には、「理屈は分からないが、感情は分かる」存在としての患者像および、「悪意」のない無垢化された患者像が見られる。

筆者はこの論文に、「家族による『認知症』の構築――『認知症』カテゴリーに基づくトラブル修復」とタイトルをつけ、2010年9月末に投稿した[3]。

3. 隣接他領域を設定する――論文投稿までをふりかえって

『論集』投稿までの以上のプロセスを振り返った上で、筆者が強調したいのは次の点である。すなわち、自身の研究がいかなる領域の研究と隣接しているかは、研究者自らが設定していくものである、ということだ。例えば筆者は、方法論としては社会構築主義に、学問領域としては医療社会学に則り、認知症在宅介護を

---

[3] この「家族による『認知症』の構築」論文は、その後3回の査読を経て、内容とタイトルを修正して『論集』に掲載された（木下 2012a）。また本章は、論文投稿に至るまでの過程を詳細に分析したものだが、論文投稿後に待つ査読は、特に若手研究者にとって重要な体験だと考えられる。その点に関連して、木下（2012b）では、査読過程を「査読を受ける側」から分析している。なお、上で挙げた二つの論文は、筆者のホームページよりダウンロード可能である（2012年12月現在）。http://shukinoshita.wordpress.com/works/

研究対象に選んだ。しかし原稿執筆の過程で、方法論としてはエスノメソドロジーを、学問領域としては社会福祉学と障害学を、そして研究対象としては心身障害者を、それぞれ選択した諸研究者と対話を重ねることになる。

さらに言えば、筆者はその対話を通じ、「この調査から、そもそも自分は何を発見したことになるのか」にも気づいたことになる。方法論的に、この調査でどの水準までなら妥当なことが述べられるのか。制度や実践との関係を、どのように考えるべきなのか。自身の知見は、どのような文脈で考えたときに独自のものだと言えるのか。──こういった点は、あくまで他領域の研究者との対話の中で洗練されてきたものだ。「自分は何を発見したのか」は、決して自明のものではない。筆者の場合なら、心身障害者のケアと認知症患者のケアを比較しなければ、「家族会内で要介護者が『無垢化』されていることは興味深い発見といいえる」ということに気付かなかっただろう。

このことは、筆者の論文がまた別の形でもありえた、ということを意味する。例えば、学会報告でのコメントに沿い、在宅介護の感情労働の側面をより重点的に議論することもできたであろう。あるいは、介護に関する数量調査を意識し、そこで使われている指標と、家族会で用いられている「介護」という概念の異同を精査することも、可能であったろう。また同じケアが必要な対象として、認知症介護を育児と比較し、介護家族が介護を育児になぞらえるのは、あるいは逆に差異を強調するのはどのような場面か、分析することも可能であったろう。方法論、学問領域、調査対象などの側面において、何を隣接領域として参照するかが研究者の営みであるからこそ、研究のアウトプットにも多様性が生まれる[4]。

冒頭の池田の文章に戻ろう。池田は「学際性」を、研究対象や調査法、そして研究から得られた知見などの複数の側面から捉えていた。その見方からすれば、筆者の投稿論文も確かに「学際的」であったと考える。しかしそれは、初めからそうであったわけではない。自身の研究をより良いものにしようとして、他領域の専門家と意見を交わす、その学的探究上の実践によって、「学際的」なものへとなっていくのだと、考えている。

---

[4] ハワード・ベッカーは、社会科学系の論文を執筆する上で、「友人たちのサークル」に事前にコメントを求め、査読前にもリライトを繰り返すことの重要性を指摘している（Becker 2007）。ベッカーは、社会科学系の研究者の主張や発見は、そういったサークル内でのやり取りを通じて初めて立ち現れるものだと、繰り返し強調している。

4. 誰もが通る道としての「学際性」

　本章は、筆者の取り組みを特別に優れた実践として紹介しようとしてはいない。例えば、海外の研究者との共同研究などと対比すれば、筆者の取り組みは「こじんまりした」ものだと認識している。これまで筆者が記述してきたことは、研究者を志す若手としては、極めて標準的な、ごく平凡な取り組みであるだろう。

　しかし筆者は、本章の意義をその平凡さに見出したいと考えている。本章で記述してきたことは、論文を執筆する上で研究者を志す若手がいかに振る舞うべきか、私自身が諸先輩方から教えられてきたことである。その諸先輩方も、そのことをさらに先輩方から教わってきたのであろう。

　また筆者は、医療社会学領域が特別に「学際的」だとは捉えていない。家族社会学であれ地域社会学であれ、方法論や研究対象が複数の専門分野にまたがることは、避けられないはずだ。そして、だからこそ個々の研究者は、自分の研究がいったいどのような領域と隣接しているのかを設定し、他分野と何が異なり、何を同じくしているのかを考え抜くことが重要なのだと、私は捉えている。そうやって何かと比較するからこそ初めて、「新しい」知見が生まれてくるのではないだろうか。

　つまり本章で論じてきたことはいわば、学的探究上、誰もが通る道だと考えている。

参考文献

Becker, H.S., 2007, *Writing for Social Scientists: How to Start and Finish Your Thesis, Book, or Article 2nd Edition,* the University of Chicago Press.

Coulter, J., 1979, *The Social Construction of Mind: Studies in Ethnomethodology and Linguistic Philosophy,* Macmillan (＝西阪仰訳, 1998,『心の社会的構成──ヴィトゲンシュタイン派エスノメソドロジーの視点』, 新曜社).

Emerson, R. and Messinger, S.L., 1977, "The Micro-politics of Trouble" *Social Problems* 25（2）, pp. 121-134.

Gubrium, J. F., 1986, "The Social Preservation of Mind: The Alzheimer's Disease Experience" *Symbolic Interaction* 9（1）, pp.37-51

井口高志, 2007,『認知症家族介護を生きる──新しい認知症ケア時代の臨床社会学』, 東信堂.

池田光穂, 2011,『拡張するヘルスコミュニケーションの現場』, 第 37 回日本保健医療社会学会大

会大会長講演資料.
樫田美雄, 2006,「フィールド研究の倫理とエスノメソドロジー——社会リアリティの変化と社会理解ループの変化」平英美・中河伸俊編『新版構築主義の社会学——実在論争を越えて』, 260-284, 世界思想社.
木下衆, 2012a,「家族会における『認知症』の概念分析——介護家族による『認知症』の構築とトラブル修復」『保健医療社会学論集』, 22（2）: 55-65
———, 2012b,「査読される側の倫理——ある模擬査読のケーススタディ」『保健医療社会学論集』, 23（1）: 28-37

※付記　本章は、日本学術振興会の平成 22 年度科学研究費補助金（特別研究員奨励費）による研究成果の一つである。

第19章　海外英文誌への投稿というチャレンジ

須田木綿子

1. はじめに

　何ごとにつけ、国際的競争力が問われる時代である。研究者であれば、海外の学術誌に英文で原著論文を発表することは、避けて通ることのできない課題になりつつある。とはいえ、定型化された理系・医学系の論文と異なって、抽象的な概念を用いて議論を組み立てなければならない人文系の論文を英文で作成することは、容易ではない。加えて、日常的に海外の学会活動に接する機会が少ない日本の研究者には、言語の異なり以外に留意すべき事柄も多い。

　本章の目的は、そのような日本人研究者が、海外の学術誌に論文を発表する際の課題を整理し、克服のための方策を探ることである。もとになるのは、筆者自身の体験である。筆者が海外に初めて出たのは、30歳を目前にしてのことであった。海外では、システマティックな学術的トレーニングを受けたことが一度もない。本章は、このような在来の日本人研究者の視点にもとづいている。

2. 国内の学術誌に投稿する場合との差異

　海外の英文誌に投稿する際に固有の課題として、とりわけ次の5点が重要だろう。
　1）英文のチェック

2）雑誌の選択
3）査読過程でのやりとり
4）分析的説明の必要性と理論
5）議論の再構成：How do you frame it?
以下、それぞれの項目にしたがって、書き進める。

英文のチェック

英文チェックを請け負う業者もあるが、筆者は、知り合いのネイティブ・スピーカーによるチェックを受ける。文法的な間違いも指摘してもらうが、この段階でより重要なのは、議論の組み立て方のチェックだと思うからである。何度もやりとりを重ねながら、文章の流れを整える。

周知のように、日本語と英語では文章の構造が異なる。良く言われることでは、日本語の文章は最後にポイントや結論を示すが、英語では、ポイントを先に示した後に説明を加えることなどがあげられる。文章の構造が異なるということは、ものの考え方が異なるということである。したがって、日本語の原稿をそのまま英訳しても、英語の文の連なりはできるが、英語の文章にはならない。英語の文章にするためには、英語による文章の組み立ての感覚を理解しなければならない。

これに関連して、筆者は次のような助言を得たことがある。人文系の研究者の多くが、英文で論文を書くなど夢のようなことと思っていた1980年代に、既に海外で論文をいくつも発表していた研究者を上司に持つという幸運に恵まれた[1]。そしてその上司から、「英語の論文を書く際に、日本語で原稿を整えてから英訳する人がいるが、それは好ましくない。はじめから英語で書くように」と言われた。タテのものをヨコにしただけのような日本語感覚の英作文に陥らないための、具体的かつ適切な助言をいただいたと、感謝している。

日本人が英語で論文を執筆することには有利な点もある。英語では意味が通るといわれても、日本語の感覚ではすっきりしないような場合がそれである。このようなときに、日本人としての自分の感覚でも納得がいくように英語で解説を加えていくと、文章がより緻密になったり、面白い議論に発展していったりする。構造が大きく異なる日本語と英語の間を往還することで、思考が深まるようである。ここに、日本人として海外に貢献できる部分があるように思う。

---

[1] 前・東京都老人総合研究所の前田大作社会学部長（当時）。

ちなみに、チェックを依頼する相手は、ネイティブのスピーカーであれば誰でも良いというわけではない。研究上の関心が近いから良いというわけでもない。仕事のペースや、どこまでの完成度を求めるか等についての相性が、意外と大切である。

筆者はある時期、海外の学会や国内で出会う海外の研究者の誰彼なしに、自分の論文の英語のチェックをしてほしいと依頼して歩いた。ほとんど断られるのだが、稀に快諾してくれる人がいる。大学院生や知人を紹介してくれる人もいた。そうして知り得たすべての人に、英文チェックを依頼した。謝礼は、自分の研究費で賄った。熱心に見てくれるのだが、指摘の仕方が強烈に厳しくてこちらがつらくなったり、逆に非常に好意的でさかんに励ましてくれるのだが、形式的なチェックにとどまり、こちらの相談にきちんと応えてもらえないこともあった。米国の大学の政治学部助教にチェックをお願いしていた時は 2008 年アメリカ大統領選挙のキャンペーン中で、ある日突然、「オバマ候補の応援に専念したいから、英文チェックはもうできない」と、論文の完成を目前に投げ出されたりもした。このような、「まさか」と思われるようなサプライズも含めた過程を経ることが、「海外に出る」ということなのであろう。

とにかく多少の困難に直面しても、書き続けることである。英語が母国語ではないのだから、慣れないうちは、英作文そのものに時間と労力を奪われるのはいたしかたない。それでも記憶にとどめておくべきは、英語表現のコンテストをしているのではないということである。論文の目的と意義が査読者に伝わり、方法と結果が整っていれば、よほどのことが無い限り、英語が下手だからという理由で却下されることはないはずである。

雑誌の選択

「どのようにして投稿先を選べばよいのか」という質問を受けることが多い。日頃自分が目にする先行研究が多く掲載されている学術誌が、投稿先として最も自然なのではないだろうか。自分が出席した海外の学会が発行している雑誌も有力な候補だろう。

あえて一般的なルールをあげるなら、Social Science Citation Index（SSCI）で検索対象に含まれている雑誌（以下、「SSCI ジャーナル」と略す）が望ましいとはいえそうである。SSCI は、社会学関連の領域の主要な学術誌の論文をデータベー

ス化したもので、この検索の対象に含まれることは、学術誌として一定の水準を満たしていることの証左でもある。ちなみに、筆者の研究領域で有力な英文学術誌は二冊あり、どちらに投稿しても良さそうなのだが、そのうちの一冊はSSCIジャーナルではない。査読プロセスに問題があるらしいとの噂である。海外の研究者と話していても、「SSCI論文（SSCIジャーナルに投稿して掲載された論文）は何本あるか」と聞かれる。どうせ大変な思いをするならその成果も十分に味わいたいとの理由で、SSCIジャーナルの方に投稿している。

　もうひとつの基準にインパクト・ファクターがあるが、この指標で示される数値は自分の実感に合致しないという体験が筆者にはある。筆者の領域では決して無視できないとされる学術誌のインパクト・ファクターが、数年前に刊行されて評価も安定していない学術誌のインパクト・ファクターよりも低くなっていたのである。ちなみに、後者の新刊の学術誌はSSCIに含まれていない。インパクト・ファクターは単なる引用回数を基準にしていて質は担保していないと主催者自身が述べているし、もともと自然科学領域の学術誌を対象に始まった取り組みなので、社会科学系の感覚とは異なるのかもしれない。

　インフォーマルな基準では、リジェクト率が80％ぐらいの学術誌でなければ、論文が掲載されても評価されにくいという話を聞いたこともある。しかし、上記のSSCIジャーナルや、インパクト・ファクターでそこそこの評価を得ている学術誌であれば、リジェクト率は自ずから80％を越えているだろう。

査読過程でのやりとり

　日本の学術誌に投稿すると、一回目の審査の段階で採用か不採用が決まってしまう場合が多い。しかし海外の学術誌では、1回目の査読は足切り的要素が強く、求められた修正にいかに応じるかで採否が大きく左右されるように思う。

　先にあげた「リジェクト率80％」という数字との関わりで言いかえると、海外の研究者から聞こえてくる断片的な情報に、自身の体験から得られる印象を加味して思うに、一回目の査読における通過率は50％前後なのではないか（最終的なリジェクト率が95％以上であるような雑誌はこの限りではない）。最終的な通過率が下がるのは、多くの投稿者が、一回目の査読での指摘に応えないか、適切な修正を行えないことに由来するようである。したがって、とにかく最初は上位50％に滑り込むことを目標にすれば良いのである。あとは、査読者の指摘にし

たがって、ひたすら修正する。

　あり難いのは、海外の学術誌の多くが、査読者とのやりとりを何度もさせてくれる点である。編集長が相談相手になってくれるところも少なくない。査読者の指摘の意図がわからなかったり、査読者相互の見解に矛盾があったときには、編集長に問い合わせる。査読者が明らかに内容を誤解しており、かつ、非常に極端と思われる意見を言ってきたときに相談をして、「その査読者の意見は気にしないでいい」と言ってもらえたこともある。この点では、日本国内の学術誌よりもよほど親切である。筆者が主に投稿している学会誌の編集長と話す機会があり、日頃の疑問をあれこれとたずねたところ、「改善がみられる限り、採択されるまで再提出を重ねて良い。日本からの投稿は少ないので、特に気を使って対応している」とのことだった。

　以上のことは裏を返せば、学会誌が国内外の研究者をそこまで丁寧に育てているということである。SSCI ジャーナルのような雑誌に投稿をすれば、自分と同じ専門領域で世界水準で活躍しているエキスパートが、自分の論文の優れている点をさらにのばし、弱点を補強する方法について、何カ月という長きにわたってマン・ツー・マンで教えてくれる。これだけでも、海外の学術誌に投稿する意義は十分だろう。

分析的説明の必要性と理論
　国内だけで議論をしていると、経緯をたどることで説明になってしまう場合が往々にしてある。しかし、日本のことをほとんど知らない海外の人たちに向けては、誰もが知っている分析概念を使い、かつ抽象度を高めて説明をしなければ理解を得られない。いいかえれば、国内の議論は記述的になりがちだが、国外に向けては分析的な議論が必要だということになる。

　たとえば日本国内では、1995 年の阪神淡路大震災を契機にボランティア活動への関心が高まったとする論者は多い。しかし、ボランティア活動は 1980 年代から国内外で活性化しており、非営利組織や市民社会といった事柄に対する関心も、先進諸国を通じて既に高まっていた。阪神淡路大震災は、その 10 年以上後に日本の一都市で発生した天災である。これをもってボランティアの活性化の原因としても、海外の読者にはまったく説得力を持ちえないことは自明であろう。英語圏では、ボランティア活動への関心は、福祉国家体制の変容や中産階級の台

頭などと関連づけて論じるのが通常である。したがって日本を語る場合にも、日本国内では福祉国家体制の変容がどのようにして進み、その中で官民関係はいかに再編され、その背景としての中産階級の意識はどのように変化していたのかについての説明を期待される。阪神淡路大震災については、日本が世界的な潮流に組み込まれる中で、とりわけ日本国内にあってその動きを加速した一要因として相対化したとき、日本固有のエピソードとして意義を持つように思われる。

議論の再構成：How do you frame it?

上記をつきつめると、国外に論文を投稿する際には、国内向けとは異なるかたちでの議論の再構成が必要だということになる。この課題を端的に表現するものとして、"How do you frame it?"というフレーズがある。「どのような文脈で、何の問題としてそれを扱えば、議論を効果的に展開できるのか？」とでも訳せばよいのだろうか。同じ主題を扱っていても、国内外の学術誌ではframingの仕方が異なる。海外の英文誌に投稿するにはそのためのframingが必要であり、そうしなければ、海外の査読者には自分の研究の位置づけや、意図や意義も伝わらない。優れた研究内容であるにもかかわらず、日本人研究者が英文誌に投稿して第1回目の査読の段階で却下されるとき、framingの不備に起因するケースが多いように思う。

では、国内外でframingのしかたはどのように異なり、国外に向けてはどのようなframingのあり方が望ましいのだろうか。これについては、論文のテーマや著者の関心によって異なるとしか言いようが無い。先のセクションであげたボランティアに関する議論も、ひとつの例にすぎない。

もうひとつの例をあげる。

日本の高齢者のケアは長年にわたり、国が財源とサービス提供に責任を負ってきた。例外として、社会福祉法人という公益法人が、行政の委託を受けて老人ホームなどを運営することが認められ、それ以外の民間組織はサービス供給活動に従事することはできなかった。しかし2000年の介護保険制度を契機に、財源の責任は国のみでなく地方自治体と40歳以上の国民が分担することとなり、サービス供給にも、社会福祉法人以外の営利・非営利（既存の公益法人とNPO法人）の民間組織が従事して良いことになった。筆者の関心は、このような中での営利と非営利のサービス供給組織の行動の相違にある。しかし、これをそのまま

英語にしたのでは、日本の高齢者ケアの歴史や介護保険制度の解説にしか聞こえない。この種の話題に興味を示す海外の研究者は極めて少数であろうし、そもそも、よほどユニークな論点を提示しない限り、歴史や制度の解説では原著論文として認められない。介護保険制度を題材にしながらも、海外の研究者の間で共有されている学術的な関心に通ずるような提示の仕方（framing）を工夫し、自分が原著論文執筆の志を持っていることを査読者に伝えなければ、1回目の査読を通過できない。

筆者の場合は、「高齢者のための公的対人サービスの民営化とデボルーションによって、多様な民間組織がサービス供給活動に従事するようになった結果、営利−非営利組織のダイナミクスはどのように変わったか」というframingで、意図するところが伝わる。「デボルーション」は、中央政府（国）から政府の下部組織（地方自治体）や民間に責任と権限が委譲されることで、海外では極めて一般的な用語である。これに対して日本では、デボルーションと政府間関係の変化を区別することなく、分権化という言葉で議論を展開する場合が多い。しかし、デボルーションは集権・分権という政府間関係とは独立の概念で、デボルーションが進んでも集権的体制が維持される場合もあれば、デボルーションとともに分権化が進む場合もある。そして民営化については、デボルーションが促進されつつ中央集権的要素は強まるというのが、欧米での共通理解になりつつある。このような中で、日本的な感覚で分権という用語を使って英文で論文を書いても、英文誌の査読者の目には、デボルーションと政府間関係という異なる主題が混在し、それでいてデボルーションというキーワードを使っていない意図不明の論文として映ってしまうので、要注意である。

「公」の感覚も、国内外で大きく異なる。ハーバーマス（1975）は、社会をシステム（資本主義的経済システムと官僚的国家行政システムから成る）と生活世界（私的領域と公共領域）に分け、市民的公共圏は生活世界の公共領域に存在すると想定した。この公共圏概念は、「官−民」「行政−営利−非営利」といった社会組織の区分に必ずしも対応していないが、官僚的国家行政システムはシステムの一部であって、公共圏に参加することはあっても、公共圏の主たる担い手にはならない。その意味では、公共圏は主に民間のものと考えられ、とりわけアメリカではその傾向が顕著だといえる。そしてこのような文脈での公的サービスとは、行政サービスに限らず、一般の市民の誰もが必要とするサービスという意味になる。

こうすると、民営化という言葉のニュアンスもわかってくる。公的サービスの民営化が市民の自らの責任と権限の復興と同義に解釈される背景に、民間主体の「公」の感覚がある。このような中で、「公＝行政」といった日本的な文脈で議論を組み立てたり、あるいは民営化を行政の責任放棄だと論じても、そのままでは海外の読み手には理解されにくい。

3. 投稿の体験例

最後に、筆者の投稿体験を2つ示す。あくまでも参考例であり、これらをどれほど一般化し得るのかはわからない。

制度を題材にした論考の場合

表 19-1 は、先のセクションでふれた介護保険制度について、デボルーションと民営化の視点から日本国内の議論を再構成し、官－民関係を検討したものである（Suda, 2006）。表の向かって左側は初回投稿時の各セクションのページ配分で、向かって右側が、最終的に受稿された折の配分である。この間、査読者の指示にしたがって2回の修正を重ねている。

投稿時と受稿された原稿の最大の変化は、「制度説明」が書き加えられたことである。後づけになっても良いので、後半の分析枠組みに従いながら、題材とする介護保険制度の概要を説明するようにと、査読者から求められた。結果として論文全体に一貫性が生まれ、初回投稿時に設けていた「検討枠組み」は必要なく

表 19-1 制度を題材にした論考の場合

初回投稿時のページ配分		受稿されたバージョンのページ配分	
イントロダクション	1-3	イントロダクション	1
		制度説明	2-6
採用する理論の説明	4-6	採用する理論の説明	7-8
概念のブレークダウン	7-8	概念のブレークダウン	9-10
検討枠組み	10-11		
検討結果	12-21	検討結果	11-20
考察	22-24	考察	21-26

なった。

「考察」のページ数も、初回投稿時から倍以上に増えた。査読者からの下記の修正要請に応えた結果である。すなわち、介護保険制度下では、デボルーションが進行しつつも中央集権的体制は維持されたという知見が得られたのだが、この結論は他の先進国からの知見と共通することを、日本以外の国の先行研究を引用しつつ示すよう求められた。次に、とはいえ、その背景や経緯には日本固有の事情もあるはずなので、これについては日本国内の議論をふまえて整理せよとのことだった。要するに、国内外の文献を使い分けながら、日本と他国の相違を明らかにして論考せよとの、非常に適切な指摘だった。

なお、この論文に対する第1回目の査読結果では、「冗長で議論がごたごたしている（cluttering）」とコメントされた。しかし、「分析に用いる理論を明示し、かつ、概念を日本の実情に沿って丁寧にブレークダウンしているなど方法論は手堅く（concrete）、改善の余地がある」との評価を得て、かろうじてリジェクトを免れた。おそらくもうひとつのポイントは、得られた知見を要約する表を加えた点にあったと思う。実証研究ではなくとも、使用する鍵概念相互の関係や分析枠組みを図示して、ひと目で、直感的にこちらの意図が伝わるように工夫している。こうすることによって、英語が拙かったり、海外に向けての議論の再構成が必ずしも成功していなくても、査読者には筆者が何をしようとしているのかが伝わる。「ここを直せば、この論文はもっとよくなる」という可能性を、査読者に見つけてもらいたいとの一念である。筆者のように凡庸な研究者が一回目の査読で上位50％に残るためには、この種のなりふりかまわぬ努力が必要である。

調査データを使用した実証研究の場合

表19-2は、自分で調査をして集めたデータを分析した実証研究の論文である（Suda & Guo, 2011）。こちらは、構成が大幅に変わっている。先の例と同様に、受稿されたバージョンでは「制度説明」が加わっている。ページ数が限られているので、できれば制度説明などは省略したいのだが、国外の読者にとってはどうしても必要なもののようである。さらに、「理論的枠組みと仮説」を「方法」から独立させ、ここに4ページを費やすことになり、「データと方法」も3ページに増えている。調査結果に入る前に全20ページ頁中、半分以上の12ページを費やしている。いっぽう「結果」は2ページ短くなって、「考察」が全4ページ

表 19-2 調査データを使用した実証研究の場合

初回投稿時のページ配分		受稿されたバージョンのページ配分	
イントロダクション	1-2	イントロダクション	1-2
		制度説明	3-4
		理論的枠組みと仮説	5-8
方法		データと方法	9-11
仮説	3-5		
調査方法	6-7		
結果	8-14	結果	12-16
考察	15-19	考察	17-20
（うち理論的インプリケーションは0.5頁）		（うち理論的インプリケーションは2.5頁）	
結論	20		

で、そのうち理論的インプリケーションが 2.5 ページと、「考察」の半分以上を占めることになった。このような論文の書き方をするためには、検討すべき先行研究についても再考が必要であると査読者から指摘され、純理論的な著作を中心に 3 ページにわたる文献リストが査読結果とともに送られて来た。

　査読者の指摘のポイントは、下記のようなことであった。すなわち、自分で 1 次データを集めて論文を書く場合、ランダムサンプリングであっても、地域は限定されることが多い。たとえば、東京都内の特定の区内の在宅要介護高齢者をランダムサンプリングするといった具合である。日本を代表するサンプルではないという意味で、厳密には地域のケーススタディである。そしてこれをつきつめると、たとえ日本全国を代表するようなサンプリングをしても、世界的な文脈では、日本という国のケーススタディに過ぎないことになる。極東の島国のちょっと変わった事例報告という域を超えて、原著論文として自分の仕事の意義を認めてもらうためには、得られた知見が一般化し得るものであることを示す必要がある。そしてサンプリングによって一般化し得ないのであれば、理論を通じて行うしかない。つまり、理論に従って推論した内容を自分のデータは支持したのかどうかを検討し、それによって最終的には理論の妥当性を確認するような調査研究として、自分の論文を位置付けるのである。こうして、関心を同じくする世界中の研究者とともに普遍的な理論の構築作業に貢献するのだという姿勢を示すことが、論文の採択にもつながるのだろう。

4. 海外の英文誌に投稿する意義

　近年、とりわけ若手研究者をめぐる状況は厳しく、就職のためには論文の本数も稼がなければならない。英文誌への投稿などにチャレンジする余裕は無いという声が聞こえてきそうである。若手研究者をとりまく環境改善はぜひ必要だが、しかしこのような時代だからこそ、と言いたい気持ちも筆者にはある。既に述べたことの繰り返しではあるが、英文誌に投稿することの意義として、改めて下記の4点を確認したい。

　第一に、自分と同じ専門領域で世界水準で活躍しているエキスパートによる指導が受けられる。

　第二に、日本から国外の議論に貢献することの重要性は疑いの余地も無く、そのことは海外からも期待されている。

　第三に、国外向けに議論を再構成することが、日本国内の議論の進展のためにも重要である。

　そして最も強調したい点として第四に、普遍的な学問の構築という営みに、世界中の研究者とともに自分も参加しているという実感を持つ瞬間が、英文誌への投稿過程の中にあることである。研究に対する志や夢はこうして高まり、かつ深められ、日常の困難な事柄に耐える力も得られるように思われる。

参考文献

Habermas, J., 1975, Legitimation crisis. Boston: Beacon Press.（初出：Legitimation-problemeim Spärkapitalismus. Suhrkamp Berlag, 1973.）

Suda, Y.（2006）Devolution and privatization proceeded and the centralized system maivitained : A twisted reality faced by Japanese nonprofit organizations. Nonprofit and Voluntary Sector Quarterly, vol.35, No.3 : 430-452.

Suda, Y. & Guo, B.（2011）Dynamics between nonprofit and for-profit providers operating under the Long-Term Care Insurance System in Japan（Nonprofit and Voluntary Sector Quarterly, vol.40, No.1 : 79-106.）

謝辞：本章は、社会学系コンソーシアムのHPに掲載された「2009年度シンポジウム要旨『社会学系学問の体系化：海外学術誌への投稿体験から』」（http://www.socconso.com/symposium/index.html）をもとに書き改めたものである。当該原稿の使用をこのようなかた

ちで許可してくださった社会学系コンソーシアムに御礼申し上げる。

第Ⅲ部

学会と研究活動

第20章　学会とは何か

武川正吾

　研究者にとって——職業として研究に従事している場合はとくに——学会は、あまりにも身近な存在であるため、改めて学会とは何かと問われると、答えるのがむずかしい。日本人とは何かと問われて、答えに窮するのと同じである。普段、意識することがないからである。

　とはいえ、そういう私も、学会と学会でないものとの間には、漠然とではあっても区別をつけることができる。例えば、日本社会学会は学会であるが、少人数の親しい研究者のみが集まる△△研究会は学会ではない。また、専門家の集まりであっても、医師会、弁護士会、社会福祉士会などはたとえそこで研究発表が行われていたとしても、学会とは違うだろう。おそらく無意識のうちに学会に関する定義を抱いているのである。本章では、この点をもう少し自覚的に詰めてみたいと思う（但し、以下の記述は私の周辺の観察に基づいているので、もしかしたらこれが当てはまらない学会もあるかもしれない）。

1. 学会の組織目標

　まず学会は公式組織である。学会に似た言葉で、学界がある。学会も学界も学者の集まりであることには変わりがないが、学界の場合は、漠然と学者の世界を指しており、学界の内外の境界が明確ではない。誰が学界の一員であるか否かが、それほどはっきりとしているわけではない。もちろん自他共に認める学界の有力者や大家はいるが、そこから遠ざかるにつれて、あるひとが学界の構成員である

か否かの判断は曖昧になってくる。これに対して、学会の場合は、会員と非会員の区別が明確である。会員であるか会員でないかのいずれかであって、どちらともいえない、ということはない（少なくとも日本の場合[1]）。各学会は会員であることの要件（入会資格、会費の納付、退会方法など）が決まっていて、この要件をみたしていれば会員であるし、そうでなければ会員ではない。したがって、ある時点での会員数は正確に示すことができるはずである。

学会は公式組織であるから、組織目標がある。学会の組織目標は、通常、会則のなかなどに書かれている。例えば、社会政策学会の場合、学会の目的と、この目的を達成するための事業を次のように記している（2011年10月11日現在）。

第2条　本会は、社会政策研究の発展を目的として、研究者相互の協力を促進し、内外の学会との交流を図る。
第4条　本会は、第2条の目的を達成するため下記の事業を行なう。
　1. 全国大会の開催
　2. 地方部会ならびに分科会の主催による研究会の開催
　3. 公開講演会の開催
　4. 内外の諸学会との連絡・提携
　5. 研究発表のための刊行物の発行
　6. その他本会の目的を達するために必要な事業

また、社会福祉学会の場合は、法人化されて定款が定められていて、そこで目的と事業が次のように規定されている（2010年4月1日施行）。

第2条　この法人は、社会福祉学についての研究成果の公表、知識の交換、内外の関連学会との連携協力等を行うことにより、社会福祉学の進歩と普及を図り、学術の振興と人々の福祉に寄与・貢献することを目的とする。
第3条　この法人は、前条の公益目的を達成するために、下記の事業を行う。
（1）学術研究集会、講演会等の開催

1　というのは、多くの日本の学会は会費制をとっているが、国によっては、補助金によって学会が成り立っているところもあるようで、そうなると会員・非会員の区別は曖昧にならざるをえない。

(2) 学会機関誌「社会福祉学」その他の刊行物の発行
(3) 研究の奨励及び研究業績の表彰
(4) 関連学術団体との連絡及び協力
(5) 国際的な研究協力の推進
(6) その他目的を達成するために必要な事業

　調べてみるとわかるが、他の学会（日本社会学会、福祉社会学会、保健医療社会学会、家族社会学会、地域福祉学会、等々）も大体似たような状況である。要するに、これらの学会に共通するのは、第一の目標が研究の発展・進歩であって、この目標に従属して、研究者間の協力や交流を促進することが副次的な目標となっているということである。社会福祉学会は研究の発展・進歩に加えて「人々の福祉に寄与・貢献すること」も目的となっているが、これも研究の発展・進歩があってはじめて可能となることである。

2. 研究のサイクルと学会の役割

　研究の発展・進歩という組織目標を達成するために、上記の学会は各種の事業を行うこととなっていて、その内容が列挙されているが、いちばん重要なのは、会員に対して、(1) 研究成果の口頭発表の機会を提供することと、(2) 学会誌において論文発表の機会を提供することである。前者は、通常、年一回または二回の大会として実施され、後者は、最低でも年一回の定期刊行物（学術雑誌）の出版をつうじて行われる。このほかにも会員間や他学会との交流事業や会員の優れた研究業績に対する表彰などもあるが、これら二つの事業に比べれば、付随的である。
　このように口頭（パロール）による発表と、論文（エクリチュール）による発表の二つが学会の二大事業となるのは、近代社会では、学術研究の生産過程が、次のような段階を踏む形で制度化されているからである。

(1) 各研究者による研究…研究室での研究・実験室での実験・野外調査・野外での観察・社会調査等々

(2) 各研究者による「新しい知見」(新事実・新解釈・新しい理論など) の発見
(3) 各研究者による「新しい知見」の学会での口頭発表…批判・反批判による検証・反証
(4) 査読を経た新しい知見を各研究者が学術雑誌で論文発表
(5) 発見された新しい知見の学界での認知

　各研究者は、それぞれの場所で、自分の研究テーマについて日々研究に没頭している (ことになっている)。その結果、これを前提として運が良ければ「新しい知見」を発見することができる。あるいは「新しい知見」の発見の最終段階に至る途中経過を、発表しておきたいと考えるかもしれない (近代科学では誰が最初に発見したかが最重要視されるからである)。そこでワーキングペーパーや、ディスカッション・ペーパーを作成し、専門を同じくする研究者に配布して、意見やコメントを求める。あるいは研究会やセミナーなどで口頭発表し、参加者から意見やコメントを求める。この段階で、「新しい知見」が自分の勘違いであることに気づくかもしれないが、そこで出された批判にうまく応えることができれば、学会で報告するに足る内容だと確信するだろう。後者の場合、次の学会大会での報告の準備に入ることになる。以上はインフォーマルな過程であるから、この段階を飛ばして、いきなり学会報告をすることはフォーマルな規則によって禁じられているわけではない。しかし、たとえインフォーマルなものであっても、そうした手続きを踏まないのは「手抜き」の報告である。「手抜き」の報告をすると、聴衆から相手にされない。非難を浴びれば良い方で、大部分は無視される。
　学会大会における口頭発表の仕方は、学会によって様子が異なっている。
　希望者全員が発表することのできる学会もある一方、何らかの基準にもとづいて発表者が選抜される学会もある。そもそも昔の学会は、学会本部が大会のテーマと発表者のすべてを決める場合が多かったので、このような時代には、一般の研究者が、日常的な研究の成果を発表することはきわめてむずかしかった (そうした慣習が一部残っているところもある)。
　また、発表にあたって事前にフルペーパーの提出を求める学会もあるが (例えば、社会政策学会)、予稿集に掲載するレジュメ (要旨) を提出するだけでよいところもある (例えば、日本社会学会、福祉社会学会、社会福祉学会)。まれにタイトルとアブストラクト (梗概) のみでよいところもある (ISA のように大規模なとこ

ろは、そうである)。

　上記 (3) の「新しい知見」の学会での口頭発表の段階も、前のパラグラフで述べたのと同様に、他の研究者からの批判・反批判によって、自分の「新しい知見」が検証・反証される場である点においては、本質的な違いがあるわけではない。違うところがあるとすれば、学会大会におけるものは非常にフォーマルなものだという点である（また、それまで未知だった研究者からコメントをもらえることもある）。したがって学会のプログラムは、正式な記録として残る。このため学会大会での口頭報告が、研究業績と見なされることは多い。ただし大会時に配布されたフルペーパー、レジュメ、アブストラクトが業績と見なされることは稀であろう。大会はあくまでパロールの世界なのである。

　(1) ～ (3) の段階を経ると、いよいよ (4) の段階である。口頭発表のあとは、それまでに出された他の研究者からの批判を受け止めながら、学術雑誌に投稿するための論文を書いていくことになる。この段階でも、改めて、ワーキングペーパーやディスカッション・ペーパーが配布されて、これに対して寄せられた意見をもとに、論文が執筆される場合が多いだろう。口頭報告のときに配布されたフルペーパーを修正・加筆することによって投稿論文ができあがることもある。書き上げた論文を投稿すると、他の専門研究者から査読を受けることになる。投稿するまではインフォーマルな過程であるが、投稿後はフォーマルな過程である。査読に合格すれば、論文が学術雑誌に掲載されることになる（査読の役割については他の章で述べられるので、ここでは深入りしない）。このようにして論文が学術雑誌に掲載されてはじめて、研究者が発見した「新しい知見」が勘違いや独善ではなく、文字通り学界における新しい知見であることが正式に認められることになる。私的なものから公的なものになる。こうした一連の手続きを保証するのが学会の役割である。

3. 著書の扱い

　理系の学問での研究業績は、以上のような手続きを踏んで発表された学術論文に限られるようである。したがって著書は、研究業績としてはそれほど高く評価されない（まったくされない？）。文系の学問でも、（新古典派の）経済学にはその

ような傾向があるらしい。したがって、それらの学問では、アカデミズム（学界）とジャーナリズム（言論界）の間は、完全に切れている。とくに研究者に対する評価において、そうであろう。

ところが、文系の学問の場合には、上記のような手続きを経た論文と並んで、著書（とくに単著）が、研究者を評価するうえで重要な役割を果たすことが多い。著書は既発表の論文を編集して一冊とする場合もあるし、まったくの書き下ろしの場合もある。前者の場合も、各章が既発表の論文の加筆修正に限られる場合もあるが、原形をとどめない形で既発表論文の断片が集められて一書となることもある（ジンメルの単著はそのような書き方をされていたらしい）。

著書についての評価が文系と理系で異なるのは、次のようなステロタイプがあるからである。つまり工学部の先生は共同研究を指揮して毎月、速報も含めて論文を次々に発表し続けなければならないのに対して、文学部の先生は象牙の塔にこもって孤独な研究を続け、その成果を著書として十年に一冊でも出せれば、それでよい（大学のなかでは理系学部と文学部が両極にあり、その他の文系学問は、この両極の間に位置づけられる）。文学部も現在では、業績評価法が理系化されつつあるところがある。しかし研究の性格からして、研究の成果を著書に頼らざるをえないところもあるので、文系の評価システムが完全に理系化されることはないだろう。

その一つの理由は、文系の場合、学界における「新しい知見」であることを示すのに多くの説明をする必要があるという点にある。理系の場合は、キーワードでデータベースを検索すれば、既知の知識、未知の知識、両者の境界領域がはっきりするので、何が新しい知見であるかを示すのが容易である（文系でも、調査データの分析の場合は、わりとこれに近い。変数間の関係については既知のものと未知のものについての境界を示すのは容易である）。これに対して、文系の研究の場合には、既知の知識として研究者の間で共有されている部分に両義的なところがあり、何が未解決の問題であるかを示すのに、ある程度のページが必要となってこざるをえない。

もっとも同じく文系の学界の場合でも、この共有知識の範囲は分野によって異なる。理系のように完全にグローバル化している場合もあるだろうが、学会が一国単位で閉じている場合もある（日本でそのようなことが可能なのは、国内市場がある程度の規模を有しているからである。逆に言えば、小国の学界は完全にグローバル

化されている)。通説・多数説・少数説の区分が可能な分野もあるが、各研究者がほとんど一国一城の主として競い合っている分野もある。

　こうした点に加えて、一人前の研究者になるための準備期間が長いといった特殊事情もある。西洋古典学の専門家になるためにはギリシャ語とラテン語を習得し続けなければならないし、インド哲学の専門家となるためにはサンスクリットをマスターし続けなければならない。まさにディシプリン（鍛錬）が必要である。これは相当な長年月を要する。このため、一年単位で仕事を評価することが非常にむずかしい。

　そのようなこともあって、文系の学界では、博士の学位をもっているか否かよりも、単著があるかないかの方が評価されることもある（あった？）。現在は国の政策も変わったので、文系でも学位の有無が研究者の評価において重視されるようになってきており（いまはまだ過渡期である）、今後は学位が研究者としての不可欠な条件となっていくと思われるが、かつてはそういう状況だった（90年代が転機だったように思われる）。大学における採用・昇進の人事や、大学新設のさいの教員評価において、単著がものを言った（もちろん、それがすべてではない）。

　このように、著書については学界では重視されていたが、論文と違って、公式組織としての学会がこれに与するところは少なかった（せいぜい学会誌の書評で取り上げるくらいである）。研究業績としての著書は、著者と出版社（と刊行助成金）の世界だったのである。ところが近年は、賞という制度との関連で学会も著書と関係をもつようになっている。

　漱石や鴎外の時代には、文学賞というものはなかった。読者の自由放任な市場のなかで文学作品の売れ行きも決まった。ところが菊池寛が始めた出版社が文学賞を出すようになってから、文学賞が作家の登竜門となり、書籍の売れ行きも文学賞の受賞に左右されるようになった。無名な作家も、受賞した翌日にはベストセラー作家となることができる。もちろん太宰治のように、受賞をしなくてもベストセラーを書き、また文学史に確固たる地位を築いた作家もいるが、その太宰でさえ、受賞できないことに対して繰り言を述べていた。要するに、文学賞が文壇における格付けや品質保証の制度として機能するようになったのである。

　ノーベル賞（あるいはフィールズ賞、等々）は別として、文系の学会は久しく賞とは無縁な存在であった。どこか高踏的に構えていたところがあるので、俗世間的なものに対しては概して無関心（を装うだけ？）だった。ところが、文系の学

会でも、近年、賞が制度として重要な意味を持つようになっている。一つの大きな理由は、1980年代のネオリベラリズムの時代になって、NPMの影響の下、市場による評価を受けない部門も、ピア・レビューによるものであるか、専門の格付け機関によるものであるかは別として、何らかの評価を受けるべきだとの考え方が強くなったからである。publish or perish という言葉が身をもって感じられるようになった（場合によっては、publish and perish ということもある）。日本の場合は、1990年代以降、文部省（当時）の政策の変化によって、多くの大学が評価を受け入れるようになった。日本版のエージェンシー制度である独立行政法人が制度化されてからは（国立大学法人は独立行政法人と同じではないが、共通する部分もある）、その傾向はとくに強まった。こうした研究に対する評価の指標の一つは、査読を経て学術雑誌に掲載された論文の数（と、それらの論文の被引用回数）であり、もう一つの指標は論文や著書の受賞歴だった。このため各学会は、競っての賞制度を取り入れた。賞の対象は多くの場合、著書であったから、論文だけでなく著書に対しても、学会が関与する制度ができあがったことになる。

　ソクラテスは著作を残さなかった。ソシュールの言語学も、その学説は弟子たちのノートによって、後世に広まった。そこまでいかなくとも、昔は、書かない偉い学者がいた（その多くは書けない偉い学者だったかもしれない。パロールとエクリチュールは別々の世界である）。いまでもいるかもしれない。しかし現在は、上記のような評価システムのために、そうした存在がなかなか許されなくなっている。研究者も学問外の圧力をうまく躱（かわ）す必要がある（学会賞が導入されるとき、漱石の学位拒否やサルトルのノーベル賞辞退を例に引きながら、学術を賞によって奨励するのは間違っているとの正論を吐く人もいたが、多くのひとは一種の方便として、この制度を受け入れた）。論文や著書を発表することは研究者（とくに職業的なそれ）にとっては義務であるが、何のために書くのかということを見失って、点数主義や点取り虫になってしまうと、それは本末転倒である。そうなってしまっては、研究の醍醐味を味わうことはできない。それは研究者人生における最大の損失であろう。

4. 科研費の報告書、紀要、単行書収録論文

　文系の場合は、学術雑誌に掲載された論文以外に、科研費の報告書や、紀要に掲載された論文が研究業績として評価されることがある（あった？）。しかし学術雑誌や学会誌が制度として確立されている学界では、それらが評価されることは少なかった。前者の科研費の報告書については、あまり高く評価されると微妙な問題も出てくる。ワーキングペーパーやディスカッション・ペーパーのような扱いを受けている場合は、科研費報告書の原稿を加筆修正して学術雑誌に投稿されたとしても何も問題がない。というか、それ自体が推奨される。ところが科研費の報告書が業績として学術雑誌と同等かそれに準じる扱いを受けている学界では、そうした投稿は、二重投稿と見なされるおそれが出てくるからである（研究会での発表を学界の大会で報告することに対しても類似の問題がある）。二重投稿は禁止されている学会が多いが、何が二重投稿に該当するかの見解は、学会によって異なり、また、その定義が未確立な学会も少なくない。私自身は、ほとんど同じ内容の論文を複数の学術雑誌に同時に投稿することが二重投稿だと考えているが――ということは、ワーキングペーパーやディスカッション・ペーパーなどの改良は二重投稿には当らないと考えているが――、二重投稿をもっと厳格にとる別の考え方をするひともいるので、注意が必要である。

　後者の紀要に掲載された論文については、インターネットの発達のおかげで昔と事情が少し変わった。かつて「紀要は 2.5 人しか読まない」と言われていたことがある。2.5 人というのは著者が一人と、印刷所で活字を組む職人が一人と、校正のときに著者が斜め読みをするのが 0.5 人といった意味である（要するに誰も読まない）。しかし、近年は、大学や研究所がリポジトリで紀要を公開するようになり、また、国立情報学研究所の CiiNi という論文検索データベースが普及するようになったため、紀要掲載の論文も参照・引用されることが多くなってきた。また、紀要の方でも査読システムを取り入れ、学術雑誌としての体裁を整えてきたという事情もある。

　文系の学界の場合、もう一つの重要な領域として、編著に収録された論文がある。理系的な評価システムのなかで、これは論文ではなく、著書の扱いとなっている（共著、もしくは、著書の分担執筆）。これが投稿論文でないことは間違いな

いが、文系の学会では、従来、これも論文（依頼論文、単行書に掲載された論文）と見なす慣行があった（かつて学会が会員に対して行っていた業績調査では、著書は単著を意味し、編書に掲載された論文は著書（共著）ではなく論文に分類されていたと思う）。また中堅以上の研究者になると、投稿論文よりも、依頼論文の方が仕事の中心となってくるという事情もある。個人的にはこうした慣行は続いて良いと思っているが、理系化やグローバル化の波のなかで、今後この辺の事情がどう変化するかは定かでない。

学術雑誌に掲載された査読付き論文が重視されていくという状況は今後も変わらないだろう。そして、この点に関しては学会の役割がますます重要となってくる。と同時に、これまで関与してこなかった、それ以外の研究業績の位置づけについても、学会としてのルール作りが必要となってくるのではないだろうか。たぶん上意下達ではそうしたルールは決まらないだろうが、レッセフェールのなかで生成される自生的秩序を言語化することはできるのではないかと思う。

5. 学会の潜在機能

研究成果に対する口頭発表と論文発表の機会を提供するというのは、学会が会員に対して果たさなければならない、役割の第一である。しかし学会は、明示的ではないものの（会則には必ずしも書かれていないが）、多くの重要なその他の役割を果たしている。

学会は、その分野の学問で何が正統で何が異端であるかを、組織として決定することはない。会員は自由に自らの学問的見解を持ち、また相互に自由に批判することができる。通説といったものが確立されるとしても、それは会員の明示的な投票の結果として示されるのではなく、学問的良心にもとづく集合意識として成立する、としか言いようがない。しかし、学会は、専門家の団体として、学問的用語の定義や、研究成果を踏まえた何らかの指針を組織として決定することもある。前者について近年耳目を集めたところでは、2006年に国際天文学連合が惑星の定義を決定して、それまで惑星と見なされてきた冥王星を惑星ではないと宣言した事件があった。これによって理科の教科書も書き換えられた。後者については、医学会が治療のガイドラインを示していたりする。文系の学会の場合は、

なかなかそこまでの対外的な意思の表出を行うことはむずかしいだろう（社会学会が社会に向かって、社会の定義を発表するということは考えにくい）。しかし、それに準じたことが行われる可能性がまったくないわけではない（学会というよりは職能団体であるが、国際ソーシャルワーカー連盟は、ソーシャルワークの定義を発表している）。

　学会の対外的な影響力は、研究におけるものもさることながら、教育に対しての方が、より大きいと言えるだろう。大学における学部のカリキュラムの内容は基本的には各大学の判断によって決まるが、どのような科目が置かれるかは、学会がどのような状況になっているかによって影響を受けるところがある。例えば、社会学の場合、社会学概論や社会学史や社会調査などの基本科目の他は、それぞれの科目に対応する学会が存在するか否かが一つの重要な鍵である。多くの大学で、家族社会学や労働社会学や地域社会学や環境社会学や保健社会学や福祉社会学などが社会学の専門科目として設置されているが、その前提として家族社会学会、労働社会学会、地域社会学会、環境社会学会、保健医療社会学会、福祉社会学会などの研究活動がある。また学会が創設されたことで、その科目の設置が容易となることもある（例えば、環境社会学や福祉社会学など）。

　また近年の大学は外部機関から評価を受けることとなっている。学会が直接大学を評価することはないが、学会から推薦された会員が評価機関の評価担当者となる場合は少なくない（理系を筆頭に、学界ではピア・レビューが重視されているからである）。独自性の強い意見の持ち主が委員となって評価を下す場合もあるかもしれないが、多くの場合は、学会から推薦された評価委員を中心に、学会の会員の最大公約数的な観点からの評価がなされる。つまり各大学の教育は、大学評価をつうじて、学会での多数意見から影響を受ける。新設大学の場合には、そうした影響がさらに強まるだろう。大学（やその学部・学科）の設置が認可されるか否かがかかっているからである。

　教育に対して、さらに大きな影響力があるのは資格制度である。大学が資格取得のための教育を行うためには、資格認定の団体が定めたカリキュラムを用意しなければならず、開講される授業科目がそこに収斂する傾向がある（カリキュラムの提示にあたっては、学会の意向も反映される）。社会福祉士の国家資格制度が導入されてから、社会福祉系の大学のカリキュラムは大きく変わった（変わらざるをえなくなった）。資格制度の有無は受験者数にも関係してくるので、これは大学

経営にとっても喫緊の課題である。

　学会は、職能団体や利益団体から区別される。医学会と医師会は異なるし、社会福祉学会と社会福祉士会は異なる。しかし、学会がまったくその種の機能を果たさないというわけではない。とくに大学の新設や増設などで予算やポストが関係してくる場合には、他学会との競争関係のなかに入るからなおさらである。政府の委員会などでは、往々にしてこういうことが起こる。

　学会は、自由で民主的な空間ということになっている。公開の場における相互批判の自由はある。そこでは理性のみが支配し、真理以外の要因は重要でない（ということになっている）。これはおそらく間違いではないが、上記のように、対外的には権力的に振る舞うこともある。もちろん対内的にも政治というものもまったくないわけではないだろうが、対外的にはそれが顕著である。

　学会の対外的な機能として、もう一つ重要なのは、○○学者や○○の専門家の認定である。学会（あるいは学会が中心になって作った組織）が正式な資格を出しているところも少なくない。社会調査士の資格制度は、社会学会が生みの親の一人である。日本では、各学会が各種専門医を認定することになっている。○○学者というのは、名称独占ではないから誰でも名乗ることができる。自他共に認める大物学者の場合は、○○学会に入っている必要はないかもしれない。実際、有名な社会学者で社会学会に入っていないひとはいる。清水幾太郎のように、退会したことを公言したひともいるが、会費滞納のために退会処分となったひともいるだろう。このような大物学者でない場合、その人が○○の専門家であるか否かを第三者が判断するときの決め手の一つが、○○学会の会員であるか否かということである。未知の人を判断するとき、それは重要な指標である。

6. 学会と人事

　大学や研究所の人事と学会は、どのような関係にあるだろうか。一般には、学会のなかでの人物や業績に関する評判が、人事を決定する場合の重要な要素の一つとなる。学会の大会は年に1回か2回開催される。また学会の各種委員会は、もう少し多くの頻度で開催される。学会の刊行物も年に数回送られてくる。したがって学会の会員はつねに「弱い絆」で結ばれることになる。この「弱い絆」が

人事のときには「強さ」に変わるのは法則のとおりである。とはいえ「弱い絆」のネットワークのなかに入り込めるのは、ある程度の会員歴を経てからのことである。中堅以上ということはないだろうが、若手の場合は、学会に入会して、しばらくたってからのことではないだろうか。

　したがって若手研究者の場合は、学会デビューを果たす必要がある。ここでいうデビューは単なる入会のことではない。大会で口頭の研究発表をすることであり、学会誌に投稿した論文が掲載されることである。最初の口頭報告で成功を博せば、同じ専門の研究者との「弱い絆」のなかに入り込むことができる。また、最初に大成功を収めなくとも、口頭報告を数回繰り返していると、何を研究しているひとかが知られるようになる。査読付きの投稿論文が学会誌に掲載されれば、ある分野について押しも押されもせぬ研究者として認知されることになる。最近は若手向けに奨励賞を用意している学会が多いので、これを受賞すれば「弱い絆」のなかでは優位な位置を占めることができるかもしれない。

　若手の人事の場合は、公募によるものが多い。基本的には業績や履歴に関する書類による審査が中心だが、まったく対面したことのない応募者だと書類だけで決めるにはリスクがともなうので（ヴィトゲンシュタイン級の学者であれば、別に変人・奇人であっても許容されるが、普通の学者の場合は研究だけでなく教育も、学内行政もうまくこなしてもらわないと困るので）、最近は、採用に当って、面接や模擬授業などを課すことが多い。また、学会大会は、そうした情報が収集される場でもある。応募者や応募しそうなひとが口頭発表している場合、募集者は当然、書類だけではわからない情報（話術・応対の態度・人柄など）を入手するために、その発表を聞きにいくだろう（もちろん懇親会場もまた、そうした情報の収集場所である）。そこで「手抜き」の報告をしたら、自分では気づかないうちにアウトとなる。

　最後に、学会そのものの人事について、ふれて本章を終わりたい。学会の財政は会費収入（場合によっては、若干の補助金や売り上げ収入）によってまかなわれているが、学会の組織運営に関する仕事は、選挙によって選ばれた役員を中心に役割分担して遂行されており、しかも、それらは基本的にボランティアである。学会の仕事は、ある意味で「名誉」であり、また、大学評価のときにはポイントとして数えられるので、金銭的には無報酬であるが、非金銭的な面では無報酬であると言えないかもしれない。しかし大部分の研究者にとっては、本業の研究や

教育を犠牲にしてまでやりたい仕事とは言えないだろう（もちろん例外的なひとはいるかもしれない）。しかし、学会が存続するためには、誰かがやらなければならない仕事であることは間違いない。現在の仕組みでは、フリーライダーが出現することを回避することはできない。フリーライダーを自認するひとは「自分は学会から何の恩恵も受けていないし、学会がなくてもやっていける」と弁明するかもしれない。しかし非会員である現役の大物学者の場合も含めて、有給のポストに就いている限りは、学会とまったく無関係であると断言することはできないと思う。〇〇学者が〇〇学者でいられるのは、単に〇〇学を研究しているからではなくて、〇〇学に関する制度が存在しているからである。その制度のなかには大学や研究所はもちろんだが、学会も含まれているのである。

第21章 学会における査読システムの合理性

天田城介

　人びとがいろいろな社会をつくるものであるなら、それらの社会はその成員たちを社会的出会いへの自制心をもった参加者として動員するはず、という事実に目を向けるべきである。その目的に向けて個人を動員するためのひとつの方法として、儀礼によって動員することがある。個人はいろいろなことを習得する。自覚をもつこと、面目によって表現される自己に感情を密着させること、自尊心・名誉・威信をもつこと、まわりに対して配慮すること、ある程度の均衡感覚と手練を見せること、などを習得するのだ。そうした姿勢は、個人のなかに組み込まれているはずの行為の諸要素にほかならない。その人が相互行為者として行為するさいの諸要素なのだ。(Goffman 1967=2002: 44)

1. 研究者にとって査読システムはいかなる意味があるのか

　研究者にとって何より大事なことは「よい研究をする」ということだ。
　そもそも「よい研究とは何か」ということ自体が大きな問題だが、さしあたり、ある特定の事象についての真実を追求する一連の過程を「研究」とするならば、よい研究とは「新たな事実や解釈の優れた発見」ということになろうか。そして、なぜだか、そうした「新たな真実や解釈の優れた発見」は「論文」という形式によって提示・証明されることになっている。
　次いで、その論文を「(1) 与えられた問い、あるいは自分で立てた問いに対して、(2) 一つの明確な答えを主張し、(3) その主張を論理的に裏づけるための事実的・理論的な根拠を提示して主張を論証する」(戸田山 2002：41) という三要

素から構成されていると位置づけておこう。すると、「よい研究すること」とは「ある特定の事象についての真実を追求する一連の過程」における「新たな事実や解釈の優れた発見」を「問い・主張・論証」の"三点セット"から構成されている「論文」によって証明するという営為となる。こうした「よい研究＝新たな事実や解釈の優れた発見」は「論文」という形式＝作法によって実質的に証明されるのだ。こうした作法は実に理に適っている（と少なくとも私は考えている）。

人によっては「新たな事実や解釈の優れた発見」がなされていれば、小説やエッセイでも新聞投書でもラブレターでもビラでもブログでもツイッターでもメールでもよいじゃないかと思うかもしれない。だが、それではダメなのだ。「よい研究」における"作法"がそれなりにしっかりと定まっているからこそ研究上のコミュニケーションは可能となっている。「論文」を読めば、著者の明確な問いを知ることができ、その問いに関する限りで網羅された先行研究の全体像が把握でき、その全体像における問いの目的や意義や価値が確認でき、その問いに対する主張とそれを裏づけるための事実的・論理的な根拠の提示にアクセスでき、その思考の筋道をたどってチェックすることができ、その文章の合理性によって容易かつ効果的に理解することができ、その結論の妥当性や客観性について総合的に検証できる形になっているのだ。だから、「よい研究を論文によって証明する」という"作法"はその意味においてきわめて合理的なのだ。いや、こういってもよい。論文における"型"を守るがゆえに研究ははじめて創造的な活動になるのだ。

以上までで、「よい研究」が論文という"作法"によって、あるいは論文における"型"によって証明されることの合理性・妥当性については大よそ理解してもらえたと思う。

しかしながら、その「論文」が「査読 peer review」という評価システムを経由しなければならない理由は何であろうか。一般的に、学会などの機関誌・専門誌などの「査読」とは研究者コミュニティないしは同じ領域の専門家集団による評価システムを指すので、実質的にはその形式は様々である。だが、そのいずれであっても、「投稿された論文を同じ研究者コミュニティのメンバーや専門家集団が予め評価を行う審査プロセス」たる「査読」とはどのような合理的システムであるのか。例えば、それは自身が所属する大学院の指導教員の審査とはいかに異なっているのか。例えば、それは通りすがりのオッサンに評価してもらうのと

はいかに違っているのか。

　よくよく考えてみると、事前の審査プロセスを通っていることは、よい研究であることを必ずしも意味しない。有名な話であるが、ジェームス・ワトソンとフランシス・クリックが『ネイチャー』に掲載した論文は査読を経ていないではないか。その圧倒的な発見からして優れた編集者がその独自の判断で採否を決定したほうが合理的でないか。あるいは、事前に「査読」という形で審査・スクリーニングするよりも、学会誌に掲載されたのち、研究者コミュニティの各々の研究者がきちんと点検して、事後に各自で評価すればよいではないか。更には、学会とりわけ学会編集委員会は「査読」に膨大なコストをかけざるを得ないからして、そのコストを考えれば、「事後評価」でよいではないか――かつては全ての論文を掲載することは紙幅的・予算的な制約から困難であったが、いまやウェブジャーナルにしてしまえば、掲載に関わるコストはほとんどかからない。むしろ、紙媒体で学会誌を発行するほうが遥かに掲載コストがかかる状況になっている――。あるいは事前審査をするにしても、今日の社会学関連学会にて採用されている、著者と査読者とがお互いに相手の名前を知らない状態で審査する"ダブル・ブラインド法"を用いた「双方匿名査読制度」ではなく、もう少し"コストダウン"して編集委員会が決定するルールでもよいと思うかもしれない。

　おまけに、学会Xの査読では「不掲載」と判定された論文を、後日、学会Yに投稿したところ、「掲載可」として判定され、高く評価されたという話などを漏れ聞くからして、査読システムでは逆に少なくない優れた論文が落とされている可能性もあるではないか。無能・無理解な査読者に低く評価されて消えてしまった論文があるではないか。学会の中堅・ベテランクラスにはこうした膨大なコストをかける査読システムが面倒・煩雑であるため、商業誌や著書の形で研究の成果を発表しているではないか。そうであれば、それぞれの学会が膨大なコストをかけている学会誌の査読システムとは組織運営上も論文の質の担保という意味でも逆に非合理ではないかと思うかもしれない。所属先の大学院の指導教員が評価したほうがその論文が書かれた文脈や背景や全体像を把握しているからして、その指導教員が優れた論文に「推薦理由書」等を付けて学会に送付したほうがよいではないか。通りすがりのオッサンに評価してもらったほうが市井の誰にでも分かりやすく広く受け入れられる面白い論文を掲載することになるではないか。

　しかも、編集委員をやっている大学教員に聞くところでは、最近では煩雑な学

第 21 章　学会における査読システムの合理性　265

内業務に忙殺されているためか、査読を依頼しても断られたり、なかなか査読結果報告が戻ってこないケースも少なくない。あるいは、著者から「査読判定はまだでしょうか」と督促がきたり、「一方の査読者のコメントは到底同意できるものではありません」「数行のコメントで掲載不可とするのはその根拠が不明であり、納得できません」といった不満が寄せられることもある。他方では、論文執筆要項をきちんと守らず、内容もあまりにひどい論文も投稿されるため、その論文の査読を依頼した査読者に「こんなひどい論文は事前に編集委員会にて落として欲しい」「査読以前の内容であり、指導教員等に事前に点検・チェックするように伝えるべきだ」と苦情を言われることさえあるという。更には、多くの大学では審査付き学会誌等に論文が数本掲載されていることが博士号学位請求論文（博士論文）などの受理条件になっているためか、当の学会の研究領域とはまったくズレた論文も投稿されることも珍しいことではなくなりつつあるという。加えて、研究倫理上の配慮という観点からも編集委員会にて事前に点検しなければならないことも数多くなっている。

　このように膨大なコストを強いられているにもかかわらず、著者や査読者のみならず、会員からも様々な不満が吐露されることがあり、査読とはなかなか報われない仕事である。にもかかわらず、こうした膨大なコストを要する査読システムは、その制度や運用の方法は様々あれど、少なくとも今日の学会運営上において「合理的なシステム」なのである。歴史的に形づくられてきた先人たちの知恵と工夫によって形成されてきた「合理的な仕組み」なのだ。とりわけ、運用上は様々に改善される必要はあったにせよ「大学院の大衆化」が叫ばれて久しい現代において要請される合理的システムであり、必要とされる運用なのだ。繰り返すが、査読システムとは歴史的・時代的・制度的文脈のもとで形成されてきた学会と大学をめぐるエコノミーの中で辛うじて合理的にあろうとする営みでもある。

　エピグラフの E. ゴフマンの言葉ではないが、私たちのコミュニケーションは様々な「儀礼」や「型」によって可能となっており、その中で個人は自覚的にやり取りに臨み、自尊心を形成しながら、他者に配慮すること、その綻びが生じた場合には修復したり、取り繕ったり、やり過ごしたりしている――それは儀礼やフレームにおいて制度化されている――。その意味では、一つには、学会における査読システムとは儀礼的合理性を内在している。しっかりとしたルールのもとで査読システムが運用されているからこそ私たちの日々のコミュニケーションは

可能となっている——基本的には、査読の評価いかんで学会内に喧嘩や対立が起こることはない——。

　もう一つには、「公正的手続き」のもとで「質の高い論文」を生産していくということであり——社会学における「民主主義」と「能力主義」の矛盾の中での調停的な組織運用（Abott 1999 = 2011：246）のもとでの論文の生産が求められている——、科学的コミュニティとしての規範化・制度化のもとでの合理性である。こうした調停的な組織運用上の合理性を内在しているのだ——会員なら誰でも投稿可能であると同時に優秀な論文が掲載される、と会員がいちおう了解することができる仕組みによって学会運営が可能となっている合理性を有す——。

　以下、本章では、最初にアメリカ社会学、とりわけシカゴ社会学において『アメリカ社会学雑誌 American Journal of Sociology』（以下 AJS と略す）の査読システムがいかにして確立されてきたのかを概括しながら、シカゴ社会学における AJS の査読システムの歴史的変容を解読していく（第2節）。次いで、日本の社会学における査読システムの歴史的な変容をごく簡単に確認した上で、今日における査読システムがどのように形作られてきたかを明示する（第3節）。その上で、学会誌とは、大学の制度化・大衆化や学会の組織化・民主化などの「時代の尻尾に振り回される犬」でありながら、当の学会誌の編集システムはそのような歴史的・時代的・制度的な制約の只中にありながらも儀礼的な合理性と調停的な組織運用上の合理性を内在したものとして編成されてきていることを剔出する。最後に、そうした二重の合理性のもとで学会における査読システムを研究者としていかに使うことが個人の利得にかなうものであるのか、自らの研究を「合理的かつ創造的な研究活動」とすることに資するかについて論考する（第4節）。

2. 米国の社会学会における査読システムの変容

　1999年に刊行されたアンドリュー・アボット（Andrew Abott）の "*Department and Discipline: Chicago Sociology at One Hundred*（邦訳『社会学科と社会学』）" はアメリカ社会学の編集・査読システムがいかに歴史的・時代的・制度的に形成されてきたのかを詳細に教えてくれる優れた本だ。

　本書は『アメリカ社会学雑誌 AJS』とそれを主として担ってきたシカゴ社会学

（シカゴ学派）がいかに変容してきたのかに関する歴史的・時代的・社会的な文脈を解読したものである。松本康が「訳書解説」で的確に記す通り、本書の結論は、要するに「AJS は、街を練り歩く御輿のようなものであり、担い手はつぎつぎと変わり、長期的には AJS をとりまく担ぎ手の構造、すなわち社会学科と社会学の配置も変化していった」（Abott 1999=2011: 325）というものだ。本章に引きつけるならば、学問分野や学会や大学の組織化・制度化・大衆化・民主化などの有り様によって学会誌の編集・査読システムも編成されていくという厳然たる事実を指し示している。

　多少丁寧に歴史を説明すると、そもそも AJS は 1905 年にアメリカ社会学会（American Sociological Society）が設立される 10 年前の 1895 年にシカゴ大学出版会から刊行された社会学の専門雑誌である。もともとロックフェラーの基金を受けて開設されたシカゴ大学において初代総長を務めたウィリアム・レイニー・ハーパーが、シカゴ大学社会学科の初代学科長として迎え入れたアルビオン・スモールに AJS の相談を持ちかけたところから始まった――その意味では、AJS とはそもそもシカゴ大学の研究発展のための大学内の制度的装置の一つであったのだ――。スモールはそれを「天命」と考え、引退する 1926 年までの 30 年近くにわたり個人的に編集し続けた。

　その後、スモールの引退とともに、フェリアス、バージェス、オグバーン、ワース、ブルーマー、ヒューズなどのシカゴ学派の大立て者を中心とする社会学における「事実上の学会誌」として機能していく。しかしながら、1930 年代に入ると、ハーバードとコロンビアなどの社会学の台頭を背景にシカゴ一極支配の構図が揺らぎ、アメリカ社会学会は次第にシカゴ支配から制度的に自立していく。学会政治・学内政治など多少複雑な経緯・状況があったにせよ、アメリカ社会学会は 1936 年には『年報』を引き継ぐ形で『アメリカ社会学評論 *American Sociological Review*』（以下 ASR と略す）を創刊、学会発表の掲載優先権を設定するようになる。これによって「AJS は学会誌のくびきから解放され、「シカゴ学派」の雑誌になる。AJS の編集はバージェスとその同僚によってインフォーマルに行われた。査読は仲間内の信頼関係によって行われ、ASR との差異化が図られ、商業的に成功もした。1930 年代半ば以降は「AJS はバージェス一座が編集する高品質の雑誌でありつづけた」（Abott 1999=2011: 321）のである。

　次いで、1950 年後半〜1970 年代までにおいては、AJS は第一次集団の雑誌

から専門職雑誌として標準化されていく。この時期に、一つには、ヒューズからロッシ、ブラウら世代への編集権の移行があった。1957 年、AJS の編集長を務めていたエヴァレット・ヒューズの代役を任せられたロッシは、エヴァレット不在中に、編集体制の改革を提案し、インフォーマルな編集過程をフォーマルに標準化し、双方匿名査読制度を導入した。これには学科長人事をめぐる学内政治ならびに「文脈主義パラダイムと変数パラダイムの対立」があったが、結果的には「変数パラダイム」が強く打ち出した「科学主義イデオロギー」が「勝利」した。以降、双方匿名査読制度でなければ公正さは担保できないとされた。

　もう一つには、上記のような科学主義イデオロギーによる「編集体制の制度化」が進むと同時に、1960 年代〜 1970 年代の初頭において編集プロセスにおける大きな混乱が生じた。力量不足の若手編集者の起用、ラディカルでやり手の編集事務長の突出、投稿数の急増と、それにともなう査読者不足と「民主化」、その結果として不慣れな査読者の増大、査読の作法の未確立による投稿者と査読者の不満の爆発、編集事務の混乱、そして、学生反乱によって加速された科学主義イデオロギーの崩壊などが生じた（Abott 1999=2011: 323）。こうした混乱を経由することを通じて編集体制はより厳格に運用されていく。いわば大学の制度化・大衆化や学会の組織化・制度化・民主化とともに AJS における編集・査読システムも再編された。時代を映し出すようにシステムは変化していった。

　そして 1970 年代半ば〜現在にいたる編集過程の構造化の時期がある。こうした学術雑誌としての構造化が今日の AJS を形作っているのだ。1970 年代半ばから編集長を務めたビッドウェルは、投稿料を設定することで投稿数を抑制し、門前払いをせずに全ての投稿論文を査読に回す「普遍的査読」を実現した。その後、編集長をしたラウマンは、査読者の質を維持するために、査読者を評価するシステムを開発した。「こうして、ビッドウェル以降、審査過程は適正手続きに従うべきであり、投稿された論文を却下するには正当な理由が必要で、投稿者は査読者の書き直し要求に応じる義務があるとする道徳的構造が形成された。「論文審査の構造は、まるで役所の補助金申請か、裁判所の審理のようなものとなった」（Abott 1999=2011: 323）。

　もちろん、彼の地でも「優れているが、面白くない論文は掲載されるべきなのか」「問題提起する論文よりも問題解決する論文が採択されやすいのではないか」「査読者は適切に評価する能力があるのか」「一流の研究者は査読を煩って投稿し

ないのではないか」などの問いかけがなされているにもかかわらず、なにゆえ学術雑誌の編集体制が組織化されるかといえば、学会誌に論文が掲載されることが大学での昇進（テニュア決定）の基準になっているからであり、実質的に査読システムが大学人事の「合否判定」の一部を担ってしまっているからだ。いわば「入試センター試験」のようなものとして機能してしまっているのだ。こうして「学会の機関誌ではない AJS といえども、適正手続きによって武装しなければ、投稿者と大学の要求に応えられない。ASR との差別化が図られているとはいえ、AJS も大きな専門職の構造の不可欠な一部として組み込まれているに至った」（Abott 1999=2011: 324）のだ。

　大学の制度化・大衆化ならびに学会の組織化・民主化を背景に、AJS の編集・査読システムは編成されてきた。アボットは言う。「大学界の人口学的構造が安定するか、教育がテニュアの真の平等な基準になるか、テニュアそれ自体が衰退するまでは、テニュアという尻尾は、雑誌という犬を振り回すだろう。しかし、いかに他の構造に編み込まれていようとも、どんな制度にも、行動や転換の能力がある。（中略）われわれの知的なムダを克服することは、社会学がどこに向かうべきかについてビジョンをもち、そのビジョンを印刷物にするという問題である」（Abott 1999=2011: 256-257）。私たちには「時代の尻尾が学会誌という犬を振り回す」ことを踏まえて社会学することが求められているのだ。

3. 日本の社会学会における査読システムの変容

　では、日本の社会学会における査読システムはいかに形成されてきたのか。それを解読するためにも、日本の社会学における組織化・制度化の歴史的ダイナミズムはどのようなものであったかを略述しておこう[1]。拙稿（天田 2012a）にて戦前の社会学会の組織化・制度化については描出したので割愛し、ここでは主に戦後の社会学会の大衆化を描写しておこう。

　戦後における、とりわけ 1950 年代以降の高度経済成長のもとでの「戦後日本型循環モデル」（本田 2008: 18）に下支えされた大学進学率の増大は、旧帝大系・大手私大系の入学定員の拡大化や大学・短期大学等の高等教育機関の飛躍的

[1] 近代日本の社会学会ならびに社会調査等をめぐる歴史は川合（2003、2004）参照。

増大をもたらした。大学は経済成長のもとでの進学率の増大によって圧倒的に「大衆化」したのである。戦後日本における仕事・家族・教育の緊密な循環構造のもとで、いわば大学は戦後日本型家族のもとでの子どもを戦後日本型労働システムの優秀な労働者に仕上げていく「渡り機関」として機能していくのである。したがって、戦後日本の経済成長のもとでの大学進学率の飛躍的上昇のもと、大学・短大等の数もその教員の数も増大したのだ。

とりわけ戦後の経済成長期から団塊ジュニア世代の大学入学時代「ゴールデン7」（1986年〜1992年）までの安定した若年者人口のもとでの大学進学率の増大にともなって大学・短期大学等の数も増加し、ゴールデン7の時代には各学部・各学科がこぞって臨時定員増を行った。そのため、教員ポストも増大した。このように経済成長期から1990年代前半までは大学院進学者たちの多くが教員職を得ることが可能であった"奇跡的な時代"だったのだ。

北川が指摘するように、戦後日本における社会学の「隆盛」は著しく、それは戦後の大学・短大等の急増に関わっている。「大学のプレハブ化」と呼ばれた急増の中で、社会学はその「中間領域的性格」ゆえに教養科目に組み込まれたため、その講義数は増加し、「量的」な拡大を招いた。社会学者の急速な需要のもと、多くの大学院生たちは大学に職を得ることができたのだ（北川 1970：51-52）。こうして戦後、とくに高度経済成長期を契機にして大学に職を得る社会学者が増加していく。こうした社会学を専門とする大学教員の需要の増加の中で、例えば、A大学を定年退職した教員がB大学の設置のために招聘されるという形で「社会学者の高齢化」が進むと同時に、それだけでは需要を満たすことはできないために逆に「社会学者の若年化」も生じることになった（北川 1970：53）。このような「量」的拡大にともなう社会学の需要の増大は、「質的」深化どころか、むしろ教員は講義ならびに様々な校務負担の増大や各種の学内外の活動によって多忙を極めるようになり、十分な時間的・教育的な余裕を喪失することになった（北川 1970：54）。要するに、戦後日本の経済成長のもとで多くの大学・短大等の高等教育機関において社会学がカリキュラムに組み込まれることを通じて大学教員となっていく社会学者が増大していく中で、学会員は量的に増加し、各大学での社会学教育は整備されるなどの「組織化」が進んでいく。こうした状況の中で、専門分化にともなっていわゆる「連字符社会学」の学会組織化が進んでいくと同時に、社会学部・社会学科などのように組織化している複数の大学では研究

会運営や紀要発行が継続的に行われるなどの制度化が起こった。

　1990年代以降においては、未曾有の少子高齢化にもかかわらず、長期不況の影響などから大学進学率が飛躍的に増大したことによって社会学は大きく再編されることになった。大学進学率が5割を超えるような「大学の更なる大衆化」が進んだ。「学力低下」が叫ばれる。従来は入学が困難であった層が大学教育を受けるようになった結果、大学のカリキュラムについていけない学生が大量に発生したが、大学の出口管理の甘さもあって、読解力などの基礎学力を欠いた大卒者が多く生まれた。更に、その社会的帰結として、大卒者に対する評価は著しく低下し、一方で企業側による大卒者採用の絞り込みが起こり、他方ではもともと高卒者が担っていた仕事を大卒者で充足する動きが強まっている。こうした様々に手のかかる学生に対してかつては考えられなかったような高い教育コストをかけざるを得なくなっている、等々と指摘されるようになった。その一方で、少子高齢化のもとで、大学も高等教育市場の中で「学生＝お客さん」相手の戦略的展開をせざるを得ない。加えて、大学基準協会などの外部評価、学生による授業評価、就職活動支援などのキャリアパス形成支援、各種学生支援業務に日々追われることになってしまっているのだ。

　一方、大学院はかつて1960年代の高度経済成長期においては理工系大学院の拡大化が図られ、その中で理工系大学院は高度専門職業人養成機関としても位置づけられた。高度経済成長期には理工系大学院はそのような人材供給機関として機能することができたのだ。しかしながら、1991年大学審議会答申「大学院の量的整備について」等に端的に示されるように1990年代以降における大学院拡大政策が採られ、更には同時期以降の旧帝大系の国立大学を中心とする大学院重点化によって学内大学院進学者が飛躍的に増大すると同時に、当該大学院に他大学出身者が相対的に増大することによって、大学教員の大学院負担は大きく増大した。更には、周知の事実でもあるが、このような大学院の拡大化・大衆化によって大学教員になることが難しい大学院生が大幅に増大することにもなったのだ。いわゆる大学教員の需給の圧倒的な不均衡が生じたのである。当然、こうした大学院重点化によって博士号のインフレ化、修了生の余剰化などが起こる。こうした中、大学院GP、21世紀COE、グローバルCOE、博士課程教育リーディングプログラムなどの各種支援予算や各種補助金が「競争的獲得資金」として供給された。こうした背景から従来の大学教員人事とは異なるような、任期制教員、

助教、テニュア・トラック助教、PD、RA、実習指導教員などのように人事が多様化していくのである。要するに、各大学の大学院からしてみれば、大学院重点化によって増大した大学院生・修了生の博士課程修了後の就職は厳しくなり、そのことによって（大学院生・修了生の「キャリアパス形成支援」を考える大学院では）外部資金を獲得せざるを得なくなり、それにより予算の適正な執行等が求められていくようになった。加えて、こうした外部資金は「期限付き予算」であり、人材雇用は「任期付き雇用」にならざるを得ないため、教員は高度化した学部教育の教育コストを担わざる得なくなったのと同時に、増大・余剰化した大学院生・修了生の安定した研究環境のために大学院教育に外部資金を獲得しながら組織を運用せざるを得なくなったのである。平たく言えば、1990年代以降の「更なる大学の大衆化」による学部教育の圧倒的な教育コストの増大とともに、大学院政策によって「大学院の制度化・大衆化」が生じ、それによって大学院の予算的・組織的な増大・拡大が起こったのだ。かくして各大学ならびに学会でも上記に対応する制度設計が求められてきたのである。皮肉なることか、「大衆教育社会」は様々な綻びを見せながらも、大学院までも「戦後日本型教育レジーム」に組み込んでしまったのだ（苅谷2009）。

　そして、こうした戦後における大学の制度化・大衆化と学会の組織化・民主化、そして1990年代以降における「更なる大学の制度化・大衆化」「更なる大学院の制度化・大衆化」にともない、学会の編集体制は再編されていくことになったのである[2]。

　日本においては先述した戦後の「大学の制度化・大衆化」を背景に大学教員の増大とそれにともなって各種社会学会の学会員も増えていき、学会誌等の投稿も制度化されていく。もちろん、日本の大学院では博士号の学位取得のための制度が本格的に整備されていくのは1990年代以降の大学院重点化以降であるため、1960年代半ば以降において徐々に学会誌の編集体制や編集委員会体制などは整えられていたが、今日的な形式において編集委員会が組織化され、それが各種規定や申し合わせに基づいて運用されるようになるのはむしろ「大学院の制度化・大衆化」の時代においてであると言ってよい。

　いずれにしても、今日的な学会審査システムが構築・整備されていくのは

---

2 アメリカの大学・大学院での社会学の教育システム等については矢澤・伊藤（2008）を読まれたい。

1990年代以降である。例えば、日本社会学会の場合、日本社会学会編集委員会規程は1994年11月6日に施行され、2006年7月改正されて今日の規程に至っている。同様に、日本社会学会編集委員会規程施行細則は2009年9月改正、日本社会学会機関誌『社会学評論』編集規定は1999年9月改正、同投稿規程は2006年12月改正、同執筆要項は2004年12月改正されて、今日の規程に至っている。特に1990年代におけるアメリカ社会学会の組織化・制度化を受けて、日本社会学会でも1990年代後半以降に制度化されていく。実際、アメリカ社会学会が1996年に"ASA Style Guide"を刊行するが——翌年には2nd editionを刊行する——、その3年後である1999年には日本社会学会でも編集委員会が中心になって『社会学評論スタイルガイド』を刊行する。ここに日本の社会学分野において初めて本格的な執筆ガイドが誕生した。その後の2007年には日本社会学会編集委員会編『社会学評論スタイルガイド 第二版』が刊行されていく。

　他方、その他の大小様々な社会学系の学会でも特に1990年代以降において編集規程、投稿規程、論文執筆要項の「三点セット」を中心に規程化してきた。また、学会誌に掲載された論文を著者が自らのホームページに掲載したり、著書に再録したりする場合の著作権に関する規程や申し合わせも確認されるようになった。加えて、より透明かつ公正な審査プロセスを確認・構築するために、学会によっては三点セットのみならず、編集委員会規程、編集委員会規程細則、論文投稿に関する誓約書、審査プロセスのフローチャート、チェックシートなどが整備されるに至っている。更には、編集委員会の審査プロセスにおいても各種の内規や申し合わせが作成・確認されながら審査と組織化が行われている状況にある。

　むろん、それぞれの社会学系の学会における審査体制やその運用は様々である。査読者による査読結果を受け、それらを各種規定や申し合わせを厳守する形で編集委員会が査読判定を行う学会もあるし、査読者による査読結果を編集委員会がじっくりと協議することを通じて総合的に判断する学会もある。査読者の査読結果報告の評価を全て投稿者に伝える審査体制をとっている学会もあるし、編集委員会による最終的な総合評価のみを伝える学会もある。必ずしも査読者を匿名化することをせず、執筆者と査読者が顔を合わせ、オープンな場で査読者が査読コメントを行い、それに対して執筆者が応答する形式の学術雑誌のスタイルもある。このように審査体制やその運用は様々あれど、大学・大学院の制度化・大衆化と学会の組織化・民主化といった社会的背景のなかで、編集委員会が中心になって

組織的に公正な審査プロセスを構築・運用することはいずれの学会においても概ね共通了解となっているといってよい。

　特に、日本の場合には少子化であるにもかかわらず、大学院重点化政策や1990年代以降の"失われた20年"における就職難などから大学院進学者が大幅に増加した結果、一方では大学院生・修了生への教育コストの飛躍的な増大をもたらし、他方で大学教員労働市場の圧倒的な不均衡のもとで博士号のインフレ化・修了生の余剰化・漂流するポスドク問題などの事態が起こっている。そして、日本においてもレフェリー付学会誌への掲載論文の数――特に権威ある学会誌への掲載論文の数――が大学教員の採用や昇進の大きな基準や判断材料になっていることから編集・審査システムは次第に厳格に運用されてきている。その意味では、日本も実質的に編集・査読システムが大学人事の「採否判定」「合否判定」の一部を担ってしまっており、アボットの言葉を借りれば「テニュアという尻尾が雑誌という犬を振り回す」事態にある。したがって、私たちには「時代の尻尾が学会誌という犬を振り回す」ことを踏まえて社会学することが切に求められているのだ。

　こうして「大学・大学院の制度化・大衆化」によって学会における厳正な審査システムが構築・運用されていく。とりわけ「大学院の大衆化」によってかつての大学院生であれば大よそ文化・慣習として共有されていた（であろう）論文の「作法」や暗黙の「約束事」が遵守されなくなったなどもあり、次第にスタイルガイドや規程やチェックシート等の整備によって可視化されたのだ。こうして論文の形式的な統一化、多様な媒体を適切に参照する形式の定式化、研究倫理を反映させた各種規定の整備、厳正な審査プロセスのルール化・透明化、著作権問題への対応などが進められてきた。各種学会の審査システムは、各種規程を整備した上で審査プロセスをルール化してきているが――特に『社会学評論スタイルガイド』などによって形式的な統一化や各種規程による厳正な審査プロセスのルール化・透明化を進めてきたが――、それらは、内発的に議論されてきたというよりは、むしろ大学や学会をとりまく歴史的・時代的・制度的な文脈から形成されてきたものだ。現在こそ私たちはそれをも踏まえていかに社会学するかが問われている。

4. 個人の利得のために査読システムをいかに使うか

　本章では、アメリカの社会学におけるAJSの査読システムが歴史的・時代的・制度的にいかに構築・運営されてきたのかを参照した上で、日本の社会学における査読システムの歴史的な変容を概説した。学会の編集・査読システムは、それぞれの時代の学会政治や学内対立などに規定されながらも、より大きくは大学・大学院の制度化・大衆化や学会の組織化・民主化などの社会的ダイナミズムによって形作られてきたことを明示した。その意味で、文字通り、「時代の尻尾が学会誌という犬を振り回す」ような歴史であった。

　ただ、時代の産物であり、歴史に形作られていること自体はプラスでもマイナスでもない。編集・審査システムが歴史的に構築・運用されてきたこと自体は価値を導かない。とは言え、ここでは何をいかにしたら「よい研究」を産出するための公正な編集・審査システムであるのかについて問うている紙幅的余裕はないので、少なくとも若き社会学者として、時代の尻尾が学会誌という犬を振り回すなかで、いかに社会学するか、いかに戦略的に論文を作成していくのか、その利得はいかなるものかについて言及しておこう。

　論文投稿のルールや各種規程等を遵守することは確かに面倒なことであるかもしれない。査読者とのやり取りで疲弊することもあるだろうし、建設的には思えない場面があるかもしれない。しかし、かつては共通了解のルールや作法であったものが、（それらのごく一部とはいえ）学会の規程等によって言語化・可視化されたことによって誰もがそれらの情報にアクセスし、習得することが可能になった。言うなれば、大衆教育社会の大学院や学会の大衆化・民主化の時代において、独力でも"作法"や"型"を身につけることができるようになったのだ。むろん、本章で指摘したように、それは「時代の尻尾に振り回された」形での編集・審査システムの構築・運営であったが、「情報過疎地」の大学院に所属する若き社会学者にとっては、学会による情報保障が徹底されれば、一部の豊富な情報が行き交う大学院で「見よう見まねで経験的に習得できる作法・型」ではなく、「一人でも試行錯誤を重ねて習得することができる作法・型」になった。その意味では、時代の尻尾によって振り回されて形成された編集・審査システムは誰がいかに使うかによってその意味づけは変わってくるのだ。これまで暗黙の前提で共有され

てきた作法や型はそれにアクセスできる者たちだけがその作法・型を身につけることができた。それらにアクセスできなかった者たちにとっては"型"さえ作れない状況であった。論文は"型"がなければ"型ナシ"となってしまうのだ。しかしながら、今や編集・審査システムに即して論文を作成・修正していく中で「よい研究」を「問い・主張・論証」の三点セットで構成される論文として完成させていくことができる。使い方次第で個人にとって大きな研究の認識利得をもたらす[3]。編集・審査システムを知識社会学的かつ制度分析的に解読することによって、自らの論文をいかに構成すべきかを問い直しつつ研究を遂行する戦略を打ち立てることが可能となるのだ。そこにこそ知恵と工夫が宿る。

　第二に、"作法"や"型"は論文の形式のことだけを意味しない。各種規程等の"お約束"を厳密に守る優等生になることではない。編集・審査システムにおいて、特に査読者のとのコミュニケーションの中において、自らがどのような立ち位置に立ち、現実を認識しているか、その論文における発見は何であり、その認識利得はいかなるものであるのかは、他者に向かって語られた時にこそ分節化される。もちろん、所属先の大学院の指導教員や仲間たちも他者であるが、重要なことは文脈を共有していない人たちにこそ自らの研究の立ち位置からの発見と認識利得を説明することによって、帰属・準拠集団において暗黙のうちに共有されていた参照前提を言語化する作業をせざるをえなくなる。この時にこそ、私たちは〈他者〉を前提にした論文を明確に意識して完成させていくことになる。むろん、ディスコミュニケーションや負担や運不運によって左右されることも少なくないが、ただ編集・審査プロセスを活用することによって自らの論文で分節化

---

[3] 各大学における大学院教育への取り組みとしては、東洋大学福祉社会システム専攻出版委員会（2011）などが参考になる。「大学院格差問題」から社会学系学会をいかに組織化・運営するかについては樫田（2011）が示唆を与えてくれる。また、現在の社会学系学会の機関誌において投稿論文や掲載率や評価ワレ率や掲載不可率がどのような傾向であり、いかに変化してきているのか（していないのか）については天田（2012b）にて報告した。実は各種の大小様々な社会学系学会において編集委員会での厳正かつ適切な審査システムの構築・運営は求められているが、おそらく大よそ優れた論文は掲載されるし、そうでない論文は掲載されないという事実は常に変わらない。問題は審査プロセスにいかなる機能を埋め込むかという問題になる。なお、今回は言及できなかったが、社会学と研究倫理体制との関係については天田（2012a）、社会学における調査倫理（の困難）については天田（2007）、長谷川（2007）ほか先端社会研究編集会（2007）所収の論文が論点を提示している。

されていないことを言語化していくことが可能になることも少なくない。こうした論文の他者化戦略は当該投稿論文の修正・改稿のみならず、中長期的な研究者人生においても大きな認識利得をもたらす[4]。

　第三に、個人のキャリア戦略においても利得をもたらすであろう。繰り返すが、私たちは「よい研究をする」という目標（行き先）に向かって日々研究を重ねている。それは概ね間違いない事実であろう――そう信じたい――。ただ、では「よい研究をする」とはどういったことなのか。「よい研究を論文によって証明する」としても、そもそも「よい研究」とはいかなる研究であるのか。詳細は割愛するが、この問いにはいくらでも回答はあり得るし、一義的な解はない。そして、研究者であれば誰もが生涯にわたり問い続ける問いである。道に迷ったり、行き止まりで立ちすくんだりすることも少なくないだろう。「よい研究とは何か」という抽象的な問いに対して自らで回答を与えようとしてもなかなか出てこない。出てくるわけがない。その際、「よい研究」を「他者の評価するよい研究」を一つの基準にすることによって、自らの「具体的」な道筋を――その都度で軌道修正しながらも――決めていくこともできる。自らのなかでモヤモヤして訳が分からない時にこそ「他者の評価」を一つの評価軸とすることで、「よい研究とは何か」をはじめて「具体的な形」に落としていくことができるようになる。もちろん、他者の評価に振り回される必要はない。一時的な評価軸とすればよいし、気に入らなければ受け取らなければよい。見切って別の他者の評価を軸にし直してもよい。私たちが「どう生きるか」という問いに対して容易に回答を与えることは困難である時、「貨幣」を一つの参照軸・評価軸にして仕事や生活を選択することがある。「どう生きるか」という抽象的な問いではなく「いかにしたら食っていけるか」という具体的な方法を検討することで自らの選択肢が浮上する。それと同様に、あくまで「一時的な評価軸」としつつ、「他者の評価」を一つの参照軸・評価軸としてすることで具体的な選択をしていくことが可能となる。こう

---

[4] 学会誌における編集・査読システムは基本的には同じ学問分野に所属する他者に対して自らの論文を新たに分節化・言語化していく作業であるが、例えば博士論文を著書として刊行する場合には、当の学会に所属するものだけではなく、いわばより参照前提を共有しない他者に対して書かれることになる。あらゆる学問に共通して言えるが、特に人文・社会科学系の学問の博士論文の場合、その学問領域における意義・価値・貢献と同時に、その研究が社会的にいかなる意義があるのか、いかなる他者に向けて書かれているのかを想定して本を構成することは極めて重大な契機・経験になる。

した研究者としてのキャリア形成における試行錯誤を繰り返す中で次第にそれとなく目指すべき「よい研究」が見えてくる。その意味でも、編集・審査システムを有効活用することによって、その「他者の評価」を「一時的な評価軸」としながら具体的な選択を行うことはキャリア戦略としても大きな利得をもたらすものになるだろう。何よりも大切なのは、その他者は複数あってもよいし、複数の他者に開かれているべきである。いわば道に迷ったら、複数の他者（の評価）を参照にしながら自らの方法論と戦略を組み立て直していく合理性が学会査読システムに宿るのだ。学会誌における投稿は最初の他者となるだろうし、著書刊行の際には更に多様な他者（の評価）を参照にして私たちは自分の研究を構想するだろうし、教育の場においては学生を通じて無数の他者の評価から私たちは具体的な方法と戦略を構想することになる。その意味では、学会における編集・審査システムとは他にはない特有のチャンネルなのだ。

　若い研究者にとって一番大切なことは目的（行き先）を失わないことだと思う。目的（行き先）を持ち続けていれば、必要な方法論を手にすることができる。目的（行き先）さえ見えていれば、あとは手段・方法（道のり）を考えればよいだけだ。多くの場合には、ハウツー的な方法を教えようとするが、それよりも遥かに大切なのは、目的（行き先）をいかに確定するかである。目的（行き先）をいかに「具体的」な形に落とすかである。換言すれば、目的（行き先）を具体的な方法論に落とせるほどまでに明確かつ輪郭をもった形に整えていくことが重要となる。何度も繰り返すが、編集・審査において嫌になることもあるだろう。やめたくなることもあるだろう。バカバカしくなることもあるだろう。当然である。重要なことは、「どうにもならないことを引き受けた上で、どうにかなることをいかに行っていくのか」という観点から「次の一手」を「具体的」な形にまで落としていかに繰り出していくかを考えるかだと思う。

参考文献
Abott, Andrew, 1999, *Department and Discipline: Chicago Sociology at One Hundred*, University of Chicago Press.（= 2011, 松本康・任雪飛訳『社会学科と社会学──シカゴ社会学百年の真相』（ネオ・シカゴ都市社会学シリーズ 2）ハーベスト社.）
天田城介，2007,「研究の遂行をめぐるいくつかの困難──葛藤・摩擦・亀裂・断絶・対立」, 立命館大学人間科学研究所『研究倫理を考える（オープンリサーチ整備事業「臨床人間科学の構築」ヒューマンサービスリサーチ 5）』. 133-145 ／ 167-168.

―――, 2011, 『老い衰えゆくことの発見』角川学芸出版.

―――, 2012a, 「歴史と体制を理解して研究する――社会学会の体制の歴史と現在」『保健医療社会学論集』第 23 巻 1 号：16-27.

―――, 2012b, 「日本保健医療社会学会機関誌編集委員会の制度と運用の変更について」『保健医療社会学論集』第 23 巻 1 号：106-112.

Goffman, Irving, 1967, *Interaction Ritual: Essays on Face-to-Face Behavior*, Anchor Books.（＝ 1986　安江孝司・広瀬英彦訳『儀礼としての相互行為――体面行動の社会学』法政大学出版局.　→ 2002, 浅野敏夫訳『儀礼としての相互行為――体面行動の社会学〔新訳版〕』法政大学出版局.

長谷川公一, 2007, 「社会調査と倫理――日本社会学会の対応と今後の課題」『先端社会研究』6：189-211. 関西学院大学出版会.

本田由紀, 2008, 「毀れた循環――戦後日本型モデルへの弔辞」, 東浩紀・北田暁大編『思想地図』vol.2：13-34.

苅谷剛彦, 2009, 『教育と平等――大衆教育社会はいかに生成したか』中央公論新社（中公新書）.

樫田美雄, 2011, 「大学院格差問題から考える社会科学系学会の新機能」『書斎の窓』第 604 号：54-59.

川合隆男, 2003, 『近代日本社会学の展開――学問運動としての社会学の制度化』恒星社厚生閣.

―――, 2004, 『近代日本における社会調査の軌跡』恒星社厚生閣.

北川隆吉, 1970, 「大学問題と戦後日本の社会学」『社会学評論』Vol.20. No.4：50-55.

先端社会研究編集委員会, 2007, 『先端社会研究』第 6 号. 関西学院大学出版会.

戸田山和久, 2002, 『論文の教室――レポートから卒論まで』NHK 出版.

東洋大学福祉社会システム専攻出版委員会, 2011, 『経験と知の再構成――社会人のための社会科学系大学院のススメ』東信堂.

矢澤修次郎・伊藤毅, 2008, 『アメリカの研究大学・大学院――大学と社会の社会学的研究』東信堂.

第22章 論文査読の現実

樫田美雄

1. 方法論的序論：研究活動支援の議論における、3つの落とし穴とその免れ方

研究活動支援の議論における3つの落とし穴

本書は、全体として、若手研究者（あるいは、研究者予備軍としての大学院生）に向けた研究活動への支援を行うことを目的としている。

しかし、このような目的には、大きくいって3つの落とし穴がある。それらは、それぞれ、「現状認識なき模倣の推奨という落とし穴」、「システム全体の見直し可能性を無視した助言という落とし穴」、「現実の研究活動とは異なる、理念を元にしたコメントという落とし穴」と名付けられるものである。つまり、学問化の不充分さに基づく困難が存在する。本章の議論を始めるにあたって、まずは、この3つの落とし穴の内容を確認し、筆者がそれらの問題をどのようにして逃れようとしているかを記すことで、導入部としよう。

現状認識なき模倣の推奨という落とし穴

「現状認識なき模倣の推奨という落とし穴」は、社会情勢の変化を等閑視したところから生じる落とし穴である。たとえば、若手研究者がポストを獲得することの難しさは、外部環境の変化に基づいて変化している。その変化の内容を把握しなければ、適切な助言になるはずがない。社会学分野に関して言えば、大学院生数の増大、国立大学教員の定年の延長、改組による助手・助教ポストの削減、

教養部の解体、業績主義の浸透、アカデミック・キャピタリズムの進展[1]などの諸要因を背景に、現代社会適合的なものに組み替えたキャリアプランの推奨でなければ、若手研究者の理解は得られないはずだ。研究者の世界には、世代を超えて通底するものがあるので、先輩・同輩の身の振り方や態度を解説付きで話すことは大事なことだが、過去から現在に至る社会の変化を踏まえない形での模倣の推奨は、現代においては有効性を得られないだろう[2]。

　この落とし穴を逃れるためには、社会科学の能力が必要である。様々な人が様々な主張をしている中で、それらの主張の適否を個別に判定しつつ、研究活動支援にかかわる社会情勢の変化をコンパクトにまとめる必要がある[3]。

システム全体の見直し可能性を無視した助言という落とし穴

　「システム全体の見直し可能性を無視した助言という落とし穴」は、現在、研究者が置かれている状況が変容し得る、という見通しを充分考慮しないままでしてしまう助言が陥る落とし穴である。たとえば、研究者のキャリア形成支援のアリーナにおいては、現在は学会というアクターと研究機関というアクターが主要な登場者だが、ここに、企業的支援者やNPO的支援者が、登場してくる可能性があると思われる[4]。そのような可能性を想定した選択肢提示ができるかどうかにかかわる落とし穴である。根源的に考えるのならば、そもそも、研究活動というものが、どこでなされるのか、という想定についても、現代日本社会とはべつようの想定があって良いだろう。その際には、大学等の組織に雇用される以外の生き方として、市民社会の中で生きる学者の形を模索している（金編、2008）や（渡邉、2012）が参考になるし、大学の可能性については、白石（2010）が参考となろう。現在から未来に向けて、どのような構想力を持って事態を語るのかは難しい問題だが、他国、他分野で起きていることは参考になる。本章においても、なるべく、幅広く目配りをするようにすることで、この落とし穴対策を行っていきたい。

1　これらの点に関しては、上山（2010）、藤垣（2003）等を参照せよ。
2　樫田（2012a）では、ウェーバーの『職業としての学問』における議論を、世代を超えて通底する議論として紹介した。同様の議論は、サトウタツヤ（2011）においてもなされている。
3　こちらの王道を歩むための参考資料としては、小林（2010）、（2011）をあげておこう。
4　樫田（2012d）の表1は、この観点から、類型2や類型3を想定し、その作動モデルを構想したものである。

現実の研究活動とは異なる、理念を元にしたコメントという落とし穴

最後は、「現実の研究活動とは異なる、理念を元にしたコメントという落とし穴」についてである。研究活動の現場で実際にどのようなことが行われているかは、科学技術社会論および科学社会学の研究テーマだが、しばしば理念的に語られている行為内容とは違う行為内容の集積として、現実の研究活動や学会活動は存在しているように思われる。たとえば、筆者自身の体験として、査読者が書くコメントを、誰を説得しようとして書いているか、という問題を考えると、理念的に想定される対象（投稿者）とは異なって、もう一人の査読者や編集者を対象としている側面が強かった。このような可能性にまで広げて考えていこうとするならば、研究活動の実践研究はまだ緒についたばかりであると言えよう。本章では、なるべく多くの事例を経験に基づくものとして提示することで、この3つめの落とし穴を免れたいと思っている。

以下では、上述の3つの落とし穴とその免れ方を踏まえて、論文査読の現実探求をしつつ、研究活動支援の立場から、なし得る議論を行っていきたい。

2. 論文査読が置かれている社会的文脈を確認し、論文査読の現実を探求する

本節の目的

本節では、論文査読が置かれている社会的文脈を、まずは、「透明性確保欲求の一般的増大」ととらえ、そのうえで、その透明性確保欲求を相対化していくこととする。まずは、論文査読が置かれている社会的文脈の確認を透明性と公平さをキーワードに行なうところから、議論を開始しよう。

査読ルールの透明性確保の（とりあえずの）重要性と公平さとの関係

現代日本の研究者は、助け合うと同時に競争をしている。たとえば、資金獲得の話でいえば、文科省科学研究費補助金獲得競争においては、おおよそ4人中の1人の採択者になれるか否かが争われている。また、たとえば、投稿論文掲載競争においては、雑誌によって競争の質と強度はことなるが、2人中1人から4人中1人程度の競争を勝ち抜いて、査読通過者になることが目指されている[5]。

---

5 雑誌の投稿論文における競争率の推計は、斎藤（2012）による。査読の場合、システムに

この競争環境に適用されているルールが公平かどうかは、重要な問題である。けれども、それに劣らない重要な問題として、ルールの透明性に関する問題がある。

具体的には、どのような審査基準で、審査がなされ、各査読評価ステータス（何回目の査読で、どのレベルの判定なのか）ごとに、どれぐらいの確率で、どれぐらいの期間で、最終的に査読を通過して、機関誌への掲載が見込めるのか、というようなことが、投稿者に見通せるかどうか、という問題がある。「現在おおむね未公開で今後の公開が望まれる査読プロセス関連情報」を「表22-1」のようにまとめてみた。

表22-1　現在おおむね未公開で今後の公開が望まれる査読プロセス関連情報（8項目）

①投稿論文掲載率（投稿数を公表している場合、簡易的にわかることがある）、
②投稿から掲載までの平均日数と日数分布、
③職位別投稿数（職位とは、学生・院生、助手・助教、准教授・教授等の職務上の地位）、
④査読評価ステータス別の掲載決定までの平均必要日数、
⑤専門委員の選定方法（どのような組合せで選ばれるのか、分野別の有利不利はあるのか）、
⑥査読コメントに対して、投稿者が反論権を行使することはどうすれば可能なのか
⑦査読ワレの発生頻度とその後の展開
⑧実際の審査はどのような態度でどのような規範やルールを参照しながらなされているか

学際的な研究が増え、雑誌間競争が激しくなる中で、これらの情報を公開することで雑誌の魅力を高めよう、そして若手投稿者支援にもつなげようとする動きが生じはじめているように思われる[6]。けれども、これらの透明性に関する情報（見通しに関する情報）は、直接には、公平さ、とは関係がない[7]。たとえば、ある査読システムに関する情報が、すべての投稿者に非公開なら、システムは不透明であるため、透明さ選好をもつ投稿者には選ばれにくくはなるけれども、そのことと、システムの公平さは関係がない。とはいえ不透明な競争環境は、投稿者にとって「ハイリスク」であり、したがって、そのような環境を放置してしまうこ

よっては、競争のアナロジーの当てはめが不適な場合も存在する。藤村（2007）は、それを（「入学試験タイプ」とは異なる）「資格試験タイプ」の査読と呼んだが、そのような場合ですら、ポストの獲得競争の一環として競争性を認定することは可能であると考え、この項では、競争のアナロジーで論じている。

6　たとえば関東社会学会（n.d.）は投稿論文審査用紙を公表しているし、保健医療社会学会は査読プロセスのフローチャートを公開している。

7　ゲーム理論をベースに議論を組み立てることができると思われるが、ここでは、特定の理論的立場に依拠せず、現場の参与観察的理解に基づいて4つの状態を類型化した。

とは、その環境に参入してくる競争者が少なくなって、組織の利益を害することが予想される（下の**表22-2**の状態②部分を参照）。となると、透明性の増大を志向するのが、査読システムの管理者（多くの場合学会）の一般的方針となるであろうが、不公平な環境であることが露呈してしまえば、査読の価値への疑問が生じてしまうので、状態②'の場合には、（状態②の場合とは異なって）右から左への移行は自主的には起きにくくなるように思われる。別の言い方をすれば、透明さを求めることは、間接的には、状態③を状態①に移行させる力になる可能性があり、その意味では、業績主義的公平さを支える活動となるだろうが、透明性が高まった結果、参入者が増えすぎて、競争が激化しすぎてしまい、相対的に、当該研究領域全体の職業的魅力が減じてしまったり、あるいは、余裕のない、掲載に最短経路となるようなショートカット的研究の仕方が蔓延して研究が質的劣化してしまったり、というような副作用も生じることが予想されるので、問題はそれほど単純ではないのである。次の項では、このことを、続けてより一般的に考えていくことにしよう。

透明性増大欲求に応えることの評価位置づけと別の道の模索

以下、まずは、「表22-2」をもとに、透明性増大欲求に応えることの評価を続けて行っていき、ついで、別の道の模索をしてみることにしよう。

つまり状態②から①への変化が起きた場合、透明性が増大し、参入者が増えることが予想されるが、その分、競争は激しくなり、研究や論文に「アソビ」部分を盛り込み得る余地は減少する。樫田（2012b、2012c）が述べるように、「公平

表22-2　査読審査システムに関する、透明性と公平さにかかわる4状態比較表

	透明性　　高	透明性　　低
公平さ　　あり （業績主義的公平さが、おおむね達成されている場合）	状態① 低リスク　　競争強度大 公平さが予期可能 業績的競争激化問題が発生 （短絡的研究の蔓延）	状態② ハイリスク　　競争強度中 結果の予期は困難 他領域へのプレイヤー流出 （公平さへの疑いの発生）
公平さ　　なし （不公平な競争環境がある、審査が非業績主義的基準によっている、結果の平等的公平さがある等々）	状態③ 中リスク　　競争強度中 不公平さが予期可能 査読の価値への疑いの発生 （非業績的領域での競争） （ランダムさへの期待）	状態②'（②と区別は困難） ※外部機関による情報開示によって、状態③に移行する可能性がある。

性」や「透明性」が増すことによる競争の増大は、最終的には、若手投稿者にとって、「利益なき繁忙」をもたらすものかもしれないし、結果として、「研究」を意外性・発展性の乏しいものにし、学会や研究組織にも、損害をもたらすものにしていく可能性がある。また、欲望のアノミーという事態が生じてしまうリスクもある。不透明性への不満が大きいからといって、透明性を増大しようと努力しすぎることは、システム運営者（学会の運営担当者）に過剰な負担をかけることになるが、透明性への欲望をアノミー的に増大させている投稿者は、不満を覚え続けるかもしれない。そもそも、いかに大量の情報が公開されたとしても、それが直接自らの投稿論文の未来予想に有益な情報になる訳ではない。さまざまな査読通過確率が現実には並列的に情報公開されてしまうのであり、じつは、カテゴリー分けにおいて、当該論文をどのカテゴリーに割り当てるかのという問題の水準で、不透明性・不確定性が浸潤してきてしまう。

　これらのことを総合的に勘案した場合、樫田（2012a）の主張は、議論を先に進めるガイドとしての意味を持つだろう。すなわち、透明性の増大を求める欲望が強まっていることには、時代的な背景があり、相対化されなければならない。つまり、その欲望の増大に応じることだけが、査読システム改革の目標とされてはならない。このように樫田（2012a）は主張し、さらに、透明性増大欲求を満足させようとする以外の選択可能な路線として、「不透明性の増大に耐える力を身につける」路線があり得ること、現代の専門職の一員として、現代的な、不透明さを増しつつある環境に対応していく能力をもてば、不透明性の大きさに見合った「リターン」が獲得できるかもしれず、そういう「ハイリスク・ハイリターン」な職種として、研究職を考えなおす道筋も必要だ、と若手研究者に助言していく道筋もあり得ることを樫田は主張したが、こちらの路線の考え方もあって良いだろう。

　たしかに、各学術雑誌の運営を担う諸主体が、査読ルールの透明性を増大させる方向での努力をし続けていることには、当然の背景が存在する。しかし、その当然性の確認だけでは、論文投稿をめぐる議論の展開を充分にすることはできない。冒頭の方法論でのべたように、学会への社会的期待がどのように変化してきているのか、という分析を伴わせる必要があるし、研究者であるということの可能性を、新規に構想する構想力も必要だろう。研究世界の環境の変化が、じっさいの「論文査読の現実」にどのような意味を持ちつつあるのか、を明らかにし、

かつ、そこから、（若手）研究者にどのような未来の可能性があるのか、を総合的に考察する作業を、実際の「論文査読」の実務を詳細に検討しながら考えていくことが必要である（次節ではこの作業を行なう）。

3.「論文査読の現実」の探求
―― 4つの方法による探求と、探求に基づく助言

　この節では、(1) 公開情報の集計、(2) 参与観察情報の再構成、(3) 投稿者および査読者へのインタビュー、(4) 模擬論文査読会、の4つの方法別に、「論文査読の現実」を探求していくことにしよう。また、本書の読者は、たんに「論文査読の現実」を知りたいだけではなく、実践的な助言も得たいと考えていることが想定されるので、十分な考察に基づく助言はできないが、仮構的な現実認識に基づくとりあえずの助言も試みるようにしよう。
　まずは、方法 (1) の「公開情報の集計」、から、議論を始めよう。

公開情報の集計からの探求……諸雑誌にはそれぞれ個性がある
　まず、下記の2つの図（図22-1と図22-2）を見てもらいたい。

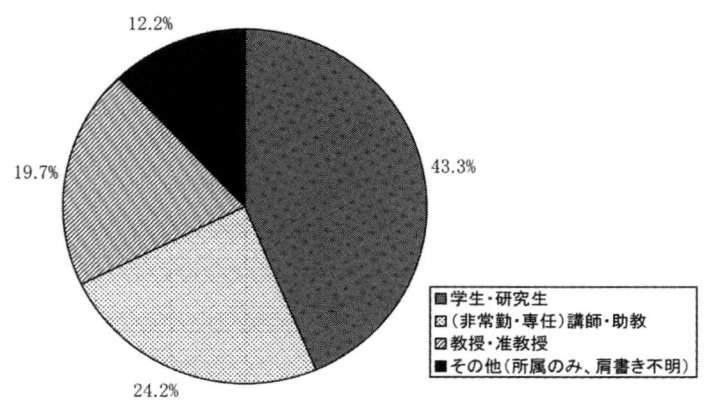

（12.2%／19.7%／24.2%／43.3%）
凡例：
■ 学生・研究生
▨ （非常勤・専任）講師・助教
▨ 教授・准教授
■ その他（所属のみ、肩書き不明）

図22-1　ある雑誌 X の掲載者の職位別比率（過去5年）[8]

---

[8] この2雑誌に対する対比的集計は、論文査読の現実を把握する方法の一つとして、公開情報の再集計という方法がある、ということを提示するためになされたものであり、個別の雑誌への評価を目的としていない。また、諸雑誌の特徴が網羅的に明らかにされていない中で、

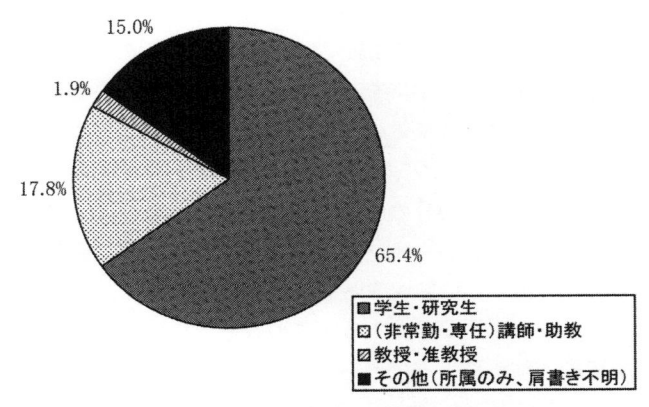

図22-2 ある雑誌Yの掲載者の職位別比率（過去5年）

- 学生・研究生
- （非常勤・専任）講師・助教
- 教授・准教授
- その他（所属のみ、肩書き不明）

15.0%
1.9%
17.8%
65.4%

　X誌、Y誌ともに、全国から投稿論文を集めている査読誌であるが、その雑誌として持っている意味合いの違いは、この集計だけからでも、見て取ることができるだろう。X誌にくらべ、Y誌は、学生研究生（院生を含む）の執筆割合が多く、職位が准教授・教授であるものの執筆割合が低い。再集計が有意味な既存のデータとしては、今回提示した職位のほか、掲載執筆者の氏名を拾う形で、複数雑誌を串刺し検索し、時系列的な雑誌投稿の移動パターンを類型化することの意義も大きそうだ。この集計ができれば、各雑誌がそれぞれ他のどの雑誌の先や後に書かれやすいのか、ということが、わかる。すなわち、論文投稿における諸雑誌の優先構造のようなものが見えてくることになるだろう。

　この項での助言として、3つのことを述べたい。
①諸雑誌には個性がある
　まずは、諸雑誌には、公開情報でわかる限りでも、かなりの個性的差異がある、ということである。したがって、その個性に合わせて投稿戦略を立てる余地がある。たとえば、齋藤（2012）が言及している藤村（2007）での区分にしたがえば、査読には、「入学試験タイプ」と「資格試験タイプ」[9]があり、それぞれ、『年報社

集計された数少ない情報のみが、バランスを欠いた形で注目されることは集計者の本意ではない。したがって、本章では、各カテゴリーの操作的定義の実際や、集計方法の詳細を公開せず、単に模式的データとして示すのみとする。

9　「入学試験タイプは、定員数が決まった一発勝負であるのに対して、資格試験タイプは一定

会学論集』(関東社会学会)と『社会学評論』(日本社会学会)に割り当てられるという。入学試験タイプ(相対評価)の査読では、僥倖も期待できるが、ぎゃくに、当該年度の競争条件の激化で、不幸にも落選することもあり得ることになる。もし、自分の原稿の水準に自信が持てるのなら、この入学試験タイプの雑誌を選ぶ不確実さを避けて、資格試験タイプ(絶対評価)の雑誌を選ぶ戦略が選択されることになるだろう。ぎゃくに、自分の原稿の水準に自信がなく、僥倖を目指さなければならないのなら、入学試験タイプを選ぶことになろう[10]。公開情報からは、上記のように、集計作業によって判明する事実もまだまだあり、それらの情報を活用した様々な戦略形成可能性が存在する。この戦略形成可能性は、将来的には、若手キャリア支援組織の整備によってさらに拡大されることが予想される(樫田、2012d)。

②「編集委員」等情報をもとに、査読プロセスをシミュレーションしよう

ついで公開情報には、査読プロセスを具体的にシミュレーションするのにたいへん重要な情報が多く含まれていることを強調しておきたい。たとえば、「編集委員」「専門委員(査読委員)」メンバーに関する情報が公開されている。「専門委員(査読委員)」が事後的に公開される雑誌(例:『年報社会学論集』)もあるが、そのような雑誌であっても「編集委員」氏名は、あらかじめオープンにされている。「編集委員」は、『保健医療社会学論集』のように、「審査ワレ時の第3査読者にはならない」との規定が公開されている雑誌もあるが、多くの雑誌では、「審査ワレ時の第3査読者」にはなるし、『ソシオロジ』では、直接の第一、第二査読者になっている。[11] また、「編集後記」等において、投稿数に関する情報や、

水準を満たせば掲載されるがその基準をクリアするまでは長い錬磨が必要となる」ものだという(齋藤、2012)。この2つのタイプを個別の雑誌に割り振るやり方の科学性には、検討の余地があるが、齋藤の着手した領域は、知識社会学的に重要な研究領域に発展していくことが予想される。

10 とはいえ、これとは別に水準確保的査読と可能性評価的査読のような査読タイプも考えることができ、投稿者がみずからの論文をレベルは高いけれども、可能性評価的査読に向いたものであって、水準確保的査読では評価され損なうことがある、と判断する場合などは、レベルが高くても、資格試験タイプの雑誌を選ばない戦略になることもあろう。査読プロセスには、本源的な不確実性があり、また、査読タイプも何種類も考えることができ、戦略は一意には定まらない。

11 どの雑誌が、何人の査読者に査読を依頼しているのか、ということは、未公開情報の場合も多いが、一度でも査読を受ければ、投稿者には明らかになる情報であり、相互的な情報流

掲載率（査読通過率）に関する情報が公開されることもまれではない。さらに、編集後記を注視していると「初回の投稿でA判定が確定して掲載に至る論文は1％程度である」「最初の査読で約半数の論文がD判定となって、査読プロセスの外側に出されることになる」等の査読プロセスにかかわる情報提供がときどきなされていることに気づくだろう。これらの諸情報を踏まえれば、みずからの被審査プロセスをシミュレーションすることが可能になる。たとえば、自分の研究内容を学会の口頭報告で聞いてくれていた研究者が編集委員に入っている雑誌に投稿すれば、誤解に基づく専門委員の割り当てが少なくなるだろうと考えることができるだろう。また、1回目の投稿で、志向性の合わない査読をされた場合であっても、がらっとメンバーの入れ替わった編集委員会の代になれば、違った専門委員の割り当てがなされるだろうと期待することもできよう。活かして行くべき、情報であるように思われる。

③周辺情報から雑誌の志向性を読み取ろう

最後に、文献表の作り方や共著者の資格問題の扱い方など周辺的な情報から、雑誌の志向性を読み取ることができるという主張もしておきたい。たとえば、社会学系の多くの雑誌において、全共著者が当該学会の学会員でなければならないとされているのに対し、日本社会学会では、『社会学評論』のセカンド・オーサー以下には、学会員であることへの要請がない。ここから、（共著者が多数存在する場合も多い）学際的研究への配慮を読み取ることもできるだろう。文献表の作り方からは、どれぐらい人文学の慣習への配慮をしているのかがわかるし、倫理規定の内容からは、どれぐらい対人サービス業現職者への配慮をしているのかがわかる。公開情報をそのまま理解しようとするのではなく、変化の流れとして理解したり、他の学問との近縁性の観点から理解したりすることで、得られるものはずいぶん多くなることだろう。

通の結果、実質的に公開情報となっていくべき類の情報であるといえよう。社会学系の多くの雑誌は、2人査読制を取っている。なお、『ソシオロジ』の場合、2種類の査読者コメントのいずれもが、編集委員会の全体的合意を経た上での、委員の総意としての査読者コメントとされているので、このように、第一査読者、第二査読者とかき分けることは全くの便宜上のかき分けである。

参与観察情報の再構成からの探求……査読者も競争している

　参与観察に基づいて、従来から筆者は、以下のような「論文査読」に係わる3つの主張を行ってきた[12]。以下、その記述を簡素化して、転記しよう。その際、参与観察に基づくキーワードは、ゴシック化して埋め込んだ。また、各主張のあとに、若手研究者への助言を新規に書き下ろした。
　①査読システムには原理がある
　日本の文系の学術雑誌の査読システムには、以下のような複数の「原理」があり、機能しているように見える。
　まず、「**無償奉仕の原理**」がある。ほとんどの査読者は、「金銭的報酬」を、依頼者から受けていない。とはいえ「心理的報酬」はある。それは、たぶん以下の3種類に分けて考えることができる。1種類目は、機関誌末尾に専門委員として氏名が記載される名誉に伴う「心理的報酬」である。2種類目は、投稿者から示される謝意である。3種類目は、投稿者の投稿論文が「改善」されることによる「心理的報酬（達成感）」である。これらの報酬に関連して、この「無償奉仕の原理」のコロラリー（系）として、以下の2つを考えることができるだろう。第一のコロラリーは、「（投稿者から査読者への）謝意の表出を当然とする慣習の存在」である。金銭的に無償であることは知られていることなので、「今回は丁寧に査読して頂き、ありがとうございます」と書くことが、投稿者の当然の振る舞いになる[13]。なお、このような「慣習」の「思わざる効果」として、この慣習に則っていない「査読コメントへの返信」は、「査読者への当然の謝意を示せない特別の事情（例えば、敵意）があるのではないか」との警戒心のもとで、査読者に読まれる危険性があることを指摘しておきたい。
　また、「**無償奉仕の原理**」に係わるもう一つのコロラリーとして、「査読者の善意が教育的意味を帯びる傾向」が生じる。すなわち、報酬の支払い元への忠誠が

---

12 より詳しくは、樫田（n.d.）を参照せよ。但し、この文章は投稿者の思考を活性化させるための文章であって、バイアスがかかっている。実際の多くの査読コメントは、「一般的な善意」や先達としての「世代的責任」に基づいたものとしてなされていると考えるのが、適切であろう。

13 著者のWEBサイト（http://kashida-yoshio.com/20100918-hoken/sadoku-top.html）に記載されている『模擬査読論文とそのコメントとリプライ』のなかの「甲氏へのリプライ」および「乙氏へのリプライ」を参照せよ。謝意が投稿者によって、微妙な温度差を伴って、けれども、丁寧に表示されている。

行為の質を規定すると考えると、「金銭的報酬」が不在の現状では、査読者は、「心理的報酬」に影響を強く受けるようになる。したがって、柔らかな心をもった査読者は、型どおりの感謝しか示さない「編集委員会」に対してより、実際に論文を書き換え、丁寧な感謝を示す「投稿者」に対して、関心を持ち、志向するようになるだろう。このことは、「再査読のコメント」に影響し、それを「教育的」なものにしてしまう傾向に繋がるように思われる。すなわち、みずからの善意の報酬を「投稿者の善導」、「投稿論文の改善」から求めようとする傾向が、査読者に生じ勝ちになってしまっているように思われるのである。「教育的」コメントに納得できない場合、反論する必要が生じるが、「教育的」コメントに反論するのは、「攻撃的」コメントに反論するのとは違った困難さを伴う。感謝を示しつつ、反論しなければならないからだ。日本の文系の学術雑誌においては、投稿者は、このあたりの機微を、よく理解して、適切な対処をすることが必要であるように思われる。

　ついで、査読システムには、「**水準確保の原理**」があり、さらに「**多様性確保の原理**」があるようにも思われる。これらについて、以下論じておこう。すなわち、学会の標準的期待に達しない論文を掲載しないようにチェックする原理として「水準確保の原理」があるように見える。その一方で、既刊行の諸研究に似ていない論文、新規性と独自性のある論文を積極的に求めようとする原理もあるように見える。これら2種類の原理のどちらがどの程度、その学会で重視されているのか、という点については、個別に検討しなければならないだろう。しかし、各学会ごとの、その重視の程度をチェックする際に注目すべきポイントに関しては、いくらか示唆的なことが言えるかも知れない。そこを概略的に確認しておこう。まずは、「審査のめやす」を確認してみよう。『社会学評論』では、「推論の論理性／資料の扱い方／先行研究・既存学説の理解／独創的な着眼および技法／文章表現／問題提起および結論の明確性／参考文献および参照の適切性」の7項目が重視されると明示されている。この目安は、しばしば、「投稿論文審査用紙」において、直接のチェック項目とされている（先に見た『関東社会学会』の「審査用紙」で明らかなように、これらの項目はその内容を投稿論文がクリアしているかどうか、項目別にチェックされている）。

　また、掲載までのチェックの多重性（水準確保の原理）や、「審査ワレ」の処理プロセス（多様性確保の原理）を、査読プロセスの流れ図で確認することもでき

るだろう（http://square.umin.ac.jp/medsocio/box/pdf/chart.pdf＝2011年5月8日確認＝、に『保健医療社会学会』の「投稿受付から掲載までの手順」が公開されている）。たとえば、この「手順」では、審査割れの場合、Dが含まれない場合には、下位の評価に従うが、Dが含まれた場合、第三査読者が立てられることになっている。これは、2人の査読者のうち、1人でも、掲載に向かってよい評価をした場合に、その論文を救おう、という評価方法がとられている証拠だろう。

　この部分における助言としては、「資格試験タイプ」の査読誌の場合、改訂版の提出時に、少なくとも一人の査読者だけは満足してもらう必要がある、ということである。なお、雑誌掲載号が決定済みで、かつ倍率が存在する「入学試験タイプ」の査読誌の場合、C＋D（二人の査読者の査読評価ステータスがそれぞれ、CとDの場合）では救われないことに留意する必要がある。たとえ、A＋Aは少なくても、B＋Cレベルまでで、第2次査読に進む論文本数は足りてしまう。こちらでは、ゆっくり指導を受けて書き直しながら論文のレベルを高めて行こう、という戦略は採ることができない。雑誌の性格を踏まえての戦略形成が必要となるだろう。

　②査読者も競争している

　査読付き雑誌の場合には、多くの場合、匿名の査読者が複数（たとえば、甲乙）選定され、1ヶ月程度で査読を実施している。この査読者には、同じく匿名化された投稿論文が届くため、人間関係等を考慮せずに、比較的自由に査読評定をする権利が与えられている。けれども、全く制限がない、という訳ではない。しばしば、編集委員会からは、詳細な査読ガイドラインが示されているし、1度で終わらない査読の場合、再査読時には、甲査読者にも、乙査読者にも、（匿名化された）両方（甲乙）の査読文とそれぞれへの、投稿者からのリプライ文、および、書き直された再投稿原稿が届けられるのが、近年の標準的なシステムとなっている。このようなシステムがあることの「思わざる効果」として、投稿者を間に挟んだ査読者間競争が発生しているように思われる。

　この「査読者間競争」には、2つの側面がある。ひとつは、**直接の査読者間競争の側面**、すなわち、コメントそのものに示される学識が直接競われる側面であり、もう一つは、間接の査読者間競争の側面、すなわち、甲乙両査読者からの指摘をうけて、投稿者が、どちらの指摘により多く誠実な回答を寄せているのか、という**影響力競争の側面**である。この両方の側面があることが、まずは理解され

なければならない。しばしば、投稿者には難しすぎると思われるコメントが書かれているのは、もしかしたら、前者の直接的査読者間競争の影響かも知れない。また、片側の査読者の意見ばかりをきく態度が、無視に近い扱いをされた査読者の硬い反応を引き出すケースなどは、後者の間接的査読者間競争の影響かもしれない。すなわち、投稿者への説得力・影響力・助言力をめぐっての競争が生じている以上、投稿者の振るまい方次第では、2対1の葛藤を査読プロセスの中に生じさせるのである。とにかく「査読コメント文」が、誰に対して、どのような観点から書かれているか読み取る際には、この「競争の影響」を無視することはできないだろう。

たとえば、比較的大胆な助言をしようとする査読者は、その「助言」の適切さを、一方では、投稿者に納得させなければならないけれども、もう一方では、もうひとりの査読者に納得させなければならないのである。そうしなければ、結局複数回の査読のうちに、矛盾した要請を受けた投稿者が、混乱していってしまうことが予想できるからだ。

査読者はまた、編集委員とも競争している。査読コメントは、公表が予定されていない、期待される読者数が非常に限られた特別な文章である。けれども、そうであるからなおのこと、読者として想定された人間に対してのコミュニケーション手段として活用される程度が大きいとも言えそうなのである[14]。

この部分に関係する助言は、2つある。まず、このような状況認識を、査読コメント文を読む際の文脈理解に生かすべきだ、というものである。ついで、2つ目は、査読コメントから研究上の刺激を受けようと考えるのならば、上記の競争が激しそうな雑誌を選ぶ作戦もあり得るということである。ここでの思考方法は、『ソシオロジ』や『ソシオロゴス』の教育力の高さを考える枠組みとしても活用できるだろう。

③選択は相互的である

じつは、論文投稿者と論文査読者との関係は、相互的なものである。ひとたび、投稿雑誌に投稿をしてしまえば、「選ぶ者、と、選ばれる者」の一方的な関係にみえるが、投稿者は、いつでも、投稿を撤回できるし、審査プロセスから、途中退出することもできる。投稿後にだけ注目するのではなく、投稿前後にまで注目するならば、「選ぶ－選ばれる関係」は相互的であるといえよう。

---

[14] この観点は、今後の「論文投稿学」の発展のためには、重要な観点であるといえよう。

もちろん、民主的統制が働いている、という意味で、選択の相互性を主張することもできるかもしれない。多くの学会は、学会員の直接投票で、理事を選出しており、編集委員会の委員長は理事から選ばれることが、やはり、多くの学会で、通例となっている。けれども、これを、藤垣裕子（2003）のいうような「ジャーナル共同体」の確たる根拠とすることには、留保が必要かも知れない。共同体的一体性が学会員にあるかどうかは、制度的仕組みの確認だけに基づくのではなく、実践的実態にしたがっても確認される必要があるだろう。

　この部分に関係する助言も、2つある。まずは、どの編集委員会からも、誠実な回答が期待できるので、必要があれば、編集委員会への質問を文書で行うことは望ましいし、適切なことだ、ということである。投稿者と編集委員会には、コミュニケーションを支える基盤が、学会民主制として存在している。ついで、将来的には、「選択の相互性」を前提とした、「査読システム」に、日本の諸学会の査読システムが変わっていく可能性があるということである。現在は、原稿改訂経緯に関する記述の不存在が黙認されている、A誌コメントに基づいて改訂された投稿原稿の、B誌への2次的投稿が、将来的には、できなくなるのではないだろうか。知的生産に関する倫理問題から、最低限、査読コメントに基づいた改訂がなされたことへの言及は要求されるようになるのではないかと思われる。

投稿者および査読者へのインタビューおよびパーソナル・コミュニケーションによる探求……Bud News Telling としての　低評価査読コメントとの接触

　筆者は、論文投稿学の研究者を名乗り（樫田、2012d）、これまでに、3名の投稿者にインタビューを行い、2名の査読経験者から意見を聞いている（今後対象者をさらに増やす予定）。現在、これらのインタビュー記録については、とりまとめていく予定であるが、本章では、インタビュー時に話題に出た重要そうなトピック2点についてだけ要点を記し、助言まで進んで行くことにしよう。

　まず第一のトピックは、査読時に低く評価された衝撃は、物語化されて長く記憶にとどめられるということである。インタビュイーA氏は、「頭ごなしに否定されて困った」査読経験の実例を、「コメントが1回目は、5行しかついていなかったが、2回目は1行だけだった」「論文ではないと書かれていた」と筆者に語ってくれた。この経験をしてから、インタビュー時まで、すでに3年以上経っているのにもかかわらず、A氏は、たいへん迫真力ある語りで、「2度目には、

E判定が付けられていた。もう見たくないという意味だったのだと思う」「それで、こちらも投稿を続けることをやめてしまった」と語ってくれた。

　メイナード（Maynard, 2003 = 2004）の「Bad News Telling」の議論が、参考になるだろう。メイナードは、悪いニュースに接することは、世界の知覚秩序を破壊するものだという。投稿者にとって、投稿先雑誌の査読者からE判定（当該学会誌の学問範囲の外の作品であるという判定）を受けることは、世界の崩れとして体験されかねない事態なのだろう。したがって、長く記憶にとどめられるとともに、なかなかその衝撃から抜け出ることができない経験になっていくものと思われる。ぎゃくに、投稿に定性的コメントがちゃんとついて帰ってきた雑誌には、信頼感がよせられ、続けての投稿をしている、とのことであった。助言としては、査読結果とコメントの内容によっては、論文投稿はたいへん大きな心理的衝撃を生み出すので、必要に応じてスーパーバイズを受ける準備をしておく必要があるように思われた。

　第二のトピックは、学際的な内容に関しては、社会学であってもつねに救済的に振る舞えるとは限らないということである。インタビュイーB氏は、美学と思想史と社会学の境界領域で仕事をなさっている方だが、「両方（の専門）から捨て子」にされたような感覚を味わっていたという。

　助言としては、そもそもB氏は、研究者としての出自自体が社会学出自ではなく、近現代思想史出自なのだが、そういう方にも活用できるメディアとして、雑誌を構成するにはどうすれば良いかという課題が今後は重要性を増していくだろう。博士論文の提出要件として、査読誌への、複数本の論文掲載が求められることが通例になってきている。また、学術振興会特別研究員への応募や科研費への応募においても、査読誌の査読プロセスを通過して、原稿をなるべく多く雑誌に載せることが重要になってきている。そういう環境の変化の中で、各雑誌の側から、みずからへのアクセス可能性を増していく振る舞いが重要かつ、必要であるように思われた。

模擬論文査読会によるシミュレーション的探求（実験的探求）

　最後に、模擬論文査読会によるシミュレーション的探求[15]からわかることを確

---

[15] この模擬査読会は、市川（2001）等を参考にしながら、リサーチャー・ライク・アクティビティ（RLA）の一環として企画されたものである。協力して下さった中塚朋子（奈良女子

認し、これにも助言を付して置こう。ここでは、よりシステマチックにシミュレーションがなされた 2011 年度の成果を提示する。

見るべき資料は、「模擬査読論文とそのコメントとリプライ」サイトにまとめて置いてある（http://kashida-yoshio.com/20100918-hoken/sadoku-top.html）。2011 年度の模擬論文査読は、木下衆氏（京都大学大学院）の協力により、実際の投稿論文（後に実際に『保健医療社会学論集』に投稿され、掲載され、第 1 回園田賞＝学会奨励賞＝を 2012 年 5 月に受賞した認知症に関する投稿原稿の元原稿である「家族による『認知症』の構築」論文）の提供を受け、その論文に、前後 2 期にわたって査読文を付ける形でなされた。まずは、グループ査読を 5 月に行い（第Ⅰ期査読）、ついで、個人別での査読文を授業レポートの形で 6 月に出してもらった（第Ⅱ期査読）。

興味深い点は、以下の 2 点である。まず、ひとつめは、第Ⅰ期の特徴として、外在的な批判が多用されていることを指摘できることである。たとえば、A 班（2011：2）の査読コメントの以下の部分にあるように（「社会構築主義のアプローチに則り実施されているため再現性が低く、同様の分析方法を用いての比較研究は今後困難と予測される」）、当該論文の売りを見極めることをせずに、欠点を評価の対象にしていた。具体的には、「査読に当たっている当該論文の売りが読み取れない→C 判定あるいは D 判定にする→理由が必要となる→欠点探しをして、理由とする」というようなプロセスで、査読文が作られているようだった。結果として、投稿論文が当初から理由をもって避けている視点（客観的な評価スケールによる認知症度を利用した分析枠組みの使用）の採用を勧める、査読者側の立場押しつけ的査読文が作成されていた。

ついで二つ目は、正確で精密な読み取りが、必ずしも、適切な査読文の作成に繋がらないことがわかったことである。問題になったのは、木下草稿の 11 頁の以下の部分である。

「本稿は、以上の議論をもって、『実は認知症患者は無垢ではないはずだ』、あるいは、『彼らにも悪意はあるはずだ』と主張するつもりはない。（中略）彼らの語る事例はまぎれもない臨床の事実だと、筆者は確信している。」（木下、2011：11）

この部分の末尾の「確信している」という主張が、十分な証拠によって裏付け

大学）、木下衆（京都大学）の両氏および院生諸氏には、深く感謝したい。

られていないことが、授業では問題になった。はじめは、多くの学生が、「確信」を論文内で主張するには、十分な根拠が必要で、それが見あたらない以上、この記述部分は、本論文の欠点であろう、という議論をしていたが、しだいに、「明らかに根拠がない『確信』を主張しているのならば、そこに確信すべき根拠がない、と非難するのはおかしいのではないか？」、「この論文としてのおかしさこそ、本論文の意味を構成しているレトリカルな仕組みなのではないか」という議論に展開していき、最終的には、「争うつもりがある場所と争うつもりがない場所を区分するこのレトリックによって、論文の狙いがはっきりしてくるのであって、その効果の部分を評価せずに、論証がないことを否定的に扱っても仕方が無い」という理解に行き着いたのである。この項の2つの論点は結びついている。当該の論文の「売り」や「狙い」を理解せずして、論文評価はできないこと、明らかにまちがっていたり、不適だったりする記述を織り込ませることで、総合的に論文の売りをはっきりさせるようなレトリカルな書き方が論文にはあり得ること、そして、根拠に基づいていても、「売り」への目配りを欠いたコメントは、論文評価として失敗したものであること、これらのことに我々は気がついたのである。

　この実験的試みからは、まだまだ、いろいろな教訓を引き出せるが、当面、助言的に使える部分をまとめれば、以下のようになろう。査読者から、根拠ある適切な批判を受けたとしても、それが、論文全体の売りとの関係で、バランスを欠いた指摘になっている可能性もあるということ。しばしば、外在的な批判がなされるとき、論文の「売り」は、とらえ損なわれているといえるかも知れないが、投稿者は通用しなかったレトリカルな主張方法を反省し、改訂する方向で対応すべきだと言わざるを得ない場合もあるだろうこと、以上である。

4. まとめ

　本章第1節で筆者は、まず、研究活動支援についての考察一般が陥る陥穽を確認したうえで、歴史変動を踏まえ、研究活動全体の社会的編成の変更可能性にオープンな態度をもって若手支援にかかわる内容は、研究すべきことを主張した。ついで、現実が理念通りのものでないことにも、留意する必要性を強調した。

　本章第2節では、論文査読が置かれている社会的文脈を、論文審査システム

の公平性と透明性の2つの観点から検討し、これらが同時に達成されるとは限らないことを主張した。さらに、透明性増大路線以外に、不透明さに対応する能力を増すという戦略があり得ることを示唆した。

本章第3節では、(1) 公開情報の集計、(2) 参与観察情報の再構成、(3) 投稿者および査読者へのインタビュー等の方法による探求、(4) 模擬論文査読会によるシミュレーション的探求、の4つの「論文査読の現実」を探求するための方法を確認し、それぞれの具体的なありようとそこから可能になる助言を例示した。

これらの議論の全体は、「論文投稿学」(樫田、2012d) に繋がるものである。既存の学問分野との関連でいえば、ゲーム理論、科学社会学、公共性論として発展していく部分を持ったものである。本稿は、それらの学問的な議論に対して、発展のためのたたき台を提供する目的と、じっさいの若手研究者にとって有意味な助言を成す目的の両方に奉仕するべく構成されている。両方の関係者に活用して頂ければ幸いである。

参考文献

A班, 2011,「家族による『認知症』の構築」へのコメント」, 2011年5月26日, 徳島大学総合科学部1号館内配布物, ミメオ.

藤垣裕子, 2003,『専門知と公共性』, 東京大学出版会.

藤村正之, 2007,「編集後記」『社会学評論』57巻4号 (通巻228号), 奥付.

市川伸一, 2001,『学ぶ意欲の心理学』, PHP新書.

樫田美雄, n.d.,『「論文査読」にかかわる3つの主張』(WEB上のみで公開されている文書), (http://kashida-yoshio.com/20100918-hoken/sadoku-top.html, 2012年12月15日確認)

———, 2010,「周辺への／周辺からの社会学─社会学の新しい基盤としての市民教育ニーズと専門職教育ニーズ─」,『社会学評論』Vol. 61 , No. 3, 235-256.

※ http://www.jstage.jst.go.jp/article/jsr/61/3/235/_pdf/-char/ja/ で公開中.
ここで公開されている上記サイトのファイルには誤植があります. 下記サイトにその訂正文を載せました. 同時にご参照下さい.

※ http://kashida-yoshio.com/kasida/ronbun/110920_seigo-page.html

———, 2012a,「若手支援学からみた博士後期人材養成の未来─複数学会所属と積極投稿で新時代対応型研究者になろう─」(立命館大学大学院シンポジウム『博士課程の地図を描く─大学院から未来のキャリアパスにつなげるために』2012年4月5日, 会場内配布文書)

———, 2012b,「「論文投稿学・序論 (会場内配布物)」, (ミメオ) (2012年6月3日福祉社会学会第10回大会自由報告第4部会・口頭発表レジュメ)

———, 2012c,「若手支援の方向は一つなのか, 諸アクターは連帯できるのか─知識社会学的考

察―」,(ミメオ)(2012年6月9日関東社会学会第60回大会テーマセッション・口頭発表レジュメ)

――, 2012d,「論文投稿学・序論―投稿誌の選定から査読対応までの支援学の試み―」『保健医療社会学論集』23巻1号, 3-15.

関東社会学会, n.d., 関東社会学会機関誌『年報社会学論集投稿論文審査用紙,(http://kantohsociologicalsociety.jp/annual_report/exam.pdf,2012年6月1日閲覧)

金友子編著, 2008,『歩きながら問う―研究空間〈スユ+ノモ〉の実践』, インパクト出版会.

木下衆, 2011,「家族による『認知症』の構築」徳島大学大学院授業提供草稿(http://kashida-yoshio.com/20100918-hoken/mogi-toko-genkou.pdf)にて公開中.

小林信一, 2010,「若手研究者の養成―当たらない予言」, 阿曽沼明裕編,『大学と学問―知の共同体の変貌』, 玉川大学出版部, 268-280.

――, 2011,「博士がつなぐ, 大学と社会―博士の就職とキャリア開発」(2011年4月6日, 立命館大学大学院オリエンテーションシンポジウム基調講演PPT原稿)

Maynard, D.W., 2003, *BAD NEWS, GOOD NEWS : Conversational Order in Everyday Talk and Clinical Settings,* The University of Cicago Press., 2004, 樫田美雄・岡田光弘訳,『医療現場の会話分析―悪いニュースをどう伝えるか』, 勁草書房.

齋藤圭介, 2012,「学会誌における若手研究者の実態―『年報社会学論集』と『社会学評論』の比較から」(第60回関東社会学会大会テーマセッション『学会活動と論文投稿のノウハウを公開・共有しよう』)会場(帝京大学)配布レジュメ(2012年6月9日).

白石嘉治, 2010,『不純なる教養』, 青土社.

上山隆大, 2010,『アカデミック・キャピタリズムを越えて―アメリカの大学と科学研究の現在』, NTT出版.

渡邉太, 2012,『愛とユーモアの社会運動論―末期資本主義を生きるために―』, 北大路書房.

第23章　学会発表の仕方

金子雅彦

本章では、学会発表の仕方について説明する。まず学会発表の基本的仕方について説明した後、具体的事例として筆者のこれまでの経験を国内学会、国際学会の場合に分けて提示する。

1. 学会発表の基本

まず、学会発表の仕方を学ぶための推薦本を紹介しよう。章末の参考文献に挙げている3冊である。東郷（2009）は文庫本でありコンパクトにまとまっている。酒井（2008）は理系向けだが、具体的事例が豊富に載っている。石井（2010）は国際学会発表の手引きとして有用である。これら3冊を参考文献とし、筆者の経験も交えて学会発表の基本について説明する。

学会活動の意味と学会発表に対する基本姿勢

学会発表を含めて学会活動を若手研究者が行うことにはどういう意義があるだろうか。東郷（2009: 225-6）は3つの意味があると指摘している。第一に、学会は研究発表の場である。たいてい学会発表した内容は別途論文として発表するが、たとえ印刷された論文にならなくても学会発表は研究業績としてカウントされる。第二に、学会は人的ネットワークを形成する場である。特に若手研究者の場合、学会で人と知り合い、自分の名前を知ってもらうチャンスである。その場合、ただ参加するよりも発表をした方がやはり自分の名前を覚えてもらいやすい。第三

に、学会は情報収集の場である。自分の研究テーマに関する研究関連情報や就職情報、公募情報などを得ることができる。現代ではインターネットが普及し、それを通じて就職情報などを得ることができるようになってきているが、インターネットからは漏れてしまう情報もやはりある。そういった情報を学会に参加することによって得ることができる。

　学会発表に対してどういう基本姿勢で臨んだらよいか。学会発表は自分の研究知見を聴衆にわかってもらうために行う。他人に理解してもらう必要がなければ、そもそも研究知見を公表しなくてよい。では、どうすれば聴衆に理解してもらうか。酒井（2008: 67-8）は、聴衆が理解してくれるかどうかは「発表が聴衆にとってどれだけ興味深そうか」と「理解するのにどれくらいの努力が必要か」の二つにかかっていると指摘している。これら二つの要件を満たすためにいちばん大事なことは、その場にいる聴衆がどういう前提知識を持っているかを想定することである。ほとんどの聴衆がすでに知っていることを長々と説明しても意味はなく時間の無駄だし、逆にほとんどの聴衆が知らないことを既知の前提にして発表しても聴衆には興味を持たれない。国内学会では聴衆は日本人研究者がほとんどで、外国人研究者であってもまず日本国内で研究している人である。彼らは国内の研究者世界で現在どういった研究テーマがあるかとか、どういったことが今までわかっていて何が議論の焦点になっているかなどについて、ある程度知識や情報を共有している。しかし、国際学会の場合、とくに経験的研究の場合はそうはいかない。共有された情報や知識が発表者や聴衆の間にたとえあるとしても、国内学会の場合よりははるかに少ない。国内学会ではいちいち言わなくてよいことも、国際学会では追加的に説明することが必要な場合がある。そうしないと、発表者が何を明らかにしようとしているのか、聴衆がわからなくなる。後の具体的事例として、筆者が国内学会と国際学会とで発表内容の枠組みを変えたケースを示す。ところで、こういったことは国内の発表においても注意しなければならない。たとえば、市民公開講座などで話をする場合、聴衆は一般市民である。彼らに対して専門用語を何の説明もなく用いても、彼らは話の内容を理解できないだろう。若手研究者の場合、自分の研究知見を目一杯報告することにエネルギーが集中しがちであるが、聴衆がどういう前提知識を持っているかを想定することは非常に大事なことである。

発表の事前準備と実際の発表

　ここからは具体的なハウツウの話である。口頭発表の場合について述べる。ポスター発表については、酒井（2008）を参照してほしい。

　まず、とくに初期の頃は発表内容の完全原稿を作ることを勧める。完全原稿とは、自分が発表する内容を「てにをは」に至るまで完全に文章にしたものである。この理由として東郷（2009: 229-30）は以下の点を挙げている。第一に、短い時間で意を尽くした発表をするためである。第二に、発表に慣れていない場合、最低限それを読み上げるだけで発表の体裁が整うからである。第三に、学会発表の中から優れた発表を学会機関誌に論文掲載することを行う学会があるが、その場合、あらかじめ原稿ができていた方がよいからである。学会発表に慣れてくれば、メモ書きでもよい。

　原稿は手元に置いておくものである。それとは別に、当日の配付資料用にハンドアウトを作成する。これは発表の主張を簡潔にまとめた部分や、参考資料やデータなどを記載したものである。学会大会要旨集に掲載される要旨はA4判1枚程度なので、15分程度の発表でもそれでは発表内容を全部書ききれない場合がある。そうした場合はハンドアウトを作成して聴衆に配布する方がよい。聴衆はそれを手元に発表を聞くことによって、より発表内容を理解しやすくなる。口頭発表の際にパワーポイントスライドを用いる場合はそれをコピーしたものでよい。何らかの事情で時間内にすべての内容を発表しきれなくなった場合でも、ハンドアウトが聴衆に渡っていれば、途中を飛ばして最後の結論部分だけ述べることもできる。

　発表の予行演習を行うことも大事である。まず時間配分を確認することができる。結論を述べる前にタイムアウトになってしまえば、せっかくの発表も台無しである。また、研究仲間内の研究会や大学院ゼミなどで他の人に聞いてもらう形で予行演習を行えば、どこをしっかり説明した方がよいかなど、発表の仕方や予想される質問など教えてもらうことができ、有用である。そういう機会がない場合は、一人で行う。

　次に実際に発表する場合の注意点である。発表内容に関する注意点は論文を書く際の注意点と同じである。つまり、（1）問題の背景を説明する、（2）焦点を絞る、（3）自分の主張を明確に述べる、（4）自分の研究の意味を言えるようにする、ことである（東郷 2009: 240-3）。発表の仕方についての注意点は、できるだけ聴

衆の方を見て発表することである。最低限、結論部分ないしはいちばん主張したい部分については、下を向いて原稿を読むのではなく、前を向いて聴衆の姿を目に入れながら発表することを心がけよう。

発表が終わると、たいてい質疑応答の時間になる。発表直後の場合もあれば、部会でのすべての発表が終わった後まとめての場合もある。質問には簡潔に的確に応答することが大事だが、それができるためにも前もってどういう質問が来そうか想定しておいた方がよい。すべての質問にできるだけ応じるべきであるが、その場で応えられない、つまりわからない事柄については、すなおに「わかりません、今後勉強します」と言った方がよい。無理に応えようとするよりは、その方が学問的に誠実である。

以上が、学会発表の基本である。次に具体的事例として筆者が実際に行った学会発表を提示する。

2. 具体的事例

前節で、学会発表の際には聴衆の前提知識を想定することがいちばん大事だと述べた。そこで、国内学会の場合と国際学会の場合とで、聴衆の前提知識を想定し、発表内容の枠組みを変えたケースを紹介する。

国内学会の場合

第82回日本社会学会大会（立教大学、2009年10月11～12日）で、「医師の地域分布―現状はどうなっているのか」という演題で、筆者は学会発表を行った。2000年代前半の日本における医師の地域分布の格差は拡大していないという分析結果を持っていた[1]。この時、発表を聴く聴衆は日本にいる社会学者だと想定した。当時、医師不足や医師の地域偏在が話題になっていて、マスメディアでも頻

---

[1] もともと2000年と2006年の医師の地域分布の比較は、ISA・RC15の国際会議での発表用のデータ作成のために行った。当初は筆者も一般に流布されていた言説を信じていたために、医師の地域分布の格差が拡大していないという結果が出た時はてっきり計算間違いをしたと思って、何度も再計算した。おかげでその年のゴールデンウィークはそれでつぶれた。何事も自分で調べてみることは大切だということを再認識した。

繁に報道されていた。そうした話題があることをほとんどの聴衆は前提知識として持っているだろうと想定した。そこで、発表内容の基本方針を次のように設定した。一般に流布されている言説とは違って、実際には2000年と2006年で市町村別の人口10万人当たりの医師数を頻度分布やジニ係数でもって比較すると、格差は拡大していないことを強調する、である。この点を強調するだけで発表のインパクトはあるだろうと考えた。ただし、用いた指標は、各市町村の医師の絶対数ではなく人口当たり医師数であるので、その点は実際の発表の際に注意を促した。医師が減っている地域は地域住民人口自体が減っている可能性があるので、人口当たり医師数でみるとさほど値が変わらないことがありうるからである。また、医師の地域分布の格差は拡大していないという知見が医師は足りているととられることを避けるために、人口当たり医師数は欧米諸国と比べて高くないことにも言及し、医学部定員増加政策は妥当であると主張した。発表時間に余裕ができた場合や質疑応答に備えて、自分の知見を補強する関連データ（政府資料など）を準備した。実際の質疑応答では、それら関連データを用いて説明したケースもあった。

　発表原稿は日本語での発表はもう慣れているので、メモ書きだった。ハンドアウトはA4判2ページのものを作成し、それを配布した。発表の予行演習は1～2回である。実際の発表はパワーポイントスライドを用いた。配布したハンドアウトとは異なる。

　学会発表の活用法としては、この時の発表内容をもとに論文を作成した（金子2010）。

国際学会の場合

　時期的にはこちらの方が少し早いが、ISA（国際社会学会）のRC15（保健社会学部門）の国際会議（2009年9月21～23日、インド・ジャイプール）で"Health Resource Policy in Japan"という演題で発表を行った。この国際会議のテーマは"Health for All: Opportunities and Challenges"だった。発表を聴く聴衆はインドを中心とする外国の社会学者と想定した。したがって、日本で医師不足や地域偏在が現在話題になっていることを知らないだろうし、そもそも日本の医療システムについても基本的知識がない人が多いだろうと想定した。そういった聴衆に対して、2000年代前半の医師の地域分布の格差は拡大していないことを強調して

も、それが日本の医療システムの議論にとっていったいどういう意味を持つのか理解できないだろうと考えた。したがって、発表内容の基本方針は次のとおりにした。近年の日本の医師供給政策の変遷について説明する。その中で、2000年から2006年の医師の地域分布の状況について言及する、である。

英語での発表はまだ慣れていないので、完全原稿を用意した。石井（2010: 245）も英語で口頭発表する際は原稿を必ず作ることを勧めている。ハンドアウトはA4判2ページのものを作成し、配布した。作成配布した理由は、自分の英語力の拙さを補うために、発音が悪くてもこれをみてくれれば発表内容を聴衆は理解してくれるだろうと思ったからである。他の発表者は口頭だけがほとんどだったこともあって、このハンドアウトは好評だった。発表の予行演習は10回以上行った。

実際の発表の際にはパワーポイントスライドを用いた（ハンドアウトとは異なる）。ノートパソコンを持って行き、他の研究者の発表を聴いて発表の直前までスライドを修正した。たとえばインドの医療状況と違う点に留意して日本の医療システムに言及するとかである。また、なぜ日本の社会学者がわざわざ発表しに来たかを示す意味もあって、大会テーマである"Health for All"をスライドの随所に入れた。細かいテクニックだが、時にはこういうことも必要だと思っている。

以上が筆者が実際に行った学会発表の概要である。聴衆の前提知識の想定の仕方によって、発表内容の枠組みをどう変えたかをわかっていただけたと思う。上記の方法が必ずしもベストだとは思っていないが、具体例として提示した。では、日本国内で行われる国際会議の場合はどうなるか。その時もその会議にどういった人が参加しそうかを想定して準備すればよいだろう。

参考文献
石井クンツ昌子, 2010,『社会科学系のための英語研究論文の書き方——執筆から発表・投稿までの基礎知識』, ミネルヴァ書房.
金子雅彦, 2010,「2000年代前半の医師の地域分布」『防衛医科大学校進学課程研究紀要』33号, 1-12.
酒井聡樹, 2008,『これから学会発表する若者のために——ポスターと口頭のプレゼン技術』, 共立出版.
東郷雄二, 2009,『新版・文科系必修研究生活術』, 筑摩書房.

第24章 「知的共同作業者」として発表を聴く

河西正博

1. 学会参加のあり方とフロアの立場

　学会発表の場は、発表者と発表を聴く聴衆によって成立するものである。発表後の質疑応答や学会後のやりとりは、発表者、聴衆双方のより深い学びにつながるものであり、自分自身の発表の有無に関わらず、「聴き手」として積極的に参加することで、より意義のある学会参加となる。本節では聴衆として学会に参加することの意義、およびフロアからの参加とその立場性について論じる。

学会参加とその意義
　これから研究を始める大学院生や、今後さらに研究を深めていく研究者にとって、学会とは研究の入り口になるものであり、さまざまな示唆を与えてくれるものである。一言で学会と言っても千差万別であり、専門領域、発表形式や時間配分、学会員の所属等、自分自身の興味関心や適正を見極めながら参加する学会を決めることになる。研究を進めるにあたり、学会への参加は専門的な論文をいきなり読みこなすよりも敷居が低いはずであり、まずは自分の専攻する分野に「慣れる」こと、その分野の状況を大まかに「知る」ことが重要であろう。同様の分野を扱う学会でも、その着眼点やアプローチの仕方はさまざまであり、例えば、福祉を中心テーマとする学会を考えてみても、①援助論やケアワーク等の対人援助、②福祉政策・制度論、さらには③福祉・援助に関わる理念、思想など、その射程や対象は学会ごとに異なっている。自分自身が専攻領域の中でどの部分を中

心に扱っていきたいのか、どのような研究手法を用いるのかなど、研究を進めていき、関連領域での自分の「立ち位置」を定めていく中で、主体的に参加していく学会を決めていくとよいかもしれない。

また、学会への参加を通じて「研究者仲間」を作っていくことも重要である。研究を進めていくに当たり、同じ専門分野の研究者のみならず関連領域の研究者と知り合うことは、発表や論文執筆の際にさまざまな視点からアドバイスをもらえるだけでなく、共同研究や、共同執筆等、後々の研究活動に生かされる可能性がある。

発表しないからといって、「お客さん」として学会に参加するのではなく、研究発表時の質疑応答や、その他交流の機会に積極的に参加することで、学会がより充実した学びの場となるのではないだろうか。

フロアからの参加とその立場

学会発表の場というのは冒頭でも述べたように、「発表者」「聴衆」両者の存在によって成立するものである。学会の参加者は、その分野の第一人者であろうと大学院生であろうと、みな「研究者」の一人であり、平等に質疑に参加する権利をもっているということができる。学会への参加経験がまだ少ない大学院生・研究者にとって、「私が質問・意見をしてもよいのだろうか」という遠慮や不安があるかもしれないが、気になる点があれば遠慮をせずに質疑応答に参加すべきである。

実際の質疑応答の場面において、一見すると、「発表者」対「質問者」という一対一の関係が成立しているように思われるが、質問者はその他の聴衆を代表する立場で発表者と向き合っているということができる。周りの目を気にしすぎて臆病になる必要はないが、質問者が発表内容を無視しているかのように持論を展開してしまう、感情的な議論をしてしまうことは、発表そのものを台無しにしてしまうだけではなく、他の聴衆の質疑応答する権利を奪ってしまうことになりかねないのである。質疑応答のやりとりについては、「正しい質問の仕方・意見の仕方」といったマニュアルは存在せず、前節で述べた学会参加と同様に「慣れる」こと、「知る」ことが重要であり、発表者としての経験も重ねていく中で、その学会ごとの作法を身につけていくことが必要であろう。

質疑応答という「共同作業」

前節でも述べたように、聴衆は研究発表を一方的に聞く受動的な存在ではなく、質疑応答の場で自ら発信をする主体的な側面も持ち合わせている。須田（2011）は論文の作法について、「研究とは、たとえ単著の論文であっても、類似の関心を持つ過去・現在・未来の世界中の研究者との知的な共同作業なのである。」と述べており、文章（論文）か口頭（発表）かという違いがあるにせよ、研究発表の場も発表者と聴衆の「知的共同作業」であるということができる。では、共同作業の目的とは何であろうか。それは研究発表、質疑応答を通じて発表者自身の研究の質がより高まることが第一であり、次に、二次的なものではあるが、発表を聴いた聴衆に新しい知見や何らかの示唆がもたらされることである。

質疑応答を発表者・聴衆両者にとって意義のある場とするには、両者の間で建設的な議論ができるかどうかが重要である。学会に参加するなかで、発表内容の批判に終始する質疑応答に出くわすことがあるが、そこに発表者の気付きや研究を深めるヒントがなければ、聴衆から発表者への一方的な投げかけとなってしまい、双方向の議論が成立しなくなってしまう可能性がある。問題点のみを指摘するのではなく、「この点を修正すればより考察が深まる」「この課題に対する着眼点はよい」など、課題を提示しつつも、発表中の優れた点についても言及するような姿勢が必要ではないだろうか。発表者にとって、課題（短所）と長所を同時に把握できることは、研究を深めていく上でとても有意義なことである。

繰り返しになってしまうが、誰もが「研究者」として学会発表の場に臨んでおり、大学教員である、大学院生である、実践家であるといった立場性を超えて、大仰ではあるが「共に作る」という姿勢をもって発表の場に集うことが必要であろう。

2. 発表の聴き方——より充実した学会参加のために

本節では具体的な研究発表の「聴き方」を中心に検討していく。学会へ足を運び、たくさんの発表をただ「聞く」だけでは、自分の研究に関する新しい視点やヒントは得られず、学会参加そのものが徒労に終わってしまう可能性がある。専門領域の「暗黙知」を相対化し、いかに他者の研究発表に耳を傾けることができ

るのか、また、どのような質疑応答が発表者・聴衆双方の学びにつながるのか等について以下では述べていく。

「暗黙の常識」を疑うこと

　研究発表を聴くにあたり、まずは自分自身の「常識的知識（野村,1998）」を相対化し内省することが必要ではないだろうか。ここでの「常識的知識」とは、当たり前とされており日常的に考えることがない事象や言葉のことである。例えば、「男性・女性」という言葉は聞き慣れた言葉であり、通常の場面でその意味について深く考えたり、悩んだりすることはないはずである。それは、私たちが今まで受けてきた教育や、日常生活の積み重ねの中で自然に知識として身につき、暗黙の共通理解が成立しているからである。しかし、これらの言葉を掘り下げてみると、実に多様な意味をもつ言葉として浮かび上がってくる。一般論で言えば、①生物学的性差（セックス）と②社会的・政治的な性差（ジェンダー）の2つの視点が代表的なものであるが、国家、政治経済、宗教、文化、思想等、これらの違いによって性別の捉え方は千差万別であり、使用する文脈によって解釈をしていかなければならないのである。

　発表者の用いる概念や用語の理解に際して、自分自身の問題関心や知識のみで解釈をしてしまうのではなく、どのような理論から援用しているものなのか、発表全体の中でどのような意味合いをもつ言葉なのか等、多面的に検討した上で発表を聴くことが重要である。発表者、聴衆間で用語の理解のズレが生じてしまうと、発表内容全体の曲解にもつながりかねず、自分自身の「あたりまえ」を相対化した上で、発表を聴く心構えが必要であろう。

　これまで述べてきた聴衆自身の「常識的知識」の捉え直しをふまえた上で、「批判的な聴き方」を心がけることが重要である。批判的とは発表のあら探しや言葉じりをつかんで非難することではなく、「あたりまえ」となっている考え方や価値観を疑い、絶対視せずに相対化していく作業である。このような発想法について、野村（1998）は「異邦人の眼で見る」と表現し、異邦人は当該集団の中心的な価値観をもたないため、時に常識に対抗する視点を提供すると論じている。

　以上の議論を聴衆の立場に当てはめるとすれば、これから研究を進めていく大学院生や研究者であれば、発表者やその領域の第一人者の発言を鵜呑みにしてしまうのではなく、自分なりの視点で捉え直しをすることである。一方、ある程度

研究を深めている研究者においては、自分自身が積み上げてきた知識や思考を相対化し、発表者の言葉に耳を傾けることが重要であるといえよう。

発表の論点の検討

筆者がある学会で発表をした時に以下のようなやりとりがあった。

障害者スポーツ競技者の「障害」意識に関する発表をし、質疑応答に移ったが、質問として挙がったのは、競技者の行っている種目や競技環境に関するものがほとんどであった。筆者が議論したかった（想定していた）のは、スポーツと障害意識の関連性や当事者の障害認識に関わる部分であったが、質疑応答の場で議論を深めることができなかった。

以上のような質疑応答になった理由として、第一に筆者自身の発表の拙さ、論旨の不明確さが挙げられるが、これらの発表者・聴衆間の「ズレ」を防ぐために必要なのは、聴き手が「発表者の一番主張したい点は何なのか」を読み取ることであると考えられる。

研究発表は論文と比較して情報量が圧倒的に少ないために、発表者はコンパクトに研究成果をまとめなければならず、目的、方法、結果、考察のすべてが等分に論じられることはなく、重要だと考える部分の記述を分厚くし、それ以外の部分を省略するなどの作業が求められる。分析手法の妥当性、調査結果と考察の一貫性、考察のオリジナリティ等、発表者はそれぞれに何らかの意図をもって発表に臨んでいるはずであり、聴き手は発表内容や配布資料等から一番主張したい点を読み取ることが必要である。

以上の視点に立った質疑応答は、発表者、発言した聴き手自身のみならず、他の聴衆にとっても意義のあるものとなるのではないだろうか。時間の都合上、質疑応答でやりとりのできる聴衆は限られており、前節で述べたように、質問・意見をする者は少なからずフロア全体の「代表性」を帯びることになる。発表の中心的な議論ではない点、個人的に確認をしたい点は発表後の時間にやり取りをするとして、発表者の主張点をある程度押さえられていれば、質問の言葉、表現方法は異なっていたとしても、他の聴衆が気になっていた点を補完できるはずである。発表の論点を明確にすることは言うまでもなく発表者自身の責任であるが、一方の聴衆においては、論点や中心課題をくみ取った上で質疑応答を行うという責任を負っているということができよう。

発表全体の流れをとらえる

　前述の発表の論点の検討に加え、発表全体の流れをとらえることも非常に重要である。研究領域や手法の違いにより若干の違いがあるかもしれないが、多くの場合において、①目的、②方法、③結果、④考察（結論）という形式が一般的であろう。発表時間は限られているため、多少の濃淡があるとしても、項目が一つでも抜けてしまっていたり、項目間のつながりが不明確であると、非常にぼんやりとした発表になってしまう危険性がある。聴き手は前節の発表の論点に加え、全体の整合性が取れているかの検討が必要である。以下、冒頭で挙げた①から④の各項目の要点について述べていく。

　①目的

　これから行う研究発表はどのような目的で行うのかを明確にする。冒頭に先行研究の検討や、特定のフィールドに関わる研究であれば、現場の課題や現状把握をふまえた上で、問題関心や目的を論じる形が一般的である。ここでのポイントは、目的が明確になっているかどうか、複数の目的が羅列されており、焦点が拡散してしまっていないかということである。論文や著書であれば複数の研究目的を掲げ、論証することが可能であるかもしれないが、限られた時間の中で行う発表においては、ある程度目的を絞り込む必要がある。聴き手の立場として、先行研究の検討や現状把握から、どのような問題関心のもとで目的が設定されているのか、目的が明確に提示されているかどうかの検討が必要であろう。

　②方法

　前段で述べた目的を達成するために用いるさまざまな研究手法を示す。少人数のインタビュー調査等に代表される質的研究や、サンプリング手法を用いた質問紙調査や各種統計調査等の量的研究、また、質・量両方を用いた調査手法など様々な形態がある。それぞれの研究方法そのものに優劣があるわけではなく、重要なのは研究目的に沿った方法を選択することであり、客観性をもつデータを抽出できる方法になりえているかどうかである。また、調査研究の場合には、なぜその調査対象を選定したかについて明示することが必要となる。

　③結果

　調査研究であれば、調査から得られたデータを、理論研究であれば先行研究や既存の議論や調査データの要約を提示する部分である。研究目的にそった各種データが提示されているかどうかが重要である。数量的なデータを扱う発表であ

れば、単に統計データを提示するだけでなく、そのデータが何を意味しているのかについてのコメントが必要となる。

④考察（結論）

目的との関連において、前段の方法・結果からどのような知見が得られたのかを論じる。目的との整合性が取れていること、どのような点が明らかになり（成果）、どのような点が明らかにできなかった（課題）のかが端的に述べられているかが重要である。

以上、4つの項目について論じてきたが、さらに、発表を聴く上で重要となる項目間の関係性について論じていきたい。まず、「方法」についてであるが、何よりも目的を検証し得る研究手法が採用されているかが重要である。例えば、「介護保険制度の現状と課題を把握することを目的とする」研究において、「Aさんという一人のお年寄りへのインタビュー」という方法によって論じようとすると、どのような印象を受けるだろうか。Aさんという人物が、昨今の高齢者を代表しているとどれだけ主張したとしても、目的とその検証方法が乖離していることは一目瞭然である。これはインタビューという手法そのものに問題があるのではなく、介護保険制度の現状把握という目的との関係性において齟齬が生じているのである。このような研究であれば、一定規模以上の量的調査を行うべきであろう。これらは極端な例であるが、明確な目的が提示されていて、しっかりとした研究方法を用いていたとしても、両者に関連性が認められなければ、研究として成立しなくなってしまうのである。

次に「結果」についてであるが、まずは目的にそった調査データが提示されているかどうかを確認することが必要である。目的に関わらず、調査結果すべてが羅列されていたり、目的に対してデータ量の過不足がある場合は、結果の提示の仕方の再検討が必要であろう。また、調査データが、事前に提示されている研究手法にそって導き出されたものかどうかの検討も重要である。一例として、量的データの項目間の比較や、インタビュー等の質的データのカテゴリー化等、一時データの分析からで出てきた結果が、あらかじめ設定された調査手法に乗っ取って抽出されたものなのかどうか、恣意的な分析がなされていないかどうかの確認が求められよう。

最後に「考察」について、当たり前のことであるが、研究目的と対応している

かどうかの確認が第一の作業となる。仮説検証型の研究であれば、仮説がどの程度論証され、どの部分が明らかにできなかったのか、また、仮説とは異なる結果が出た場合であれば、調査結果から仮説が棄却された理由について論じなければならない。また、結果で示された内容から考察がなされているかも重要である。不必要に謙虚になり過ぎて、曖昧な結論を導く必要はないが、結果で示された内容以上のことが考察で論じられていると、飛躍した議論となってしまい研究発表そのものが台無しになってしまいかねないのである。

　発表を聴くに当たっては、前項で述べたような個別の論点の検討に加え、発表全体の流れを捉えるという作業を行うことが、より充実した質疑応答につながっていくのではないだろうか。以下、質疑応答時のチェック項目を掲載したので参照されたい。

　【資料】質疑応答のポイント
　＊「『学会を活用しよう―学会発表のあり方』福祉社会学会第8回大会第3回若手主催研究会配布資料」を一部改編
　①「批判的な」聞き方を心がける
　自分自身の研究分野での「暗黙の常識」にとらわれず、多角的な視点から発表を聞く。
　＊「批判」とはあら探しや言葉じりをつかむことではなく、有意義な討論をするために必要なものである。
　②発表全体の流れをとらえる
　目的と考察（結論）、調査結果と考察が一貫しているかなど、発表全体の流れを把握し、矛盾点がないか検討する。　例）目的→方法→結果→考察（結論）一連の流れが明確かどうか。
　③質問は簡潔に
　何について質問するのかを分かりやすく伝える（発表中に気になった点はメモを取るくせをつける）。
　④質疑応答の時間を厳守する
　質疑の時間は一人だけのものではない。手短に要点を伝えられるように意識をし、聞けなかったことは、発表後の時間やメール等を通じて確認するようにする。

参考文献

『化学』編集部／編, 1994,『若い研究者のための上手なプレゼンテーションのコツ』, 化学同人.
酒井聡樹, 2008,『これから学会発表する若者のために』, 共立出版.
若手主催研究会実行委員会／編, 2010,『学会を活用しよう―学会発表のあり方』, 福祉社会学会第8回大会第3回若手主催研究会配布資料.
野村一夫, 1998,「日常生活の自明性を疑う」野村一夫,『社会学感覚【増補版】』, 文化書房博文社, pp.36-94.
須田木綿子, 2011,「論文の作法」東洋大学福祉社会システム専攻出版委員会／編,『経験と知の再構成』, 東信堂, pp.69-80.

索　引

ア行

インスピレーション………94, 113, 126
インパクト・ファクター……………238
インプリケーション……………162, 244
英語文献………………………………63
英文チェック…………………………236

カ行

概念規定………………………………32
鍵概念（key concept）………………67
仮説検証…………………………28, 154
キーワード…………………36, 42, 185
計量モデル……………………………217
研究課題（リサーチクエスチョン）
　………………………………21, 136
研究構想………………………………111
研究動向…………………………23, 81
研究ノート……………………………104
研究方法………………………………109
研究目的………………………………106
原著論文………………………………104
構成………58, 102, 103, 151, 167,
　　　　　　172, 181, 193, 240
構造化…………………………………48
古典研究………………………………51

サ行

採択……………………200, 202, 244
作業仮説（working hypothesis）
　………………………………212, 216
査読……12, 34, 111, 147, 148, 171, 195-
　　197, 200, 211, 238, 262, 280, 284
参与観察………………………………124
恣意性……………………………170, 172
質疑応答……………303, 304, 306-310
尺度……………………………………31
就職（活動）………………5, 6, 11, 245,
　　　　　　　　　　271, 272, 301
従属変数……………………30, 157, 215
常識…………………8, 56, 159, 180, 309
事例研究…………………………51, 60
審査……63, 201, 202, 206, 207, 210, 264,
　　　　273-276, 283, 284, 291, 292
人事……………254, 259, 260, 269, 272
説明変数………………………………215
先行研究…………12, 52, 153, 166, 182
先行研究探索……………………17, 41
操作仮説（operational hypothesis）…212
操作的目的……………………………100

タ行

聴衆………………………69, 251, 301-304
decade review 論文……………………14
データベース………………24, 36, 56, 74
データベース検索……………………55
テーマ……………152, 174, 179, 251, 301
電子化（PDF 化）…………………25, 188
展望論文………………………………23
読者……………………15, 17, 20, 27, 52-55,

152, 153, 161, 163, 166
独立変数……………………30, 157, 215

ハ行

反証可能性……………………………169
ハンドブック…………………………23
批判…………………59, 153, 297, 309
フィールドワーク……………………120
文献……………………………………70
文献管理…………………………19, 25
文献研究………………………………20
文献検索……………………22, 46, 74
文献サーベイ…………………………55
文献・資料収集………………………22
文献リスト……………………………16
文献レビュー（literatute review）
　　　　　　　　　　　　…19, 115
分析概念…………………………31, 98

マ行

モノグラフ………………………60, 147

ラ行

リサーチクエスチョン→研究課題………
リサーチデザイン……………………158
理論モデル……………………………217
レビュー………………………………12
レビュー論文（review artile）……13, 22
論文構成………………………………20
若手（研究者）………i, 84, 98, 117, 173,
　　　202, 209, 233, 245, 280, 286, 290

執筆者紹介（執筆順、◎印：監修者、○印：編集委員）

◎**山田昌弘**（やまだ　まさひろ）【序章】
中央大学文学部教授
主要著作：『ここがおかしい日本の社会保障』（文藝春秋、2012年）、『なぜ若者は保守化するのか』（東洋経済新報社、2009年）

○**西野理子**（にしの　みちこ）【第1章】
東洋大学社会学部教授
主要著作：藤見純子・西野理子編『現代日本人の家族：NFRJからみたその姿』（有斐閣、2009年）、"Gender Role Ideology in Japan, Korea, and China," Kunio Ishihara and Rokuro Tabuchi eds., Changing Families in Northeast Asia: Comparative Analysis of China, Korea, and Japan. Sophia University Press, 2012 : 199-214.

吉田　崇（よしだ　たかし）【第2章】
静岡大学人文社会科学部准教授
主要著作：「世代間所得移動からみた機会の不平等」石田浩・近藤博之・中尾啓子編『現代の階層社会2　階層と移動の構造』（東京大学出版会、2011年）、「初期キャリアの流動化と所得への影響」佐藤嘉倫・尾嶋史章編『現代の階層社会1　格差と多様性』（東京大学出版会、2011年）

坂本有芳（さかもと　ゆか）【第3章】
鳴門教育大学大学院学校教育研究科准教授
主要著作：「ICTツール利用と仕事／家族の境界――ワーク・ファミリー・ボーダー理論に基づく実証的検討」『日本テレワーク学会誌』10（1）：24-35（共著、2012年）、「人的資本の蓄積と第一子出産後の再就職過程」『国立女性教育会館研究ジャーナル』13：59-71（2009年）

吉原千賀（よしはら　ちか）【第4章】
高千穂大学人間科学部准教授
主要著作：『長寿社会における高齢期きょうだい関係の家族社会学的研究』（学文社、2006年）、「高齢期におけるきょうだい関係――活性化とその要因」『家族社会学研究』15（1）37-47（2003年）

米村千代（よねむら　ちよ）【第5章】
千葉大学文学部教授
主要著作：『「家」の存続戦略――歴史社会学的考察』（勁草書房、1999年）、米村千代・数土直紀編『社会学を問う　規範・理論・実証の緊張関係』（勁草書房、2012年）

◎**黒田浩一郎**（くろだ　こういちろう）【第6章】
龍谷大学社会学部教授
主要著作：佐藤純一・土屋貴志・黒田浩一郎編『先端医療の社会学』（世界思想社、2010年）、中川輝彦・黒田浩一郎編著『よくわかる医療社会学』（ミネルヴァ書房、2010年）

◎**平岡公一**(ひらおか　こういち)【第 7 章】
お茶の水女子大学大学院人間文化創成科学研究科教授
主要著作:『イギリスの社会福祉と政策研究―イギリスモデルの持続と変化』(ミネルヴァ書房、2003 年)、「社会保障制度体系再構築への視座―普遍主義に基づく最低生活保障、および少子化対策の体系化」『社会政策』3(1):13-27(2011 年)

後藤広史(ごとう　ひろし)【第 8 章】
日本大学文理学部准教授
主要著作:「大都市『ホームレス』の実態と支援課題―生活保護制度を中心に」『貧困研究』4:110-117(2010 年)、「前路上生活者が施設から『自己退所』する要因」『社会福祉学』47(4):31-42(2007 年)

野田博也(のだ　ひろや)【第 9 章】
愛知県立大学教育福祉学部准教授
主要著作:「アメリカにおける貧困への視座と政策」『海外社会保障研究』国立社会保障・人口問題研究所、177:4-14(2011 年)、「貧困解決を目指す公的扶助と地域福祉の関係:〈反代替性〉と〈相補性〉に着目して」『社会福祉研究』愛知県立大学教育福祉学部社会福祉学科、14:11-21(2012 年)

小磯　明(こいそ　あきら)【第 10 章】
日本文化厚生農業協同組合連合会『文化連情報』編集長、法政大学大学院公共政策研究科兼任講師
主要著作:『地域と高齢者の医療福祉』(御茶の水書房、2009 年)、『医療機能分化と連携』(御茶の水書房、2013 年)

筒井淳也(つつい　じゅんや)【第 11 章】
立命館大学産業社会学部准教授
主要著作:『制度と再帰性の社会学』(ハーベスト社、2006 年)、『親密性の社会学』(世界思想社、2008 年)

中田知生(なかた　ともお)【第 12 章】
北星学園大学社会福祉学部准教授
主要著作:「高齢者における健康満足感の推移と社会階層:集団軌跡モデルを用いて」、『医療と社会』22(1):79-89(2012 年)、「高齢期における主観的健康悪化と退職の過程―潜在成長曲線モデルを用いて」『理論と方法』23(1):57-72(2008 年)

井口高志（いぐち　たかし）【第 13 章】
奈良女子大学生活環境科学系准教授
主要著作：「医療の論理が認知症ケアにもたらすもの―あるデイサービスの試みを事例にした探索的研究」『福祉社会学研究』9：121-141（2012 年）、「アイデンティティを保ち作るケア―若年認知症の人の新しい社会関係と自己への移行をめぐる実践」三井さよ・鈴木智之編『ケアのリアリティ』（法政大学出版局、2012 年）

石川良子（いしかわ　りょうこ）【第 14 章】
松山大学人文学部准教授
主要著作：『ひきこもりの〈ゴール〉―「就労」でもなく「対人関係」でもなく』（青弓社、2007 年）、「ライフストーリー研究における調査者の経験の自己言及的記述の意義―インタビューの対話性に着目して」『年報社会学論集』25：1-12（2012 年）

亀山俊朗（かめやま　としろう）【第 15 章】
お茶の水女子大学学生・キャリア支援センター特任准教授
主要著作：木前利秋・時安邦治・亀山俊朗編著『葛藤するシティズンシップ』（白澤社、2012 年）、「シティズンシップと社会的排除」福原宏幸編『社会的排除』（法律文化社、2007 年）

河野　真（こうの　まこと）【第 16 章】
兵庫大学 副学長（研究担当）・生涯福祉学部教授
主要著作：The Welfare Regime in Japan（Chapter6）, A. Walker and C. K. Wong（eds.）East Asian Welfare Regimes in Transition - From Confucianism to Globalisation, Policy Press, 2005 : 117-144. The Impact of Modernisation and Social Policy on Family Care for Older People in Japan, Journal of Social Policy, 29/2, 2000 : 181-203.

○鎮目真人（しずめ　まさと）【第 17 章】
立命館大学産業社会学部教授
主要著作：平岡公一・杉野昭博・所道彦・鎮目真人『社会福祉学』（有斐閣、2011 年）、「基礎年金制度の類型とその決定要因―ベーシック・インカムとの関係に焦点を当てて」『シティズンシップとベーシック・インカムの可能性』（法律文化社、2008 年）

木下　衆（きのした　しゅう）【第 18 章】
日本学術振興会特別研究員（PD）
主要論文：「家族会における『認知症』の概念分析―介護家族による『認知症』の構築とトラブル修復」『保健医療社会学論集』22（2）：55-65（2012 年）、「日常からの逸脱を識別する―『認知症』発症期に関する介護家族の語りから」『ソシオロジ』57（1）：93-109（2012 年）

○須田木綿子（すだ　ゆうこ）【第19章】
　東洋大学社会学部教授
　主要著作：『対人サービスの民営化：行政－営利－非営利の境界線』（東信堂、2011年）、"Dynamics between nonprofit and forprofit providers operating under the Leng-Term Care Insurarue system in Japan"', Nonprofit and Voluntary Sector Quartedy；40（1），2011：79-106.

◎武川正吾（たけがわ　しょうご）【第20章】
　東京大学大学院人文社会系研究科教授
　主要著作：『政策志向の社会学―福祉国家と市民社会』（有斐閣、2012年）、『福祉社会 新版―包摂の社会政策』（有斐閣、2011年）

天田城介（あまだ　じょうすけ）【第21章】
　立命館大学大学院先端総合学術研究科教授
　主要著作：『老い衰えゆく自己の／と自由』（ハーベスト社、2004年→第二版、2013年）、『老い衰えゆくことの発見』（角川学芸出版、2011年）

○樫田美雄（かしだ　よしお）【第22章】
　神戸市看護大学看護学部准教授
　主要著作：「医療の社会学」藤村正之編『いのちとライフコースの社会学』（弘文堂、2011年）、「病院に行く」「施設で暮らす」串田秀也・好井裕明編『エスノメソドロジーを学ぶ人のために』（世界思想社、2010年）

金子雅彦（かねこ　まさひこ）【第23章】
　防衛医科大学校医学教育部准教授
　主要著作：『医療制度の社会学―日本とイギリスにおける医療提供システム』（書肆クラルテ／朱鷺書房、2012年）、"A Methodological Inquiry into the Evaluation of Smoking Cessation Programmes", Health Education Research 14（3），1999：433-41.

河西正博（かわにし　まさひろ）【第24章】
　びわこ成蹊スポーツ大学スポーツ学部生涯スポーツ学科助教
　主要著作：「障害者スポーツにみる『健常者』／『障がい者』間の関係構築と身体性」松田恵示・松尾哲矢・安松幹展編『福祉社会のアミューズメントとスポーツ』（世界思想社、2010年）、「障害者スポーツにおける「障害」意識に関する研究―車椅子バスケットボール競技者に着目して」『福祉文化研究』21：62-83（2012年）

監修
　平岡公一
　武川正吾
　山田昌弘
　黒田浩一郎

編集委員
　須田木綿子
　鎮目真人
　西野理子
　樫田美雄

研究道：学的探求の道案内
2013 年 4 月 30 日　初版第 1 刷発行
2015 年 3 月 30 日　初版第 2 刷発行

〔検印省略〕

＊定価はカバーに表示してあります

監修 © 平岡公一・武川正吾・山田昌弘・黒田浩一郎／発行者　下田勝司　　　印刷・製本 中央精版
東京都文京区向丘 1−20−6　郵便振替 00110−6−37828
〒113−0023　TEL 03−3818−5521（代）FAX 03−3818−5514

発 行 所
株式会社 東信堂

Published by TOSHINDO PUBLISHING CO.,LTD
1-20-6, Mukougaoka, Bunkyo-ku, Tokyo, 113-0023, Japan
E-Mail tk203444@fsinet.or.jp　http://www.toshindo-pub.com

ISBN978-4-7989-0172-5 C3036 Copyright©2013 K. HIRAOKA, S. TAKEGAWA, M. YAMADA, K. KURODA

東信堂

国際環境条約・資料集		八六〇〇円
インターネットの銀河系——ネット時代のビジネスと社会	M・カステル 矢澤・小山 訳	三六〇〇円
「むつ小川原開発・核燃料サイクル施設問題」研究資料集	編集 松井・富岡・田中・舩師寺・坂元・高村・西村	
組織の存立構造論と両義性論——社会学理論の重層的探究	金山楢俊編著	一八〇〇〇円
社会学の射程——ポストコロニアルな地球市民の社会学へ	茅野恒秀編著	二五〇〇円
階級・ジェンダー・再生産——現代資本主義社会の存続メカニズム	庄司興吉	三二〇〇円
社会階層と集団形成の変容——集合行為と「物象化」のメカニズム	丹辺宣彦	六五〇〇円
現代日本の地域分化——センサス等の市町村別集計に見る地域変動のダイナミックス	橋本健二	三二〇〇円
人間諸科学の形成と制度化——社会諸科学との比較研究	蓮見音彦	三八〇〇円
戦後日本の教育構造と力学	長谷川幸一	三八〇〇円
ハンナ・アレント——「教育」トライアングル神話の悲惨	河野員博	三四〇〇円
観察の政治思想——アーレントと判断力	中島道男	二四〇〇円
	小山花子	二五〇〇円
食品公害と被害者救済——カネミ油症事件の被害と政策過程	宇田和子	四六〇〇円
福祉政策の理論と実際〈改訂版〉 福祉社会学研究入門	三重野卓編 平岡公一編	二五〇〇円
認知症家族介護を生きる——新しい認知症ケア時代の臨床社会学	井口髙志	四二〇〇円
社会福祉における介護時間の研究——タイムスタディ調査の応用	渡邊裕子	五四〇〇円
介護予防支援と福祉コミュニティ	松村直道	二五〇〇円
対人サービスの民営化——行政・営利・非営利の境界線	須田木綿子	二三〇〇円
〈改訂版〉ボランティア活動の論理——ボランタリズムとサブシステンス	西山志保	三六〇〇円
研究道 学的探求の道案内	平岡公一・武川正吾・山田昌弘・黒田浩一郎 監修	二八〇〇円

〒113-0023 東京都文京区向丘1-20-6　TEL 03-3818-5521　FAX 03-3818-5514　振替 00110-6-37828
Email tk203444@fsinet.or.jp　URL:http://www.toshindo-pub.com/

※定価：表示価格（本体）＋税